rowohlts monographien
begründet von Kurt Kusenberg
herausgegeben von
Wolfgang Müller und Uwe Naumann

Hugo von Hofmannsthal

mit Selbstzeugnissen
und Bilddokumenten
dargestellt von
Werner Volke

Rowohlt

Dieser Band wurde eigens für «rowohlts monographien» geschrieben
Die Zeugnisse und die Bibliographie besorgte der Autor
Für den vorliegenden Nachdruck wurde die Bibliographie von
Wolfgang Beck überarbeitet und ergänzt
Herausgeber: Kurt Kusenberg · Redaktion: Beate Möhring
Umschlaggestaltung: Werner Rebhuhn
Vorderseite: Im Salon des Rodauner Hauses
(Photo Bing, Slg. Raimund von Hofmannsthal)
Rückseite: Innenhof und Pforte des Hauses in Rodaun
(Slg. Raimund von Hofmannsthal)

Veröffentlicht im Rowohlt Taschenbuch Verlag GmbH,
Reinbek bei Hamburg, Juli 1967
Copyright © 1967 by Rowohlt Taschenbuch Verlag GmbH,
Reinbek bei Hamburg
Alle Rechte an dieser Ausgabe vorbehalten
Gesetzt aus der Linotype-Aldus-Buchschrift
und der Palatino (D. Stempel AG)
Gesamtherstellung Clausen & Bosse, Leck
Printed in Germany
ISBN 3 499 50127 9

17. Auflage Juli 2000

Inhalt

Capua der Geister   7
Loris   20
   Stefan George   28
Formgewordene Seele   37
   Frau von Werthelmstein   46
   Leopold von Andrian   48
Dichter und Leben   51
Magische Figuren   66
   Eberhard von Bodenhausen   67
Das Geheimnis der Contemporaneität   77
Welttheater   92
   Richard Strauss   96
Triumph des Allomatischen   111
Das erreichte Soziale   116
Schöpferische Restauration   137
   Josef Nadler   150
   Rudolf Pannwitz   152
«Der Turm»   157
Der Tod   163

Zeittafel   167
Zeugnisse   172
Bibliographie   175
Namenregister   189
Nachbemerkung   192
Quellennachweis der Abbildungen   192

Um 1920

CAPUA DER GEISTER

In der Wiener Himmelpfortgasse steht einer der großartigsten barokken Paläste der inneren Stadt, das Winterpalais Prinz Eugens. Nur wenige Schritte sind es bis zum «Ring», und überquert man diesen, ist man bald auch in der Salesianergasse, einer jener einst stillen Nebengassen, in denen bürgerliche Wohnstätten nachbarlich mit Adelspalästen abwechselten. Die Gasse endet an der Ausfallstraße nach Osten, am Rennweg, dort, wo Salesianerinnenkirche und -kloster an das Untere Belvedere, Gartenpalais und Sommersitz des «edlen Ritters», grenzen. Johann Fischer von Erlach und Lukas von Hildebrandt schufen das Stadtpalais, dieser auch das Untere und Obere Belvedere. Beider Namen wiederum sind mit dem an das Belvedere anschließenden Palais Schwarzenberg verknüpft, und neben die größten österreichischen Barockbaumeister treten die Maler – Pellegrini, Altomonte, Carlone, Rottmayr, Gran –, die Bildhauer und Stukkateure, die Kunstschmiede und Gartenkünstler. Vom Oberen Belvedere öffnet sich der Blick auf Wien, auf die *unerschöpflich zauberhafte Stadt mit dieser rätselhaften, weichen, lichtdurchsogenen Luft! Und unterm traumhaft hellen Frühlingshimmel diese schwarzgrauen Barockpaläste mit eisernen Gittertoren und geschnörkelten Moucharabys, mit Wappenlöwen und Windhunden, großen, grauen, steinernen! Diese alten Höfe, angefüllt mit Plätschern von kühlen Brunnen, mit Sonnenflecken, Efeu und Amoretten! Und in der Vorstadt, diese kleinen, gelben Häuser aus der Kaiser Franz-Zeit, mit staubigen Vorgarterln, diese melancholischen, spießbürgerlichen, unheimlichen kleinen Häuser! Und in der Abenddämmerung diese faszinierenden Winkel und Sackgassen, in denen die vorübergehenden Menschen plötzlich ihr Körperliches, ihr Gemeines verlieren ... Und dann, später abends, die Dämmerung der Wienufer: über der schwarzen Leere des Flußbettes das schwarze Gewirre der Büsche und Bäume, von zahllosen kleinen Laternen durchsetzt, auf einen wesenlosen transparenten Fond graugelben Dunstes aufgespannt und darüber, beherrschend, die drei dunklen harmonischen Kuppeln der Karlskirche!* (P I 213 f)*

Franz Grillparzer, der – das Gefährliche in Schönheit und Reichtum sehend – Wien das «Capua der Geister» genannt hatte, war fast auf den Tag genau zwei Jahre tot, als Hugo Laurenz August von Hofmannsthal am 1. Februar 1874 in diese Welt hineingeboren wurde. Sein Geburtshaus war eines jener Bürgerhäuser mit klassizistischer Fassade in der Salesianergasse, im alten Vorstadtbezirk «Landstraße», von dem der Fürst Metternich einmal gesagt hat, daß mit ihm der Orient beginne. Diese traditionsbeladene Welt, in der das Neue sich organisch an das Alte gereiht hatte, Kontraste sich harmonisch auflösten oder wenigstens nie so offen zutage traten wie anderswo – diese Welt wiederholte sich im Kleinen in den Wohnun-

---

* Erläuterung der verwendeten Sigle s. Bibliographie S. 178 f.

Das Winterpalais Prinz Eugens in der Himmelpfortgasse zu Wien

gen, in den Salons mit den großen gelbroten Möbeln der Kongreßzeit, mit den weißen Gardinen und alten Kupferstichen – *der Kaiser Napoleon in Fontainebleau mit finsterer Stirne im Armsessel (der Kupferstich hängt in Papas Zimmer)* (P I 153) –, mit Altwiener Biskuitporzellan. Das alles, durchflutet von Musik – Mozartsonaten, Schubertliedern, Lanner- und Straußwalzern – und erhöht durch eine barock anmutende Festfreudigkeit – der Glanz der Blumenkorsos im Prater, der Prunk der Fronleichnamsprozessionen, gab die Atmosphäre, in welcher der Knabe Hofmannsthal aufwuchs, als einziges Kind von den Eltern mit ans Ängstliche grenzender Sorgfalt behütet und erzogen.

Die Hofmannsthals zählten – wie man es in Wien nannte – zu den «Familien», von denen Hermann Bahr ironisch gesagt hat, sie fühlten sich in der Provinz nie wohl, dort wehe die Wirklichkeit zu stark und deshalb hätten sie sich in Wien angesiedelt.

1792 war Isaak Löw Hofmann von Prag nach Wien gekommen, um dem Zweiggeschäft des Großhandelsherren Joel Baruch Königswart vorzustehen. 1835 wurde er von Ferdinand I. als «Edler von Hofmannsthal» in den erbländischen Adelsstand erhoben. Damit war die Geschichte einer Assimilation eingeleitet, die sich in diesen Jahrzehnten in Tausenden jüdischer Familien wiederholte. Die Adelung krönte Isaak Löws kaufmännisches und philanthropisches Schaffen, und mit gutem Recht wählte er die Seidenraupe auf einem Maulbeerblatt, den Opferstock und die mosaischen Gesetzestafeln zu Insignien seines Wappens. Er hatte die Seidenkultur und -veredelung vor allem in Ungarn und an der Militärgrenze zur Blüte gebracht und in den wallachisch-illyrischen Waldungen eine neue Industrie, die Pottasche-Herstellung, begründet. In sechsunddreißig Fabriken beschäftigte er weit über tausend Arbeiter; fast 50 000 Familien gab er als «Manufakturisten» Brot. Den vom Schicksal weniger begünstigten Glaubensgenossen half er nach Kräften. Er wurde 1806 Vorsteher und 1812 Repräsentant der israelitischen Gemeinde, 1820 Armenbezirksdirektor und 1822 Schulinspektor der israelitischen Religionsschule.

1849 starb Isaak Löw neunzigjährig. Sein Sohn Augustin Emil, der Großvater des Dichters, führte das Geschäft mit Umsicht durch alle politischen und wirtschaftlichen Wirrnisse weiter. Noch zu Isaak Löws Lebzeiten dem lombardischen Zweighause vorstehend, hatte er in Mailand Petronilla Antonia Cäcilia, die Tochter des herzoglich Leuchtenbergischen Sekretärs Anton Maria von Rhò, kennengelernt und sie später geheiratet. Diese Bindung half ihm eine andere lösen: er trennte sich von der jüdischen Religion und trat zum katholischen Glauben über. – Der Großvater des Dichters war aber nicht nur Fabrikbesitzer. Er bewahrte in sich auch – wie der Enkel einmal notiert – eine *zärtliche Liebe... zu seinen kleinen Besitztümern: den Bildern, die er auf dem Mailänder Markt zusammengekauft hatte, chinesischen Vasen, alten Stoffen, Schnitzereien... Er war der Erwerber dieses ganzen Gewebes von Gefühlen, Begierden, Zärtlichkeiten, Behaglichkeiten.* (A 136 f)

Der Vater Hugo August Peter von Hofmannsthal, 1841 geboren, hatte Jura studiert und war dann als Beamter in die Central-Bodencreditanstalt eingetreten. 1873 heiratete er Anna Maria Josefa Fohleutner, die Tochter eines Richters und k. k. Notars. Ihre Vorfahren, bäuerlichen Geschlechts, waren aus dem Sudetenland und aus dem Bayerischen nach Wien gekommen. Der Vater des Dichters war nach Rudolf Borchardts Zeugnis «eine vornehme und höchst gewinnende Gestalt, von reicher Bildung, sicherem und weltmäßigem Urteile der zur zweiten Natur gewordenen Diskretion und Reife alter Gesittung». Die Mutter war von schwerem Wesen, ihre Neigung zu Ängstlichkeit, Schwermut und Kränklichkeit, ihre nervöse Veranlagung spiegelt mancher Brief des Sohnes. Während Hofmannsthal dem Vater viel mehr Freude und Heiterkeit als sich selbst zuschreibt, heißt es von der Mutter: *Sie hat zwei verschiedene Wesen in sich:*

Das Geburtshaus: Wien III, Salesianergasse 12

ein sehr klarblickendes, ein durch Krankheit unsicheres, kleinliches und rein defensives. (Br II 31 f)

Die schönste Charakterisierung der Großeltern und Eltern findet sich in einer Aufzeichnung, zu der den Dichter die wiederholten Vorwürfe veranlaßt hatten, es fehle ihm an Verhältnis zu den Menschen. Hier gedenkt er auch der Großmutter Fohleutner, von der er bei ihrem Tode sagte, daß mit dieser lebensklugen und energischen Frau fast alle Erinnerungen seiner Kindheit verbunden seien. *Auch wüßte ich nicht, woher mir das menschenfeindliche Element gekommen sein sollte. Meine beiden Großväter, der Notar und der Seidenfabrikant, waren ... rechtliche, gesellige, in allen menschlichen Ver-*

Familie Fohleutner, 1871. Hofmannsthals Mutter (Mitte stehend) mit Eltern (sitzend) und Geschwistern

hältnissen heimische Männer. Meine Großmütter waren zwei merkwürdige Frauen: die italienische die Urbanität selber, und die deutsche eine Frau, in deren Kopf die Privatverhältnisse von Tausenden von Menschen Platz hatten, die sich mindestens mit der Phantasie in zahllose Existenzen mischte. Meine Mutter konnte an Leuten, die sie nur dem Namen nach und aus Erzählungen kannte, einen unglaublichen Anteil nehmen: fremde Schicksale konnten bei ihrer geheimnisvoll erregbaren Natur die schönste Lebhaftigkeit in ihr entfesseln und die schwersten Verdüsterungen verursachen. Wie mein Vater aus seinem Amt die Verhältnisse von zahllosen Menschen, Gutsherren, Finanzleuten, Agenten, Geldjuden, Beamten, Politikern in sich herumträgt und soviel Widersprechendes ebenso scharf auffaßt als mit Humor sich gefallen läßt, ist unvergleichlich, und dazu ist noch seine liebste Lektüre das Lesen von Memoiren, Selbstbiographien, historischen Charakteristiken, von denen er jährlich seine zweihundert Bände hinter sich bringt, so daß er die Porträts von soviel Menschen vielleicht in sich trägt wie Browning oder Dickens ... (A 152 f)

Die Welt der Eltern und des Kindes schien die Welt der Sicherheit zu sein, fest verankert in der Tradition und zugleich erfüllt vom

Die Eltern: Hugo und Anna von Hofmannsthal

Fortschrittsglauben und dem Vertrauen auf die bindende Kraft der Toleranz und Konzilianz. Der Schein trog. Nur wenige Tage vor Hofmannsthals Geburt hatte der k. u. k. General der Kavallerie Freiherr von Gablenz seinem Leben ein Ende gesetzt. Der Selbstmord des populären Offiziers wurde in allen Kreisen der österreichischen Gesellschaft als Anklage empfunden. Denn der General war eines der späten Opfer jenes berühmt-berüchtigten Börsenkrachs von 1873, der am Ende der zahlreichen Neugründungen von Banken, einer ungezügelten Emission von Wertpapieren und einer sich ständig ausbreitenden Spekulationswut stand. Der «Krach», der die erschreckende Begleitmusik zur Eröffnung der Weltausstellung im Wiener Prater gebildet hatte, war das Menetekel für eine Gesellschaft, die den

Der Dreijährige

Reichtum als ausschließliche Bürgschaft des Ansehens eingesetzt hatte. Durch ihn ging auch das Vermögen der Eltern Hofmannsthals, die von der Hochzeitsreise in die Katastrophe zurückkehrten, zu einem großen Teil verloren. Der materielle Schaden der Hofmannsthals wurde mit der Zeit geheilt, der psychische Schock von der Mutter nie ganz überwunden.

Noch anderes bewegte die Gemüter: das drohende Gespenst des Panslawismus, das Nationalitätenproblem, für das der Kampf der Jungtschechen nur ein Zeichen von vielen war, der zunehmende Hang zum Extremismus, die Wendung vom Nationalen zum Nationalistischen, wofür die Ungarn an der Militärgrenze alarmierende Beispiele boten. Der Streit zwischen Liberalen und Ultramontanen um die kon-

Das Burgtheater

fessionellen Gesetze trug alle Zeichen des Kulturkampfes. Die Notlage der Arbeiterschaft war nicht mehr zu übersehen – *Lärm, Proletariervorstädte* steht in einer Tagebuchnotiz Hofmannsthals. Der Antisemitismus begann in seiner gefährlichsten Ausformung als rassischer Antisemitismus neue Klüfte aufzureißen. Gerade im Bezirk Landstraße gewann im Anfang der neunziger Jahre das Haupt der antiliberalen und antisemitischen Liga, der spätere Bürgermeister von Wien, Karl Lueger, die Wahlen. – Diese Wirklichkeit aber wehte nicht oder nur in einer sehr gemilderten Form in die Salons der «Familien». Hier huldigte man, nachdem die Folgen des «Krachs» nicht mehr sichtbar waren, der Fiktion einer kaum zu erschütternden Sekurität. In einer Scheinwelt wuchsen die Kinder auf, in denen dann und wann eine Ahnung der Wirklichkeit aufdämmern mochte, wenn sie die ängstliche Fürsorge der Eltern spürten.

Ähnlich war es bei den Künsten. Hans Makart gab einer Mode, ja seiner Zeit den Namen. Wien schwelgte im Farbenrausch, den seine Malereien erzeugt hatten. Sein Huldigungsfestzug der Stadt Wien zur Silbernen Hochzeit des Kaiserpaares wurde 1879 zum vielbejubelten Wunderwerk. Aber gerade hier gilt, was der Wiener Kritiker Ludwig Speidel bei anderer Gelegenheit von Makarts Kunst meinte, daß der Schein siege und die Wahrheit trüge: «Schaum und Traum und Unmöglichkeit, und doch alles sichtbarlich vorhanden und beinahe ermöglicht.» Mit Makart hielt Richard Wagner auch Wien im Zauberbann. Keine andere Oper wurde damals so oft gespielt wie «Lohengrin». – Im Burgtheater, in dem die Hofmannsthals standesgemäß ihren Logenplatz hatten, prägten Freiherr von Dingelstedt und nach ihm Adolf von Wilbrandt das Repertoire. Jener nährte mit glanzvollen Inszenierungen die Schaulust des Publikums, führte es aber auch zur Wertschätzung der großen klassischen Dramen, gab seiner Zeit Shakespeare wieder, wie es Wilbrandts auf ein hohes literarisches Repertoire gerichtetem Ehrgeiz zu danken war, daß die antiken Tragiker und Calderón glanzvolle Auferstehung feierten. Mehr noch als mit diesen Aufführungen begeisterte er aber das Publikum mit seinen eigenen Römertragödien und Lustspielen.

Unter Hofmannsthals Aufzeichnungen *Ad me ipsum* finden sich auch diese: *Bildung. Das Theater. Burgtheater und Vorstadt... Reflexe in dem Knaben: den Stil des Racine mit dem der «Ahnfrau» verschmelzen zu wollen.* (A 236) Und: *Das Kind. Theater. «Die Afrikanerin».* (A 244) Schon die Knabenzeit Hofmannsthals ist ohne das Theater nicht zu denken. Hier werden die Linien des späteren Schaffens vorgezeichnet. Bereits in den frühen neunziger Jahren plant Hofmannsthal, den Einfluß des Burgtheaters der achtziger Jahre auf die junge Generation in der Form von Tagebuchblättern eines im Jahre 1944 Verstorbenen aufzuzeichnen. Er macht sich dazu Notizen über die Wolter, in der er die Kunst Makarts auf der Bühne verkörpert sah, über Sonnenthal und Hartmann.

In der Umgebung der aus dem Geiste des Barock entstandenen Paläste, Schlösser und Gärten, der Herren- und Bürgerhäuser der Kon-

Die Großmutter mit Hugo

Das Akademische Gymnasium, vor 1908

greß- und der Kaiser Franz-Zeit, der Pracht- und Monumentalbauten des späten 19. Jahrhunderts im Ringstraßenstil formte sich Hofmannsthal das Bild der alten Kaiserstadt. Sehr früh trat zu diesem Bild das der österreichischen Landschaft. In Krems an der Donau lebten die Großeltern Hofmannsthal. Dorthin, in eine der lieblichsten und kulturträchtigsten Landschaften Österreichs und in eine Stadt, die im Schnittpunkt uralter Verkehrswege liegt, führten die ersten Reisen. Später sind es die alljährlichen Aufenthalte in Fusch oder in Strobl im Salzkammergut, die unvergessen bleiben. *Es sind nun genau zwanzig Jahre, daß wir zum erstenmal hier waren... Damals war ich in der ersten Klasse, hab öfters Nasenbluten gehabt und in den ersten Tagen hier hab ich mich von den Schrecken der «Ahnfrau» noch nicht ganz erholen können. Dann ist mein Zeugnis nachgekommen, das, auf welchem ich der Erste war... Und dann bin ich Sommer auf Sommer hier herumgesprungen... Viele Jahre war ich ungeduldig hier. Es war die Ungeduld der Jugend, die sich immer fort sehnt, nach neuen Gegenden, andern Menschen.* So schreibt Hofmannsthal 1904 aus Fusch an den Vater (Br II 148 f).

Das Wiener Akademische Gymnasium, in das Hofmannsthal 1884 eintrat, zählte mit den Kloster-Gymnasien der Schotten und der Piaristen zu den vorzüglichsten humanistischen Schulen der Stadt. Bedeutende Österreicher, Grillparzer an ihrer Spitze, verdankten dem im 16. Jahrhundert von den Jesuiten gegründeten, später verstaatlichten Institut eine glänzende Ausbildung. In dem neuen Haus des

Gymnasiums – ein neogotischer Backsteinbau – hatten Arthur Schnitzler, Peter Altenberg und Richard Beer-Hofmann schon ihre Matura bestanden, als Hofmannsthal zum erstenmal eine öffentliche Schule betrat. Die gründliche Vorbildung durch Hauslehrer und eine hohe Begabung machten ihn von der ersten Klasse an zu einem der besten Schüler. Schon der Zwölfjährige hatte Goethe, Schiller, Kleist und Grillparzer gelesen. Mit fünfzehn Jahren waren dem Sprachbegabten Homer, Dante, Voltaire, Shakespeare, Byron und Browning im Original bekannt. Fast spielerisch schaltete er mit den antiken Sprachen, korrespondierte er gelegentlich mit den Schulfreunden lateinisch. Ebenso früh beginnt die Beschäftigung mit der Geschichte. Er studierte, hierin vom Vater geleitet, Edward Gibbons «History of the Decline and Fall of the Roman Empire», Max Dunckers «Geschichte des Altertums», Wilhelm Wattenbachs Sammlung von «Deutschlands Geschichtsquellen im Mittelalter». Die «Monumenta Germaniae» wurden zu einem seiner Lieblingsbücher. Daß Hofmannsthal im Deutschunterricht brillierte, bedarf kaum der Erwähnung.

Des Zehnjährigen entsinnt sich ein Mitschüler, Edmund von Hellmer, als einer schlanken, aber nicht schwächlichen Gestalt. Das Gesicht «hatte trotz des feinen Schnittes der Nase und der reich ausgeformten Stirn etwas Schlaffes, gleichsam Nachlässiges; und vollends die Unterlippe, die fast eine Hängelippe zu nennen war, ließ ihn nicht bloß altklug, sondern geradezu alt... erscheinen... Er war ein sehr aufgeweckter und ungemein lebhafter Junge, beinahe schußlig. Er sprach viel, immer fließend und außerordentlich schnell, dabei stets in Bewegung, im Zimmer herumlaufend, mit den Händen gestikulierend.» An Leben und Treiben der Kameraden nahm er nur mit Kühle teil: «Empfänglich für all die Dinge um ihn herum, schien er sich doch an keines von ihnen zu verlieren und... nur da zu sein, um Eindrücke zu empfangen und... damit und davon zu leben.»

Der Schüler Hofmannsthal war einsam. Mögen auch seine, wie Rudolf Borchardt schreibt, «reizende Klugheit, seine unaufhaltsame Phantasie, sein anmutiger Stolz... das Stadtgespräch» gewesen sein: es gibt Zeugnisse für diese Abgeschiedenheit. Das Wort vom *einsamen Knaben* steht in einer späten autobiographischen Aufzeichnung; aber schon viel früher hat Hofmannsthal versucht, dieser Lebenssituation die dichterische Form zu geben. In zwei Fragmenten liegt sie zutage, wohl schon vom Siebzehnjährigen geschrieben und zurückgehalten. Von diesen aus dem Nachlaß veröffentlichten Entwürfen gilt, was Hofmannsthal – ebenfalls sehr spät – in einer als imaginärer Brief verkleideten Aufzeichnung von seinem Jugendœuvre schreibt: *Ich staune, wie man es hat ein Zeugnis des l'art pour l'art nennen können – wie man hat den Bekenntnischarakter, das furchtbar Autobiographische daran übersehen können.* (A 240)

Der Achtjährige in der Studie *Age of Innocence spielte anders, schon weil er meistens allein war. Er genoß das seltsame Glück, seine Umgebung zu stilisieren und das Gewöhnliche als Schauspiel zu genießen. Das Erwachen kam über ihn und das Erstaunen über sich*

Der Gymnasiast

selbst und das verwunderte Sich-leben-Zusehen. (P I 148 f) dieser Knabe war Spieler selbstgeschaffener Träume. – In dem anderen Bruchstück lebt das Kind allein mit einem alten Diener eine *altkluge Kindheit in selbstgenügsamer Harmonie* (P I 157).

Es ist ein starker Zug zum Narzißmus, zum Egotismus in einer solchen Lebenshaltung. Hofmannsthal hat dies früh erkannt. Die Dichtungen geben Zeugnis davon, aber auch ein Brief wie dieser, 1907 an einen früheren Mitschüler, Stefan Gruss, geschrieben: *Seitdem ich aber über Dreißig bin, Frau und Kind habe, und mich dabei innerlich ebenso jung fühle als je... – seitdem weiß ich auch, weiß es aus mir und aus Dokumenten, die ich nun verstehen gelernt habe, daß die sonderbare, fast unheimliche seelische Beschaffenheit, diese scheinbar alles durchdringende Lieblosigkeit und Treulosigkeit, die dich an mir so sehr befremdet und mich manchmal so sehr geängstigt hat – der «Tor und Tod» ist nichts als ein Ausdruck dieser Angst –, daß diese seelische Beschaffenheit nichts andres ist, als die Verfassung des Dichters unter den Dingen und Menschen.* (Br II 253 f)

Klassenbild. In der ersten Reihe, links neben dem Lehrer: Hofmannsthal

LORIS

Im Juni 1890 steht in dem als Beilage zur «Presse» erscheinenden belletristisch-musikalischen Unterhaltungsblatt «An der Schönen Blauen Donau» ein Gedicht *Frage*. Der Dichter, der mit Loris Melikow unterzeichnet, war unbekannt. Das Gedicht, ein Sonett, bleibt konventionell. Das gleiche Blatt druckt im Laufe des Jahres noch drei andere Gedichte von *Loris*, der mit scheinbar leichter Hand die Worte setzt:

> *Das Wort, das Andern Scheidemünze ist,*
> *Mir ists der Bilderquell, der flimmernd reiche.*
>
> (G 471)

Hinter dem Pseudonym verbirgt sich der Gymnasiast Hofmannsthal, der sich den Namen des 1888 verstorbenen russischen Generals Graf Loris-Melikow als Decknamen gewählt hatte, weil Schüler noch nicht publizieren durften. *Ich habe nie so viel Lyrik gefühlt wie jetzt. Ich kann mir nicht denken, daß das alles so bald ein Ende haben soll*, schreibt er 1890 aus den Sommerferien (Br I 12). Tatsächlich wendet sich der Junge noch im gleichen Jahre an E. M. Kafka, den Herausgeber der in Brünn erscheinenden Zeitschrift «Moderne Dichtung», und bietet Gedichte an: *Herr Redakteur! Ihr Blatt ist der Vereinigungspunkt für eine stattliche Zahl bedeutender Vertreter des «jüngsten» Deutschland, Männer des Kampfes, ringend nach neuen, lebensvollen Formen, dem lebensquellenden Ausdruck, der ungeschminkten subjektiven Wahrheit, der Befreiung von konventioneller Lüge in ihren tausend tödlichen Formen. Vielleicht verraten die beiliegenden poetischen Kleinigkeiten, daß auch ein Namenloser wie ich ein gut Teil dieser künstlerischen Kämpfe still für sich durchkämpfen, durchgekämpft haben kann und vielleicht erwirbt ihnen dieser Umstand, wenn auch sonst keiner, eine Aufnahme in die Spalten Ihres Kampfblattes.* Kafka nimmt die *poetischen Kleinigkeiten* an und fordert den jungen Dichter auf, über Paul Bourgets «Physiologie de l'amour moderne» zu schreiben. Loris kam die Aufforderung gelegen. Sie ermöglichte ihm, sich *selbst ein paar kritische Gedankenreihen, die zur Klärung der «Moderne» nötig sind, aus subjektiver Dämmerung* zu erlösen.

Hermann Bahr

Was war diese «Moderne», die in Kafkas Zeitschrift – seit 1891 als «Moderne Rundschau» in Wien erscheinend – ihr Organ gefunden hatte? Sie war nicht naturalistisch; denn obwohl Gerhart Hauptmann, Karl Henckell, M. G. Conrad und Hermann Conradi zu den Titelköpfen des ersten Jahrgangs gehören, war für die Wiener der Naturalismus Berliner und Münchner Provenienz nur eine Möglichkeit unter vielen, und nie hätte er aus der Zeitschrift der «Modernen» Anzengruber, Ferdinand von Saar, Adolf Pichler, die Suttners oder Marie Eugenie delle Grazie verdrängen können. Hermann Bahr, der alle geistigen Moden mitgemacht hatte, solange sie noch nicht Mode waren, der d'Annunzio, die Duse entdeckte und zu den ersten zählte, die sich für Maeterlinck, Klimt, Moissi und Hofmannsthal einsetzten – Hermann Bahr gab in seiner «Kritik der Moderne» diese Antwort auf die Frage, was denn die Wiener «Moderne» sei: «Die Jünglinge wissen es nicht zu sagen... Sie haben kein Programm. Sie haben

Café Griensteidl (Michaelerplatz, Ecke Herrengasse)

keine Ästhetik. Sie wiederholen nur immer, daß sie modern sein wollen. Dieses Wort lieben sie sehr, wie eine mystische Kraft, die Wunder wirkt und heilen kann... In allen Dingen um jeden Preis modern zu sein – anders wissen sie ihre Triebe, ihre Wünsche, ihre Hoffnungen nicht zu sagen. Sie sagen es... ohne jenen Haß der jüngsten Deutschen gegen die Vergangenheit. Sie verehren die Tradition. Sie wollen nicht gegen sie treten. Sie wollen nur auf ihr stehen. Sie möchten das alte Werk der Vorfahren... auf die letzte Stunde bringen. Sie wollen, wie Jene, österreichisch sein, aber österreichisch von 1890.»

Modern war die Hingabe an das Nervöse: «Sensationen» dichtete Felix Dörmann, der vom «hochgepeitschten Taumelreigen der abgestumpften, wurzelwelken Nerven» singt, und in Hofmannsthals erstem d'Annunzio-Aufsatz von 1893 heißt es: *Man hat manchmal die Empfindung, als hätten uns unsere Väter... und unsere Großväter... nur zwei Dinge hinterlassen: hübsche Möbel und überfeine Nerven. Die Poesie dieser Möbel erscheint uns als das Vergangene, das Spiel dieser Nerven als das Gegenwärtige.* (P I 170)

Modern war die culture du moi, war der Trieb zum Magischen, der Zug zum Maß- und Grenzenlosen. Die Moderne, das waren Mach und Nietzsche, Bourget und Barrès, Huysmans und Péladan, Ibsen und Maeterlinck, Wilde und Poe, Baudelaire, Mallarmé und Verlaine, das war die Décadence, das Fin de siècle, war l'art pour l'art und Ästhetizismus, Symbolismus und Impressionismus. Für die Moderne gilt Hermann Bahrs Wort über das Fin de siècle, sie «war ein hübsches Wort und lief bald durch Europa. Nur... es wußte Keiner recht, was es denn eigentlich heißt... und das gab viel Konfusion.»

Mit diesem schillernden Begriff der «Wiener Moderne» ist eine Stätte verbunden, deren Name eben durch die «Moderne» so zum Begriff wurde, daß er zur identischen Bezeichnung für die künstlerische Bewegung werden konnte: das 1847 im alten Herbersteinschen Palais eröffnete Café Griensteidl, in dem einst schon Grillparzer, Laube und der Graf Beust ein und aus gegangen waren. Wieder waren es «Mißvergnügte und Räsonneure», die sich hier trafen und das Neue wollten: Musiker, Maler, Dichter und Schriftsteller. Karl Kraus, selbst Stammgast im «Griensteidl», ließ sie, als 1896 gewiß war, daß das Café der Spitzhacke zum Opfer fallen sollte, in einer geistreichen Persiflage – «Die demolierte Literatur» – Revue passieren: Hermann Bahr, Leopold von Andrian, Arthur Schnitzler, Richard Beer-Hofmann, Felix Salten, Leo Ebermann, Ferdinand von Baumgartner, Leo Feld, Felix Dörmann, Viktor Léon, Ferry Beraton und schließlich auch Hofmannsthal.

Im Herbst 1890 hatte der Schauspieler und Schriftsteller Gustav Schwarzkopf den noch kaum bekannten Loris in die «Schriftsteller-Schwemme» mitgenommen. Der skeptisch-kühle Betrachter der Menschen und ironische Spötter ihres Treibens war dem zwanzig Jahre jüngeren Hofmannsthal und dessen Eltern im Sommer in Bad Fusch begegnet. Er hatte das Genie des Jungen sofort erkannt und bewährte seine Mittlerrolle zwischen den «Alten» und den «Jungen», indem er ihn dem Kreis um Bahr zuführte. Auch die anderen der Tischrunde waren bald von der Einzigartigkeit des Schülers überzeugt, der im Anfang oft noch mit dem Vater im Café auftauchte. Arthur Schnitzler notierte sich im März 1891: «Bedeutendes Talent, ein 17-jähriger Junge, Loris (v. Hofmannsthal). Wissen, Klarheit und, wie es

Richard Beer-Hofmann, 1896

scheint, auch echte Künstlerschaft, es ist unerhört in dem Alter.» Felix Salten und Richard Beer-Hofmann galt er als Genie; Bahr war von der Besprechung seines Dramas «Die Mutter», die Loris im April 1891 in der «Modernen Rundschau» gab, schon fasziniert, ehe er den Schreiber überhaupt kannte. Am 27. April trägt 1891 Hofmannsthal in sein Tagebuch ein: *Heute im Caféhaus Hermann Bahr vorgestellt.* (A 92) In ihm sollte Hofmannsthal einen der ersten Künder seines Ruhmes finden: «Er ist durchaus neu – weitaus der neueste, welchen ich unter den Deutschen weiß, wie eine vorlaute Weissagung ferner, später Zukunft...»

Im Sommer 1891 wird Loris mit Salten und Schnitzler Ausschußmitglied der neu gegründeten «Freien Bühne», eines «Vereines für moderne Literatur»: ... *ein Journalist, noch ein Journalist, mein armer Papa, Ur-Hjalmar Pernerstorfer, Anatol mit den Lackschuhen, Salten mit dem Kongreßkopf, dann ein Journalist und wieder ein Journalist. Die ganze Aktiengesellschaft von Mont-Oriol.* (Br I 20) Hofmannsthals Urteil gilt viel. Schnitzler befolgt Änderungsvorschläge, die ihm dieser zu dem Einakter «Anatols Größenwahn» gemacht hatte. In Bahrs Roman «Neben der Liebe» tragen die Damen Kleider, die Loris entworfen, wohnen die Menschen in Wohnungen, die seine Phantasie miteingerichtet hatte: *Symbole für Stimmungen: Musik (Berlioz, Schumann), Lampenschirme (Ampeln sind unelegant), Vasenblumen (anständige Azaleen, perverse Orchideen), s i t z e n d oder liegend lesen (Revue des deux mondes liest man sitzend, Cœur de femme liegend)... Herr von Rhon muß Fayence- oder Altwiener Porzellan sammeln... In ihrem kleinen Salon ist ein furchtbares Gedränge; ein paar japanische Bronzen heben sich hübsch von der lachsfarbenen Peluchetapete ab; lachsfarben sind auch die zahllosen kleinen Causeusen und Vis-à-vis; alles Leder daran olivgrün; olivgrüner Samt auch die Klavierdecke, mit lachs Atlas gefüttert. Sehr gedämpfte Glühlichter.* (Br I 38 f) Auch Loris ist Empfangender, stellt sich, wenn man bei Schnitzler oder auch in der Salesianergasse oder auf dem Lande die neuen Arbeiten vorliest, der Kritik.

Dieser junge Mensch, der feststellt: *Ein gut Teil unserer poetischen Arbeit ist Auflösung erstarrter Mythen, vermenschlichter Natursymbole in ihre Bestandteile, eigentlich Analyse, also Kritikerarbeit* (Br

I 17); dieser Mensch, der *die Bakteriologie der Seele* gründen möchte (Br I 19), der sich vornimmt, während der Eisenbahnfahrt nach Wien 1. *die letzte Szene von «Gestern»* 2. *Maurice Barrès, eine Studie* 3. *eine psychologische Novelle aus einem 12jährigen Kinderkopf* 4. *Conway, der Novellist der Telepathie* 5. *das große Buch von 1891 in England* zu schreiben (Schn Br 11), von dem 1891 der Aufsatz über Barrès, andere über die Lebensgeschichte Laurence Oliphants, über Henri Frédéric Amiels «Fragments d'un journal intime» und über die Salzburger Mozart-Zentenarfeier und schließlich die dramatische Studie *Gestern* erscheinen – dieser Mensch, in dem Bahr – ehe er ihn kannte – einen welterfahrenen Mann zwischen 40 und 50 vermutete, war seinen Jahren nach noch ein Knabe, der Schnitzler schreiben muß: *Dienstag um 12 Uhr bin ich sehr natürlich in der Schule, dann mache ich Aufgaben und von 3–4 habe ich Deutschstunde.*

Felix Salten

(Schn Br 15) Er war ein Schüler, der Sommer für Sommer gehorsam seine Ferien mit den Eltern verlebte, mit einem Anflug von snobism den «jungen Herrn» markierend, war *von dem Geschlecht, das, siebzehnjährig, im Gymnasium, losgerissene Blätter von «Hedda Gabler» und «Anna Karenina» zwischen den Seiten des Platon und Horaz liegen hatte, und dann, in den neunziger Jahren des 19. Jahrhunderts das Leben lebte, dessen äußere und innere Gebärden das Produkt blaguierender französischer Bücher und manierierter deutscher Schauspieler waren* (P I 147). Er spielt lawn-tennis und Macao, freut sich, vom Grafen X zur Jagd geladen zu sein. Er hat oft keine eigenen Empfindungen, meint zu gleiten und zu treiben; in der Michèle de Burne aus Maupassants Roman «Notre Cœur» erkennt er den wahrsten Typus seiner Generation: *... feinfühlig, aber zu müde für heftige Empfindungen, lebhaft, aber ohne starken Willen; mit einer graziösen etwas altklugen Ironie, dem Bedürfnis nach Güte und Neigung und hie und da einer gewissen inneren Ebbe.* (Br I 60) Und dieser jeder Schulbank längst entwachsene Maturand tut *nichts Gescheiteres als Versemachen*, dichtet Sonette und Ghaselen, setzt liedhafte, balladeske Strophen, oder ein Gedankenspuk entreißt ihm Gebilde mit eigenrhythmischen Versen. Welt und Seele, Leben, Traum und Tod, die Natur – weniger die reale als vielmehr eine prächtige und kunstvolle Zauberwelt – fließen ins Gedicht. Alles ist noch Vorstufe. Hofmannsthal

25

hat später keines der frühen Gedichte in eine Sammlung aufgenommen. Aber das Kommende deutet sich an. Das Ethische bricht durch im Zweifel an der Echtheit und Wahrheit der Worte und Gedanken, die wir doch *Die Toten dreier Jahrtausende, / Ein Bacchanal von Gespenstern* (G 477 f) in uns tragen und *Erlognes an Erlognes, Wort an Wort / Wie bunte Steinchen aneinanderreihn* (G 492).

Das Ästhetische zeigt sich in der Liebe zum seltenen und kostbaren Gegenstand, in der Freude am Reichen und Künstlichen, am adeligen Wort:

Schön ist mein Garten mit den goldnen Bäumen,
Den Blättern, die mit Silbersäuseln zittern,
Dem Diamantentau, den Wappengittern,
Dem Klang des Gong, bei dem die Löwen träumen...
(G 500)

Dann erscheint 1891, in der «Modernen Rundschau» zunächst, im gleichen Jahre aber auch als eigenes Bändchen gedruckt, *Gestern*, eine *Studie in einem Akt, in Reimen*. Es ist Hofmannsthals erstes dramatisches Werk oder richtiger – wie es im Untertitel der Buchausgabe von 1904 heißt – *Dramatische Studie*. Es gibt nämlich keine dramatische Handlung in diesen in die Zeit der Renaissance verlegten zehn Szenen, die Hofmannsthal in einem Brief an Marie Herzfeld – auf die kleinen, um ein Sprichwort oder eine «Moral» herumgeschriebenen Komödien Alfred de Mussets hindeutend – als eine Art von Proverb bezeichnete: *Meine Lieblingsform von Zeit zu Zeit... wäre eigentlich das Proverb in Versen mit einer Moral; so ungefähr wie «Gestern», nur pedantesker, menuetthafter: im Anfang stellt der Held eine These auf (so wie: das Gestern geht mich nichts an), dann geschieht eine Kleinigkeit und zwingt ihn, die These umzukehren («mit dem Gestern wird man nie fertig»); das ist eigentlich das ideale Lustspiel, aber mit einem Stil für Tanagrafiguren oder poupées de Saxe.* (Br I 62)

Der Verfasser, der sich diesmal hinter dem Pseudonym Theophil Morren verbirgt, wird mit dieser Dichtung berühmt. Bei einer der häufigen Zusammenkünfte in Schnitzlers Junggesellenwohnung hatte Hofmannsthal seinen «himmelblauen Einakter» (Schn Br 9) schon vor der Veröffentlichung den Freunden vorgelesen. Schnitzler hatte dabei das Gefühl, zum erstenmal einem geborenen Genie begegnet zu sein. So wie Fortunio von Andrea sagt: *Dein Wort hat uns berauscht und nicht der Wein* (G 154), so berauscht Hofmannsthal die Zeitgenossen mit der Musikalität von Versen, die den Meister verraten und etwas von der *magischen Herrschaft über das Wort* ahnen lassen, die dem Jüngling zu Gebote steht.

Er bezaubert durch die altkluge und frühreife Jugendlichkeit, mit der er die Lebensdinge – Ich und Welt, Schein und Sein, Dauer und Vergehen, Treue und Untreue, Schicksal – betrachtet. Er beglückt, weil sich in dem Helden Andrea eine Generation rein gespiegelt wiedererkennt. Alles, was Hofmannsthal später als Dichter auszeichnen wird, ist in diesem Dramolett schon angelegt.

Die Lehre der Vergänglichkeit und die damit verbundene Verabsolutierung des Augenblicks, der Wechsel der Stimmungen:

> *Das Gestern lügt und nur das Heut ist wahr!*
> *Laß dich von jedem Augenblicke treiben,*
> *Das ist der Weg, dir selber treu zu bleiben;*
> *Der Stimmung folg, die deiner niemals harrt,*
> *Gib dich ihr hin, so wirst du dich bewahren ...*
>
> (G 149)

Zugleich wird diese impressionistische Lebensform schon in Frage gestellt. Der sittliche Kern aller dichterischen Bemühungen deutet sich an: die These Andreas erfährt am Ende die Umkehrung durch Andrea selbst. Die Untreue Arlettes zwingt ihn nun zu behaupten:

> *Dies Gestern ist so eins mit deinem Sein,*
> *Du kannst es nicht verwischen, nicht vergessen:*
> *Es i s t, so lang wir wissen, daß es w a r.*
>
> (G 179)

Wenn Hofmannsthal auch bald schreibt, er habe zu *Gestern* nicht mehr die leiseste Beziehung, es klinge ihm dürr, taub und kalt, sei dilettantenhaft, *sowohl in der Mache als auch in der Hauptperson* (Br I 35), wenn er nichts anderes mehr darin sieht als *Sentenzen und hübsche Verse* (Br I 56), so wird sich Einsicht mit der in der Selbstkritik verborgenen Koketterie vermischen. Denn Hofmannsthal hat sich nie von dem «Erstling» distanziert, hat ihn immer wieder drucken lassen. Er hat in diesem Stück seinen Anfang gesehen und sich auch in späteren Jahren in diesen Versen wiedererkannt. Das *Proverb in Versen* wird er später als den *Embryo des poetisierten Gesellschaftslustspiels* betrachten, von dem die Linie über den *Abenteurer*, die *Silvia* und *Cristina* bis hin zum *Schwierigen* führt.

Das in diesen Monaten gedruckt Erscheinende zeigt ungenügend die Fülle dessen, was Hofmannsthal an dichterischen Plänen zu verwirklichen beginnt. An Schnitzler schreibt er im Juli 1891 in dem zwischen den beiden oft üblichen leger-geistreichen Ton: *Ich denke sehr viel, wie immer wenn mir nichts einfällt, und schlecke künftige Geburtstagstorten ab: das heißt, ich genieße in zahllosen Plänen das Beste von künftigen Arbeiten: das Grauen vor der tragischen Situation und die Freude am Combinieren.* (Schn Br 7) So stammen die ersten Entwürfe und Aufzeichnungen zu der Tragödie *Ascanio und Gioconda* aus dem Jahre 1891 und auch *Der Tod des Tizian*, zu dem die ersten Verse schon 1890 zu Papier gebracht wurden. Andere dramatische Pläne beschäftigen ihn. In einer der frühesten Aufzeichnungen, sie stammt vom 10. Januar 1891, heißt es: *Ein paar Szenen des I. Aktes von «Anna».* (A 89) – Er denkt daran, die Geschichte der

Arthur Schnitzler

fränkischen Königinnen Brunhilde und Fredegunde zu dramatisieren. Schon im Winter 1889 hatte er dazu die Szenenfolge durchgearbeitet. Das Schauspiel blutgieriger Rivalität, die das Merowinger-Reich zerrüttete, reizte ihn, weil ihm das Zeitalter noch kaum historisch, sondern poetisch wie das König Lears erschien. – In mythische Zeiten greift Hofmannsthal mit dem Gedanken, den im ersten Buch der Könige erzählten Streit zwischen Ahab, Isebel und Naboth um den Weinberg Naboths zu einem Drama umzugestalten. – Die Absicht, eine Verserzählung *Landpartie* zu schreiben, fällt gleichfalls in das Jahr 1891.

Bei aller Fülle dessen, was ihm zuströmte und ihn so früh die eigene Künstlerschaft bewußt werden ließ, sah Hofmannsthal im Dichter doch kein abgegrenztes, von der Welt geschiedenes Wesen. Er lobte Karlweis, weil dieser sich gerade zu dem bekannte, was andere Kritiker ihm vorgeworfen hatten: die künstlerische und ethische Seite des Menschen nicht trennen zu können. Im Februar 1891 notiert sich Hofmannsthal: *Poeta nascitur! Dichter und Nichtdichter scheiden ist gerade so unmöglich wie die sieben Regenbogenfarben trennen, oder sagen: Hier hört das Tier auf und hier fängt die Pflanze an. Was wir «Dichter» nennen, ist etwas willkürlich Abgegrenztes, wie gut und böse, warm und kalt ... jeder Wechsel in den Zeitverhältnissen kann da ... alle Proportionen verrücken; wo bleibt dann der «Dichter von Gottes Gnaden»? In der Natur gibt es nichts Festes, Begrenztes, nur Übergänge.* (A 90) Diesen Fragen sich zu stellen, wird Hofmannsthal noch im selben Jahr gezwungen durch die Erscheinung Stefan Georges.

Stefan George

Im März 1896 lenkt ein Aufsatz in der von Hermann Bahr herausgegebenen Wiener «Zeit» die Aufmerksamkeit auf einen Band Gedichte, von denen es heißt, daß sie *sich dem Publikum weder anbieten noch auch vor der Öffentlichkeit zurückgehalten werden* und aus denen wieder *die hochgezogene Seele eines Dichters* spreche. Von

Stefan George

den «Büchern der Hirten- und Preisgedichte, der Sagen und Sänge und der Hängenden Gärten», einem Privatdruck Stefan Georges, ist die Rede; der Autor der Würdigung ist Hofmannsthal, der mit diesen Zeilen als einer der ersten in Deutschland Stefan George der Öffentlichkeit vorstellt (P I 282–291). Er rühmt die Gesinnung, die das Buch durchwalte: ...*dem Leben überlegen zu bleiben, den tiefsten Besitz nicht preiszugeben, mehr zu sein als die Erscheinungen.* Dem an verworrenen Lärm gewöhnten Sinn wehe *eine unglaubliche Ruhe und die Kühle eines tiefen Tempels* entgegen. Das Lob ist eindeutig; aber es geschieht in einer Respekt verratenden distanzierten Form und kaum expressis verbis, indem der bewunderten aristokratischen Haltung und Gebärde die Zuchtlosigkeit des gängigen Literaturbetriebes, die schlechten Bücher entgegengesetzt werden, die das *gierig verschluckte Leben in ganzen Brocken von Sensationen*

Wien: die Kärntnerstraße

von sich speien. Mit welchem Abstand Hofmannsthal schreibt, verrät der Vergleich mit einer Besprechung aus demselben Jahre, dem in der Hardenschen «Zukunft» erschienenen Aufsatz über Peter Altenbergs Skizzenbuch «Wie ich es sehe».

Die respektvolle Distanz, die aus dem George-Aufsatz spricht, ist das getreue Spiegelbild eines persönlichen Verhältnisses, das vor weniger als fünf Jahren – im Dezember 1891 – in Wien begonnen hatte und genau zehn Jahre später – 1906 – zerbrechen sollte. Die Geschichte dieser Begegnung ist oft dargestellt und fast ebenso oft, je nach der Parteien Gunst und Haß, verzerrt gezeichnet worden. Man klammerte sich an Details, die geeignet schienen, diesem oder jenem die Schuld an dem Zerwürfnis zu geben, mit dem die erste Begegnung endete. Die Streitenden übersahen dabei, daß alles auf diesen Zusammenstoß Folgende nicht Konsequenz dieses Geschehnisses war, sondern daß das Vorgefallene selbst mit allem Folgenden nur der Ausdruck eines tiefen Wesensunterschiedes und unüberbrückbaren menschlichen Gegensatzes war: George in sich selbst verschlossen, einsam aus dem Bewußtsein seiner Einzigartigkeit, mit dem Anspruch auf Herrschaft, der Forderung auf Unterordnung und mit der Pose der Menschenverachtung auftretend – «Ich bin als einer so wie sie als viele» heißt es im «Algabal» –, Hofmannsthal gesellig, *der feine kluge Wiener*, abgeneigt, sich Anhänger oder gar sektiererische Interpreten zu erziehen, tolerant, sich vielen Strömen offenhaltend, seine Art *kein Wesen eigentlich über das andere zu werten.* Über fünfzehn Jahre gehen die Versuche, Brücken zu schlagen, die Bemühungen, Einverständnisse zu erreichen. 1906 trennen sich die Wege der Dichter endgültig; denn es scheint, wie George meint, kaum noch einen Punkt zu geben, in dem sie sich nicht mißverstehen. Die Geschichte dieser wechselseitigen Anziehung und Abstoßung spiegelt sich im Briefwechsel Georges mit Hofmannsthal, den man nicht ohne Beklemmung lesen kann. Nirgends ist die Verkrampfung und die Verstörtheit Hofmannsthals so stark wie in diesen Briefen.

Im Herbst 1891 kam George in die Kaiserstadt. Die Wiener Monate wurden – nach dem Zeugnis eines Gefährten – für den dreiundzwanzigjährigen Dichter eine einsame Zeit. Da trifft er im Dezember, während er auf den Druck seiner «Pilgerfahrten» wartet, den jungen Loris. Hofmannsthal hat wenige Monate vor seinem Tod diese Begegnung dem Freunde und Literarhistoriker Walther Brecht geschildert: *... später ... hörte ich von irgendwem im Café (es war dieses berühmte Griensteidl, wo ich oft hinging...), es sei jetzt ein Dichter Stefan George in Wien, der aus dem Kreise von Mallarmé komme. Ganz ohne Vermittelung von Zwischenpersonen kam dann George auf mich zu: als ich ziemlich spät in der Nacht in einer englischen Revue lesend in dem Café saß, trat ein Mensch von sehr merkwürdigem Aussehen, mit einem hochmütigen leidenschaftlichen Ausdruck im Gesicht ... auf mich zu, fragte mich, ob ich der und der wäre – sagte mir, er habe einen Aufsatz von mir gelesen, und auch was man ihm sonst über mich berichtet habe, deute darauf hin, daß ich unter den wenigen in Europa sei (und hier in Österreich der einzige), mit denen er Verbindung zu suchen habe: es handle sich um die Vereinigung derer, welche ahnten, was das Dichterische sei.* (G Br 235) Georges Werben ist stürmisch. Man sieht sich oft, zumeist im Café, oder George holt Hofmannsthal am Gymnasium zu den «akademischen Spaziergängen» ab. Die Gespräche über Swinburne, Rossetti, Baudelaire, Verlaine und Mallarmé, die George in London und Paris zum faszinierenden Erlebnis geworden waren, wecken das Gefühl der Übereinstimmung. George schenkt Loris die «Hymnen», dieser widmet George ein Exemplar des *Gestern in tiefer Bewunderung seiner Kunst* und macht die Freunde mit den Gedichten des Rheinländers bekannt. Schnitzler vermerkt am 27. Dezember 1891 im Tagebuch den Besuch von Salten, Bahr, Loris und Beraton: «Über Symbolismus... Loris las Gedichte Stefan Georges und eigene vor, die geteilten Eindruck hinterließen.» Entscheidend aber war, daß der Jüngere sich zum erstenmal von einem als Dichter Erkannten in seinem eigenen Dichtertum beglaubigt fand, daß er die Bestätigung erhielt, *kein vereinzelter Sonderling* zu sein.

*du hast mich an dinge gemahnet
die heimlich in mir sind...*

(G Br 7)

beginnt das Gedicht, das Hofmannsthal nach dem ersten Zusammentreffen an George schickte. Überschrieben ist es: *Herrn Stefan George / einem, der vorübergeht.* So wahrt Hofmannsthal von Anbeginn einen Abstand, der den leidenschaftlich drängenden George unsicher macht und den dieser schließlich durch einen alles bekennenden Brief aufzuheben sucht: «Schon lange im leben sehnte ich mich nach jenem wesen von einer verachtenden durchdringenden und überfeinen verstandeskraft die alles verzeiht begreift würdigt und die mit mir über die dinge und die erscheinungen hinflöge... Jenes wesen hätte mir neue triebe und hoffnungen gegeben (denn was ich nach Halgabal noch schreiben soll ist mir unfasslich) und mich im weg aufgehalten der schnurgrad zum nichts führt... Diesen übermenschen habe ich rastlos gesucht... Die grosse seelische krise drohte. / Und endlich!... ein hoffen – ein ahnen – ein zucken – ein schwanken – o mein zwillingsbruder –» Er weiß aber auch dies: «In unsren jahren ist die bedeutsame grosse geistige allianz bereits unmöglich. Jeder ist bereits in einen gewissen kreis des lebens getreten in dem er hängt und aus dem er nimmer sich entfernen kann.» (G Br 12 f) Dennoch läßt ihn sein Ungestüm erkannte Grenzen übersehen. Hofmannsthal, der zuerst nur sich distanziert hatte, indem er Verabredungen auszuweichen suchte oder zu solchen möglichst in Begleitung erschien, weist nun auch George zurück. Er tut es in einem verschollenen Brief, den George als einen Schlag ins Gesicht empfindet. Hofmannsthal muß sich entschuldigen, denn der Gekränkte hatte mit einer Duellforderung gedroht. George verläßt Wien, ohne daß es zu einer Versöhnung gekommen wäre. In einem Brief an den Vater Hofmannsthals, der sich der unangenehmen Geschichte angenommen hatte, erklärt er noch einmal, von welch großer Bedeutung ihm die Begegnung mit Hofmannsthal gewesen war: «Mögen ihr hr. sohn und ich uns auch im ganzen leben nicht mehr kennen wollen... für mich bleibt er immer die erste person auf deutscher seite die ohne mir vorher näher gestanden zu haben mein schaffen verstanden und gewürdigt – und das zu einer zeit wo ich auf meinem einsamen felsen zu zittern anfing.» (G Br 242)

Von Hofmannsthals zunehmender Verstörung zeugen Tagebucheinträge. Ende Dezember 1891 notierte er: *Inzwischen wachsende Angst; das Bedürfnis, den Abwesenden zu schmähen.* Dann läßt er ein Sonett folgen, in dem er die Ängste zu bannen suchte: *Der Prophet.* Dies sind die letzten Verse:

> *Von seinen Worten, den unscheinbar leisen,*
> *Geht eine Herrschaft aus und ein Verführen,*
> *Er macht die leere Luft beengend kreisen*
> *Und er kann töten, ohne zu berühren.*

(A 94 f)

Damit ist das Schicksal der Verbindung zwischen den beiden größten Dichtern ihrer Zeit besiegelt. Alles Folgende ist nur ein Epilog auf «die Tage schöner Begeisterung», die George 1899 mit der Widmung der öffentlichen Ausgabe der «Pilgerfahrten» für Hofmannsthal noch einmal beschwört. Es mußte Hofmannsthal unheimlich anmuten, daß Georges Sinn ihn *mit den Zügen des Heilenden* (G Br 14) schmücken wollte, auch wußte er – wie er an Pannwitz schreibt – nichts mit *der Stellung eines coadjutor sine jure succedendi* anzufangen: ... *das war mir Alles zu deutsch-phantastisch und trotz allem in der letzten Tiefe zu bürgerlich*. (Mesa 1955 35 f)

Im Mai 1892 sehen sich die Dichter wieder in Wien. Hofmannsthal verspricht seine Mitarbeit an den «Blättern für die Kunst». *Der Tod des Tizian*, die *Idylle* und die Gedichte *Vorfrühling, Psyche, Erlebnis, Wolken* und *Regen in der Dämmerung* erscheinen in den ersten Heften, die Hofmannsthal den Eindruck geben, *daß hinter der ganzen manierierten und sonderbaren Unternehmung doch etwas «anderes» und «wirkliches» steckt*, und an denen ihn zunächst *der vollständige Mangel an Rhetorik und die eigentümlich hochmütige Herbheit aller ihrer Enunziationen* besticht (Br I 71). Bald aber kommt es zu neuen Spannungen. Hofmannsthal gibt Gedichte und Aufsätze auch an andere Zeitschriften, betrachtet sich nur noch als gelegentlichen Mitarbeiter und muß sich deshalb belehren lassen, daß man sich nicht gleichzeitig in den «Blättern» und in so «niedrigen konglomeraten wie Moderner Musenalmanach» verewigen könne (G Br 71). Der Entfremdung folgt neue Annäherung. Hofmannsthal schreibt seinen Aufsatz über die Gedichte Georges, gibt die *Ballade des äußeren Lebens*, den *Traum von großer Magie* und die *Terzinen über Vergänglichkeit* in die «Blätter». George bietet Hofmannsthal die Mitherausgeberschaft der nun als Monatsschrift geplanten Zeitschrift an. Dieser ist bereit, *einen beträchtlichen Teil* seiner Zeit *in den Dienst einer litterarischen Unternehmung zu stellen* (G Br 115). Zum erstenmal löst sich die Verkrampfung, geht ein freierer und wärmerer Ton durch die Briefe. Hofmannsthal vernimmt das Geständnis: «... ich ... habe nie aufgehört Sie zu lieben mit jener liebe deren grundzug die verehrung ist.» (G Br 116 f) Da nennt Hofmannsthal den Namen Dehmels, in dessen Gedichten er *nicht weniges von großer Schönheit, tief aufregende Wendungen und einzelne Verse* findet, die ihm *unübertroffen erscheinen* (G Br 119). Sofort ändert sich wieder Georges Ton: «... was Sie immerhin mit einem beträchtlichen lob ausstatten gehört für mich zum schlechtesten und widerwärtigsten was mir in die hände kam.» (G Br 119 f) Hofmannsthal versucht noch eine Weile, den Ton zu halten; dann wird das Gespräch auf ein Feld ausgeweitet, das endgültig die unüberbrückbaren Gegensätze zeigt.

Schon im zweiten Jahrgang der «Blätter» hatte George verkündet, daß eine Neubelebung der Bühne nur durch ein völliges In-den-Hintergrund-Treten des Schauspielers denkbar sei. Um der «rohen Darstellung auf den gewöhnlichen Brettern» entgegenzutreten, gründet er die «Bühne der Blätter für die Kunst». Hofmannsthal ist eingeladen. Doch dieser läßt seine Stücke durch Otto Brahm aufführen,

Als Student, am 25. Februar 1893

den Mann, der den Naturalisten auf der deutschen Bühne zum Sieg
verholfen hatte! 1899 treffen sich Hofmannsthal und George zufällig in Berlin. Einem zweiten Gespräch weicht George aus, um
nichts Unfreundliches über die Aufführung des *Abenteurers* und der
Sobeide sagen zu müssen. «Mir erschien damals das handhaben von
spielern ohne einen begriff vom vers ein grösseres wagnis als das
von solchen die das deutsche nicht recht verstehn» (G Br 161), gesteht George 1902, als in ihm erneut die Hoffnung aufflackert, er
könne vielleicht doch noch mit Hofmannsthal jene «heilsame diktatur» (G Br 150) im deutschen Schrifttum ausüben, von der er seit der

ersten Begegnung mit Loris geträumt hatte. Hofmannsthal, inzwischen verheiratet, lädt George nach Rodaun ein, Briefe werden gewechselt, in denen das Schön-Menschliche wieder stark hervorbricht. Es ist für Hofmannsthal die Zeit des Briefes des Lord Chandos mit den bedrückenden Verdüsterungen, den ängstlichen Zweifeln an den eigenen Fähigkeiten: ... *wo ich nicht weiß was zwischen mir und einem Dichter gemeinsames sein soll.* (G Br 164) Am Ende bleibt es wieder nur bei der Klärung der Standpunkte. *In mir ist vielleicht die Dichterkraft mit anderen geistigen Drängen dumpfer vermischt als in Ihnen. Ich hatte von der Kindheit an ein fieberhaftes Bestreben, dem Geist unserer verworrenen Epoche auf den verschiedensten Wegen, in den verschiedensten Verkleidungen beizukommen... Indem ich in den Tagesblättern und vermischten Revuen veröffentlichte, gehorchte ich einem Trieb, den ich lieber gut erklären als irgendwie verleugnen möchte.* (G Br 154 f) Für George ist eine solche Haltung nur eine Form der Zuchtlosigkeit. Am schwersten jedoch wiegt nun, da Hofmannsthal sich die Bühne erobern möchte, ihr *tief verschiedenes Verhältnis zum Dramatischen und zum Theatralischen* (G Br 156). George wird später noch oft Hofmannsthals dramatisches Werk verwerfen.

Es bleibt zu erwähnen, daß sich die Dichter im Februar 1903 sahen. Damals wurde eine Ausgabe ausgewählter Gedichte von Hofmannsthal beschlossen, die noch im gleichen Jahr im Verlag der «Blätter» erschien und ein Jahr später neu aufgelegt wurde. Hofmannsthal hatte diese Ausgabe nicht gewollt, sie war ihm von George abgerungen worden. So wird auch dieses Unternehmen zum Quell neuer Ärgernisse. Aber noch einmal wecken Zeichen die Erinnerung an die «Tage schöner Begeisterung». Hofmannsthal gibt Szenen aus seinem Trauerspiel *Das gerettete Venedig* und seiner Bearbeitung der Sophokleischen *Elektra* in die «Blätter». Georges «Jahr der Seele», das Hofmannsthal *aus einer schlimmeren Zeit in eine bessere hinübergeleitet* (G Br 194), wird zum Anlaß des *Gesprächs über Gedichte*. Es ist ein erneutes Bekenntnis zu Georges Dichtertum.

Am 21. März 1906 endet die Verbindung mit einem kurzen, nicht einmal mehr eigenhändig geschriebenen Brief, mit dem George eine wohl nicht zu Recht bestehende Forderung Hofmannsthals – die Freigabe seiner Gedichte durch den Verlag – zurückweist.

So sehr sich auch ihre Auffassungen vom Beruf des Dichters in der Zeit unterscheiden mochten: Hofmannsthal hat nie die hohe Achtung, die er dem Dichter George zollte, verloren. Er konnte sie um so reiner bewahren, als eine Sorge geschwunden war, die ihn unter dem Eindruck der herrischen Gestalt Georges ängstete: über dem Dichter aufhören zu müssen, ein Mensch zu sein. *Zu George*, so schreibt er 1917 an Rudolf Pannwitz, *stehe ich immer gleich, so verschieden er sich auch zu mir gestellt hat, ein gewisses war immer zwischen mir oder meinem Geschmack und ihm, gleich vom ersten Augenblick an, aber die Größe seines Werkes ist mir nie einen Augenblick verlorengegangen, die Einzigkeit seines Schöpferischen und Prophetischen in der Sprache.* (Mesa 1955 25) Auch öffentlich zollt er ihm Bewunderung. In der Ankündigung des Verlages der Bremer Presse liest man: *George fast allein, mit dem Kreis der Seinen, die er leitet, hat sich der allgemeinen Erniedrigung und Verworrenheit mit Macht entgegengesetzt. Er war und ist eine herrliche deutsche und abendländische Erscheinung. Was von seinem Geist berührt wurde, hat sein Gepräge behalten, und man erkennt seine Schülerschaft unter den jüngeren Gelehrten noch mehr als unter den Dichtern an einer ungemeinen strengen Haltung. Einem seichten Individualismus hat er den Begriff geistigen Dienens entgegengehalten und damit dem höchsten geistigen Streben der Jugend ... reines Leben eingeflößt.* (P IV 148 f)

FORMGEWORDENE SEELE

Man möchte es symbolisch nehmen, daß zwischen dem ersten Treffen Hofmannsthals mit George und dem kurzen zweiten im Mai 1892 ein Hofmannsthal erregendes Ereignis fällt: das erste Wiener Gastspiel der damals in Österreich und Deutschland noch kaum bekannten Eleonora Duse. Sie faszinierte Loris mit der Kameliendame und der Nora so sehr, daß er an den Freund Felix Baron Oppenheimer schreibt, er habe in dieser Februarwoche den stärksten Theatereindruck seines Lebens empfangen. Auf einer Postkarte an Salten unterbricht Hofmannsthal mit dem Namen der Duse immer wieder den Text, füllt er mit ihm jede freie Stelle. Im Tagebuch vermerkt er: *...ihre Legende machen* (A 96). So tut er es dann auch in zwei Aufsätzen. *Diese Woche haben wir in Wien, ein paar tausend geweihte Menschen, das Leben gelebt, das sie in Athen in der Woche der großen Dionysien lebten.* (P I 80) Das Entscheidende war eine Erfahrung, die sein ferneres Verhältnis zum Schauspieler bestimmen sollte: *Die Duse spielt nicht sich, sie spielt die Gestalt des Dichters. Und wo der Dichter erlahmt und sie im Stiche läßt, spielt sie seine Puppe als ein lebendiges Wesen, in dem Geiste, den er nicht gehabt hat, mit der letzten Deutlichkeit des Ausdrucks, die er nicht gefunden hat, mit einheitlicher schaffender Gewalt und der Gabe der intuitiven Psychologie.* (P I 75)

Der Schauspieler als der schöpferische Gefährte des Dichters: undenkbar bei George. Für ihn war der Schauspieler geradezu der Antipode des Dichters und das herkömmliche Theater eine Metze. Gerade aber zu dem von George verachteten Theater drängte alles in Hofmannsthal.

Im Mai 1892 wurden Maurice Maeterlincks «Les Aveugles» von der vom «Verein für moderne Literatur» gegründeten Wiener «Freien Bühne» aufgeführt. Die nicht erhaltene Übertragung stammte von Loris, der schon im Jahr zuvor den Flamen gebeten hatte, dieses mystisch symbolische Drama vom blinden, ratlosen und hilflos dem Tode preisgegebenen Menschen übersetzen zu dürfen. Dies blieb nicht die einzige Berührung mit dem eben zu hoher Berühmtheit gelangten Dramatiker. Viele der lyrischen Dramen stehen unter dem Kunstgesetz, das Maeterlinck im Gegensatz zum Naturalismus aufgestellt hatte: «Eigentlich bedeuten nur die scheinbar unnötigen Worte etwas für das Drama, denn in ihnen ruht die Seele. Neben dem unumgänglichen Dialog verläuft fast immer ein anderer, der überflüssig scheint... Aber gerade dessen Gehalt und Umfang ist entscheidend für den Wert und die unaussprechliche Reichweite des Dramas.» Ist es Ironie des Schicksals, daß sich die Dichter in dem Augenblick zum erstenmal sehen – während Hofmannsthals Pariser Aufenthalt im Jahre 1900 –, als sich beiden die Erkenntnis aufdrängen muß, daß dieses Gesetz zwar Werke hoher Poesie erzeugte, aber den Weg zum Theater versperrte?

Im Frühjahr 1892 schreibt Hofmannsthal an dem Stück, von dem er den Pagen im Prolog sagen läßt:

> *Vom jungen Ahnen hat es seine Farben*
> *Und hat den Schmelz der ungelebten Dinge;*
> *Altkluger Weisheit voll und frühen Zweifels,*
> *Mit einer großen Sehnsucht doch, die fragt.*

(G 183)

Es ist der Fragment gebliebene *Tod des Tizian* – voll der schweren Pracht des schönen Lebens, des Rausches der Farben und Worte, der grenzenlosen Beseelung aller Dinge – ein Hymnus auf die Kunst, ein Traum vom Leben; denn die Jünglinge, die, den Tod ihres Meisters erwartend, zum erstenmal vom Stachel des Todes berührt werden, glauben zu leben und genießen das Leben doch nur als ein Schauspiel.

> *Er hat uns aufgeweckt...*
> *Und uns gewiesen, jedes Tages Fließen*
> *Und Fluten als ein Schauspiel zu genießen,*
> *Die Schönheit aller Formen zu verstehen*
> *Und unsrem eignen Leben zuzusehen.*

(G 194)

Alles, was in dieser durch goldene Gitter vom wirklichen Leben abgetrennten Welt in Reden sich vollzieht, sollte nur Vorspiel sein. Wie das Ganze hätte aussehen sollen, skizziert Hofmannsthal im Februar 1929 in einem Brief an Walther Brecht: *Es sollte diese ganze Gruppe von Menschen (die Tizianschüler) mit der Lebenserhöhung, welche durch den Tod (die Pest) die ganze Stadt ergreift, in Berührung gebracht werden. Es lief auf eine Art Todesorgie hinaus. Das Vorliegende ist nur wie ein Vorspiel – alle diese jungen Menschen stiegen dann, den Meister zurücklassend, in die Stadt hinab und erlebten das Leben in der höchsten Zusammendrängung...* (G Br 234)

Der Tod des Tizian ist das erste Stück, in dessen Versen sich der Stil des jungen Hofmannsthal unverwechselbar kundtut; es ist der erste der Todesgesänge in einer Trilogie, deren zweiter *Der Tor und der Tod* und deren dritter *Alkestis* sein werden. Es ist das erste Stück, das in Venedig spielt. Von hier führt der Weg zum *Geretteten Venedig*, zum Andreas-Roman, zu der im *Abenteurer* und in *Cristinas Heimreise* wieder lebendig gewordenen Welt Casanovas und Goldonis. Das Renaissance-Kostüm des *Tod des Tizian* wiederum weist zurück auf den Erstling *Gestern*, erinnert an die über Bruchstücke nicht hinaus gediehene Tragödie *Ascanio und Gioconda*.

Schon als er an *Ascanio und Gioconda* schreibt, weiß Loris, daß die *Anwendung aller möglichen Motive der psychologischen Novelle auf das Drama* nicht weiterführen kann, daß dabei nur *Stücke ohne Handlung, dramatisierte Stimmungen* herauskommen (Br I 45), und er versucht, von der mehr lyrischen Technik allmählich loszukommen. Zu dieser Erkenntnis verhelfen ihm vor allem die dramatischen Studien von Otto Ludwig, die damals eben aus dem Nachlaß erschienen

Eleonora Duse

Maurice Maeterlinck, 1903

waren und die Hofmannsthal später immer wieder angezogen haben. Noch 1923 nimmt er in das *Deutsche Lesebuch* ein Stück aus diesen Studien auf, von denen er jetzt, im Juni 1892, an Beer-Hofmann schreibt: *...da kann man wirklich fundamentale Sachen lernen, alte, gespensterhafte Schlagworte: «Schuld», «Wesen des Tragischen» etc. bekommen einen lebendigen Sinn.* (Br I 45)

Nicht um das Lyrische kreisen Gespräche und Gedanken, sondern um das Drama, die dramatische Technik. Allem, was mit Ernst angegangen wird, ist die Bühne als Hintergrund mitgedacht. Vor *einer gewissen inneren Öde und Abspannung* rettet Loris sich in seine Renaissance-Tragödie Ascanio und Gioconda, will sie *für die wirkliche brutale Bühne* arbeiten; ihn lockt *die eigentümlich dunkelglühende, dionysische Lust im Erfinden und Ausführen tragischer Menschen in tragischen Situationen* (Schn Br 23). Er macht sich Notizen zu einer phantastischen Komödie. Aber noch überwiegt das *jugendliche Bedürfnis nach Lyrismus*; unter den Büchern, die Hofmannsthal mit in die Fusch nimmt, ist Maeterlincks jüngstes Drama «Pelléas et Mélisande», und Gedichtbücher sind es, die ihm *das kahle kalte Hotelzimmer mit Poesie möblieren*: Shelley, Swinburne, Verlaine und Horaz (Br I 50).

Im März 1892 schon war eines der bekanntesten Gedichte Hofmannsthals entstanden, jenes, das später alle Ausgaben seiner Gedichte einleiten sollte, und dessen Stimmung und Musikalität der Verse es zu einer der schönsten Schöpfungen symbolistischer Lyrik machen: *Vorfrühling*.

> *Es läuft der Frühlingswind*
> *Durch kahle Alleen,*
> *Seltsame Dinge sind*
> *In seinem Wehn...*

(G 7)

Wie die Prosafassung zu dem Gedicht lesen sich die Sätze in dem Fragment *Wie mein Vater...*: *Es kam im März ein lauer fast schwü-*

ler Abend, so einer wo im Wind auf den Wegen der Duft und Atem des ganzen Frühlings ist und über den kahlen Bäumen feuchtwarme Sommerwolken hintreiben. Ich ging lange durch die Gassen; mir fielen gewisse Dinge mit einer Deutlichkeit ein, die mich angenehm beschäftigte... Besonders eine bestimmte alte tändelnde Melodie und ein Duft, der Duft eines Vormittags, einmal im Schwarzenberggarten, und der braungrüne Teich mit den Sandsteintritonen und die vielen jungen Mädchen und die warme einschläfernde Luft. Warum das so sehnsüchtig schön schien, so getaucht in die Schönheit, die weinen macht, diese alltäglichen Dinge. (P I 158 f) Unter den Dichtungen dieses Sommers ist auch eine, die als erste einer gleichsam eigenen Gattung frühe Berühmtheit erlangte: der Prolog zu Schnitzlers «Anatol»-Episoden.

Also spielen wir Theater,
Spielen unsre eignen Stücke,
Frühgereift und zart und traurig,
Die Komödie unsrer Seele...

(G 44)

«Von diesem merkwürdigen Achtzehnjährigen», schreibt Schnitzler zu jener Zeit an Theodor Herzl, «wird noch sehr viel gesprochen werden. Wenn Sie schon die Einleitungsverse vom Anatol ‹zum Küssen› finden, so will ich Sie vor den unzüchtigen Gedanken warnen, die in Ihnen beim Genuß seiner andern Sachen aufsteigen könnten.» (Spiegelbild 84) Nicht wenig haben diese, das Wien des Canaletto und die bukolische, wehmütig-galante Welt Watteaus wachrufenden Verse zu dem Bild vom Ästheten Hofmannsthal beigetragen, das sich mit den Jahren im Gedächtnis der Mit- und Nachwelt geradezu festfraß.

Im Juli 1892 hielt der Dichter das Schulzeugnis mit dem Gesamtprädikat «Reif mit Auszeichnung» und der Note «Vorzüglich» für die Fächer Latein, Religion, Deutsch und Naturgeschichte in Händen. Die Eltern lohnten die Leistung mit einer Reise nach Südfrankreich. Hofmannsthal unternimmt sie vor Beginn des Jura-Studiums mit seinem privaten Sprachlehrer Gabriel Dubray, dem er mehr als dem Schulunterricht Verständnis der französischen Sprache verdankte. Publizistische Frucht der ersten großen Auslandsreise, die ihn über Grenoble, Valence und Avignon nach Arles und Nîmes und durch die Camargue nach Marseille führte, ist das Feuilleton *Südfranzösische Eindrücke*. In schönem Kontrast zu dem gesetzten Ernst und Bildungsstolz dieser Blätter stehen die Briefe an die Eltern. Sie zeigen, wie sehr Hofmannsthal und Dubray die Reise genossen, während der sie sich zum Scherz zeitweilig als schwedische Maler oder – *der besseren Behandlung wegen* – als *publicistes* ausgaben. Von Marseille aus resümiert der Sohn in einem Brief an den Vater: *...ich habe auf dieser Reise wirklich alles beisammen: Montblanc, Stiergefecht, ein chinesisches Schiff, eine Spielbank und das Meer, so daß mir gar nicht leid tut, daß du so viel Geld ausgeben mußt.*

Während dieser Reise schrieb Hofmannsthal einen Brief an den damaligen k. u. k. Seekadetten Edgar Freiherrn Karg von Bebenburg, mit dem er sich während eines Ferienaufenthalts in Strobl 1892 befreundet hatte und dem er bis zu dessen frühem Tod im Jahre 1905 verbunden blieb. Es heißt da: *Ich fühle mich während einer Reise meist nicht recht wohl: mir fehlt die Unmittelbarkeit des Erlebens; ich sehe mich selbst leben zu und was ich erlebe ist mir wie aus einem Buch gelesen; erst die Vergangenheit verklärt mir die Dinge und gibt ihnen Farbe und Duft. Das hat mich wohl auch zum «Dichter» gemacht...* (KvB Br 19) Immer wieder stößt man nun auf ähnliche Wendungen: *...so sehe ich mir leben zu* (Br I 65). *Wir haben nichts als ein sentimentales Gedächtnis, einen gelähmten Willen und die unheimliche Gabe der Selbstverdoppelung,* heißt es im ersten d'Annunzio-Aufsatz (P I 171). *Anatomie des eigenen Seelenlebens, Vertauschung von Traum und Wirklichkeit, Flucht aus dem Leben – Ihnen* (den englischen Präraffaeliten) *wird das Leben erst lebendig, wenn es durch irgendeine Kunst hindurchgegangen ist* (P I 114) –, *die fast somnambule Hingabe an jede Offenbarung des Schönen* (P I 173): dies ist «modern»; aber es wird Hofmannsthal bei aller Faszination zunehmend unheimlich.

Dagegen setzt Loris *die Freude an Handlung, am Zusammenspiel der äußeren und inneren Lebensmächte, am Wilhelm-Meisterlichen Lebenlernen* (P I 172). Auf sich bezogen, formuliert er es konkreter wiederum in einem Brief an Karg von Bebenburg von 1893: *... endlich bricht doch etwas Menschliches, etwas Ursprüngliches durch. Bei mir ist's jetzt eine grenzenlose, heftige Sehnsucht nach Natur, nicht nach träumerischem Anschaun, sondern nach tätigem Ergreifen der Natur, nach Wandern, Jagen, womöglich nach Bauernleben...* (KvB Br 32)

Hofmannsthals Schaffen steht in den folgenden Jahren unter der Frage, was Kunst und Leben miteinander zu tun haben, wie man Dichter bleiben könne, ohne aufzuhören, ein Mensch zu sein. *Wie schön ist Schönheit!* steht gegen dieses: *Wer auf der Bank der Liebe sitzt, braucht die Schönheit der Dinge nicht.* (P I 218) 1895 wird das Problem präzis ausgesprochen: *Ich sehe zwei Epochen, wie durch offene Säulengänge in einen Garten und jenseits wieder in einen ganz fremden: eine Epoche wo ich Angst habe, durch das Leben dem großen kosmischen Ahnen entrissen zu werden, die zweite wo mir davor grauen wird, für kosmisches Schweben das dunkle heiße Leben zu verlassen.* (A 121)

Viel später – während des Krieges – beginnt Hofmannsthal mit dem Versuch einer Selbstinterpretation. Sie soll die Wurzeln zeigen, aus denen das in seiner Vielfalt von ihm doch als Einheit empfundene Werk gewachsen war, soll klarmachen, wie die Fäden vom Jugendwerk hinüberlaufen in das Werk des Mannes, gegen das die Verse des Jünglings oft ausgespielt worden waren. Die Aufzeichnungen charakterisieren die oben beschriebene Verfassung als den *ambivalenten Zustand zwischen Präexistenz und Verschuldung,* als den Le-

Um 1893

Aus «Die Jugend», Nr. 6, 1899

bensmoment, in dem der Mensch, aus dem *glorreichen, aber gefährlichen Zustand* eines antizipierten Weltbesitzes und früher Weisheit heraustretend, sich mit dem Leben verknüpft. Es blieb bei Einzelnotizen, die im Anfang *Ad me ipsum* überschrieben, später vielleicht in Form eines imaginären Briefes geplant waren. Aber sie lassen erkennen, daß den Dichtungen der folgenden Jahre dieses gemeinsam ist: die *Verknüpfung mit dem Leben*, das *Durchdringen aus der Präexistenz zur Existenz* darzustellen und dem Bangen und der Sehnsucht Ausdruck zu verleihen, die dieser Lebenssituation eigen sind.

Dies gilt für die *tragédie proverbe*, in Alt-Wiener Kostüm und *ganz familienblattmäßig*, deretwegen Hofmannsthal im Frühjahr 1893 bei Bahr anfragt, ob dieser sie in einer Zeitschrift unterbringen könne (Br I 75). Es ist der Einakter Der Tor und der Tod, den im gleichen Jahr Otto Julius Bierbaum in seinem «Modernen Musen-Almanach» druckt. Kein anderes der Lyrischen Dramen hat die Zeitgenossen und die Jugend der nachfolgenden Generationen so fasziniert wie dieses. Denn in dem Edelmann Claudio hatte Hofmannsthal die Seelenverfassung seiner Generation gespiegelt: *zerfasert und zerfressen / Vom Denken* (G 202) und *so schmerzlich klug und so enttäuschten Sinn / In müdem Hochmut hegend* (G 204). Sechsundzwanzigmal aufgelegt wurde es mit 275 000 Exemplaren zu einem der erfolgreichsten Bändchen der Insel-Bücherei. Man liest die *kleine Totentanzkomödie* (G 106) als Gedicht; aber es ist bezeichnend: Hofmannsthal wollte sie in der «Burg» unterbringen. Erst 1898 wird das Dramolett in München aufgeführt. Zehn Jahre später nimmt sich Max Reinhardt des Stückes noch einmal an. Hofmannsthal fährt zu den Proben nach Berlin: *Die erste Probe... hat mich einigermaßen gerührt. Ich habe sehr lebhaft an die Wohnung in der Salesianergasse denken müssen, wo ich das Stück vor nun bald 15 Jahren geschrieben habe... Ganz sonderbar ist, wie das Stück mir selber beinahe wie etwas Fremdes, Klassisches vorkommt.* (Br II 318 f) Nichts mehr ist in diesen Sätzen von dem Drängen zu spüren, das einst den Neunzehnjährigen in Claudio eine Gestalt schaffen ließ, in der sich nach Hamlet, Werther, Faust, Roquairol und Henri Frédéric Amiel der Lebenszwiespalt in neuer Weise manifestierte. Denn die Schönheit der Verse, das Seelenhafte dürfen nicht täuschen: Claudio ist der Tor, der sich, indem er sich vom Leben abschließt, schuldig macht.

> *Ich hab von allen lieben Lippen*
> *Den wahren Trank des Lebens nie gesogen,*
> *Bin nie, von wahrem Schmerz durchschüttert,*
> *Die Straße einsam, schluchzend, nie! gezogen.*
>
> (G 201)

Loris bekannte gegenüber Marie Herzfeld einmal: *Ich habe bisher nie eine große Freude oder einen großen Schmerz gehabt* (Fiechtner 31). *Der Tor und der Tod* ist die dichterische Gestaltung dieser Seelenverfassung, die Darstellung eines Krankheitszustands der Seele und ihrer Heilung. 4. I. 94 – «*Der Tor und der Tod*». *Worin liegt eigentlich die Heilung? – Daß der Tod das erste wahrhaftige Ding ist, das ihm (Claudio) begegnet... dessen tiefe Wahrhaftigkeit er zu fassen imstande ist. Ein Ende aller Lügen, Relativitäten und Gaukelspiele. Davon strahlt dann auf alles andere Verklärung aus.* (A 106) Dem schuldhaften Verwischen der Grenze zwischen Phantasie und Wirklichkeit steht aber schon der entscheidende Satz gegenüber: *Ich will die Treue lernen, die der Halt von allem Leben ist.* (G 211) Mit ihm war die Frage aufgeworfen, die Hofmannsthal später in immer

Josephine von Wertheimstein

neuer Variation durch Gestaltung zu beantworten suchte: *...zwei Antinomien waren zu lösen. Die der vergehenden Zeit und der Dauer – und die der Einsamkeit und der Gemeinschaft. Ohne Glauben an die Ewigkeit ist kein wahrhaftes Leben möglich.* (A 228)

Die Mutter, die Geliebte, den Freund läßt der Tod an Claudio vorüberziehen, um ihn zu lehren, das Leben zu ehren. So konnte Hofmannsthal von seiner *Totentanzkomödie* sprechen, mit der er eine neue Linie seines dramatischen Schaffens einleitet: die der Neubelebung des mittelalterlichen Mysterienspieles und des barocken autos sacramentale. Der *Jedermann, Das Salzburger Große Welttheater* und *Der Turm* werden folgen, und Pläne zu einem Trauerspiel *Die Söhne des Fortunatus* und zu einem *Xenodoxus* Hofmannsthal über Jahre hinweg beschäftigen. Zunächst aber will er zum *Tor und Tod* ein *allegorisches Gegenspiel* schreiben: die *Landstraße des Lebens*.

FRAU VON WERTHEIMSTEIN

Hofmannsthals Geständnis, er habe noch keinen großen Schmerz gehabt, sollte nicht lange gelten. Im Juli 1894 starb Josephine von Wertheimstein. Nachfahrin der Gomperz und Auspitz und mit den Todescos verschwägert, war sie an die Stelle getreten, die einst Fanny von Arnstein innegehabt hatte: ihre Döblinger Villa wurde in der zweiten Jahrhunderthälfte zum geselligen Mittelpunkt und zum Refugium für Gelehrte, Maler, Schauspieler und Dichter. Adolf von Wilbrandt und Moritz Hartmann, Franz von Lenbach und Moritz von Schwind, Karoline Bettelheim und Anton Rubinstein gingen hier ein und aus. Ferdinand von Saar und Eduard von Bauernfeld waren in der Villa am Döblinger Berg zu Hause. Lenbach hatte die Wertheimsteins porträtiert; seine Gemälde dominierten im großen Salon. Das Treppenhaus hatte Schwind mit Malereien geschmückt.

Als einziger der jungen Wiener Dichter trat Hofmannsthal 1893 in die einst lebensvolle, nun aber entrückte Welt ein. Seine Besuche galten der *lieben, gescheiten alten Frau* (Br I 78), der er 1892 während der Ferien im Salzkammergut begegnet war. Die spontane Zuneigung war gegenseitig. *... ich meine, daß ich das, was Ihr Haus für mich einschließt, als ein großes, wahres Glück lebendig und dankbar empfinde.* So schreibt Hofmannsthal 1893 an Frau von Wertheimstein (Br I 74). In einem Brief der alten Dame an ihre Tochter Franziska liest man: «Abends kam der liebe Hofmannsthal, mit dem ich so gerne spreche, trotzdem er ein halbes Jahrhundert jünger ist als ich! Und dennoch verstehe ich ihn so gut und kommt er mir so gar nicht fremdartig vor. Diesen jungen Menschen habe ich wirklich lieb... ich muß auf einem andern Stern schon mit ihm bekannt gewesen sein – oft sagt er etwas, als ob es aus meiner Seele herausklingen würde – das moderne unverständliche läßt er immer mehr und mehr fallen.» (Holzer 115) Im Juni und Juli 1894, während er sich auf die juristische Staatsprüfung vorbereitet, ist Hofmannsthal oft tagelang Gast in Döbling. *Hier heraußen ist alles so unsäglich merkwürdig, der alte große Garten mit den vielen toten Menschen, die da herumgegangen sind, und den fremden lebendigen, die außen am Gitter vorbeigehen, und der alten gnädigen Frau, die in dem gelben Salon am Sofa liegt, immer schwächer und wachsbleicher wird und dabei in dieser großen Weise von Leben und Sterben redet...* (Br I 105 f) Das Sterben und der Tod der alten Frau ergreift Hofmannsthal tief. Ins Tagebuch trägt er ein: *Montag, 9. bis Samstag, 14. Juli. – Die schwersten Tage in Döbling... nichts von ihrer stillen großartigen Schönheit geblieben – ... Alles ist tot; auch die Stimme fremd... Sie hat Angst vor dem Sterben. Das ist das Furchtbarste. Alle Größe und Schönheit nützt n i c h t s.* Und am Tage des Todes: *Das ist das erste wahrhaft Schwere und Traurige, das ich erlebe...* (Holzer 119) – 1896 stehen in den «Blättern für die Kunst» Hofmannsthals im Sommer 1894 gedichtete *Terzinen über Vergänglichkeit.*

Noch spür ich ihren Atem auf den Wangen:
Wie kann das sein, daß diese nahen Tage
Fort sind, für immer fort, und ganz vergangen?

Dies ist ein Ding, das keiner voll aussinnt,
Und viel zu grauenvoll, als daß man klage:
Daß alles gleitet und vorüberrinnt.

Und daß mein eignes Ich, durch nichts gehemmt,
Herüberglitt aus einem kleinen Kind
Mir wie ein Hund unheimlich stumm und fremd.

*Dann: daß ich auch vor hundert Jahren war
Und meine Ahnen, die im Totenhemd,
Mit mir verwandt sind wie mein eignes Haar,*

So eins mit mir als wie mein eignes Haar.

(G 17)

Der Plan des allegorischen Gegenstückes zum *Tor und Tod* nahm ebensowenig festere Gestalt an wie der dramatische Plan *Das Urteil des Bocchoris* und der ebenfalls 1893 gehegte und nach der Jahrhundertwende wiederaufgenommene Gedanke, «Die Bacchen» des Euripides zu erneuern. Ein anderes Werk des attischen Tragikers hingegen zog Hofmannsthal so in den Bann, daß er 1894 einem Freunde melden konnte, es sei nahezu fertig: *Alkestis*.

Auch hier wieder der Blick zur Bühne: *Hauptsächlich bearbeite ich ein Stück von Euripides und möcht's gern recht lebendig machen, natürlich zur Aufführung... In dem Münchner kleinen Rokokotheater könnte man's auch spielen; hat da jemand Geschmack an solchen Sachen?... es sieht ungefähr aus wie griechische Mosaikarbeit von Stuck nachgemacht.* (Br I 96) In einem anderen Brief meint Hofmannsthal: *...wenig Stimmung, gar keine ehernen Verse; mir ist sie recht, weil ich dadurch dem dramatischen Drama... ein Stükkerl nähergekommen bin.* (Br I 98) Auch in der *Alkestis* führt der Weg zum Leben durch den Tod; aber der Weg ist ein anderer: Opfertod der Alkestis und Königlichkeit des Admet bewirken die Wiedergeburt.

Opfer und Verwandlung: von *Alkestis* führt der Weg zur *Elektra* und zum *Ödipus*, aber auch zur *Ariadne*. Indem Hofmannsthal den Charakter des Euripideischen Admetus menschlich erhöht, deutet sich schon an, was der Dichter später den *Triumph des Allomatischen – mit dem Sich-verwandeln das Verwandeln eines Andern –* nennen wird (A 222).

LEOPOLD VON ANDRIAN

Die Sätze über die wenig stimmungsvolle *Alkestis* stehen in einem Brief an Leopold Freiherr von Andrian zu Werburg. Hofmannsthal hatte den nur wenig jüngeren Dichter im Herbst 1893 kennengelernt. Es entwickelte sich, wie Andrian es nennt, eine Jugendfreundschaft, die bis zum Tode Hofmannsthals andauerte. Auch für Hofmannsthal lag der Höhepunkt dieser Freundschaft in ihrem Anfang. Wenige Monate vor seinem Tod schreibt er an Andrian: *Leb wohl, mein Guter, und behalte mich lieb als einen Jugendfreund, in dem sich Dein ganzes Wesen, Eindrücke in Dezennien empfangen, als eine unaussprechliche Einheit zusammenfaßt.* (NR 1962 529) Die geistige Sphäre dieser Freundschaft war die beiderseitige Liebe zur Dichtkunst; der Grund, der sie dauern ließ, obwohl diese Gemeinsamkeit mehr und mehr dahinschwand, war ihr Österreichertum und die Erinnerung an das «Fest der Jugend».

«Das Fest der Jugend» war der Titel, unter dem das Prosastück Andrians entstanden war, das dann – als es mit der Fürsprache Bahrs und Hofmannsthals 1895 erschien – den Titel «Der Garten der Erkenntnis» trug. Die Geschichte des jungen Fürsten, der – «vom Leben durch eine andere Luft getrennt» – starb, «ohne erkannt zu haben», begründete Andrians frühen Ruhm. Sie blieb aber auch dessen einziges großes dichterisches Werk. Der in der Übergangsstunde zwischen zwei Lebensaltern plötzlich ins Licht Getretene mußte ebenso schnell wieder ins Dunkel zurücktreten. Hofmannsthal hat die Qualen des Freundes mitgelitten; denn auch ihm hatte sich im «Garten der Erkenntnis» Andrians dichterisches Ingenium wunderbar angezeigt. Als er das Buch nach fünf Jahren wiederliest, schreibt er Andrian: *Dieses Buch macht mir jedesmal... wieder einen frischen und jedesmal stärkeren Eindruck. Der diesmalige war der eines großen ungeteilten Vergnügens an einem gelungenen Kunstwerk... Immer wieder kann ich es mir nicht glaubhaft machen, daß die Kraft, die das hervorgebracht hat, sich sollte vollkommen in inneren Höhlungen zerstäuben und nichts mehr nach außen bewirken.* (Br I 307) 1904 noch macht sich Hofmannsthal Notizen für eine Fortsetzung dieses auch von Andrian als Fragment angesehenen Buches. An George, der mit Albert Verwey zusammen den «Garten der Erkenntnis» ins Holländische übertrug, schreibt Hofmannsthal 1902: *Wie rätselhaft ist er der Poesie entfremdet! Sein Blick geht ohne Regung über das hinweg, wovon er vor Jahren einzig gelebt hatte... Was uns an einander bindet ist fast nur mehr ein Unnennbares, wenn man sich Auge in Auge sieht, und die aus der frühen Jugend*

Leopold Freiherr von Andrian zu Werburg, 1911

herstammende lässige Vertraulichkeit des Umganges. (G Br 164) Im Krieg verbindet die Freunde gemeinsames politisches Handeln. Hofmannsthal verdankt Andrian, der damals außerordentlicher Gesandter Österreichs in Warschau war, die kulturpolitischen Missionen in Polen, Belgien und im neutralen Ausland. Andrian wird Mitbegründer der von Hofmannsthal herausgegebenen *Österreichischen Bibliothek* und kurz vor dem Zusammenbruch der Monarchie dank der Initiative des Freundes Intendant der Hoftheater. Nach dem Zusammengehen im Politischen hofft Hofmannsthal noch einmal auf gemeinsame dichterische Arbeit: er lädt den Freund zur Mitwirkung an den *Neuen Deutschen Beiträgen* ein. Aber nur im letzten Heft ist Andrian mit einem religionsphilosophischen Beitrag vertreten.

DICHTER UND LEBEN

1893 hatte sich Hofmannsthal zum Eintritt als Einjährig-Freiwilliger beim Dragoner-Regiment 6 verpflichtet. Ende September 1894 fährt er, nachdem er im Juli noch die erste juristische Staatsprüfung abgelegt hat, zum Regiment. *Es wird Dir sonderbar vorkommen,* schreibt er an den Freund Edgar Karg von Bebenburg, *aber ich freu mich eigentlich auf's Dienen... wegen der naiven geistlosen Art, sein Leben hinzubringen und mit diesem Hinbringen eine unentrinnbare Pflicht zu erfüllen, während meinem gewöhnlichen Dasein dadurch, daß ich es fast völlig selber gestalten darf und doch kein reifer Mensch bin, mitunter etwas recht gekünsteltes anhaftet, etwas scheinmäßiges.* (KvB Br 55)

Den größten Teil des Freiwilligenjahres, dessen Ende Hofmannsthal in den letzten Monaten mehr und mehr herbeisehnte, leistet der Dichter in Göding ab, einem mährischen Städtchen, etwa hundert Kilometer nordöstlich von Wien an der March gelegen. Weite abendliche Ritte durch die mährische Landschaft sind ihm fast die einzige angenehme Abwechslung in der Monotonie des Dienstes, obwohl sie das Einsamkeitsgefühl noch steigern. *Hier gibt es lichtgrüne Felder und darin stehen oder knieen slowakische Bauernmädel... und hie und da reitet man durch kleine Dörfer... und an dem fernen farblosen Himmel laufen leere lange Alleen von sehr großen Pappeln, die sich übergroß und traurig abheben, aber in dem allem hab ich manchmal ein Gefühl von so unsäglicher erstickender Einsamkeit...* (KvB Br 79 f) Zehn Tage vor diesem Brief an Karg von Bebenburg, am 8. Juni 1895, hatte Hofmannsthal dem Tagebuch anvertraut: *Sehr große Depression. Abends Spaziergang im Wald, Birken, schwarzes Wasser, Sumpfgräser, alles tot, ich mir selber so nichts, so unheimlich. Alles Leben von mir gefallen.* (A 121) Der leichte Dienst gewährt wenigstens Zeit und Ruhe zum Lesen. Von Beer-Hofmann erbittet sich Hofmannsthal Maupassant, er liest Haeckels «Welträtsel», Schopenhauer, Browning. «Dichtung und Wahrheit» und die Noten zum «West-östlichen Divan» machen ihm einen *Monat, der sehr schlecht angefangen hat,* wieder gut (Br I 158).

In den Gödinger Monaten fällt eine für Hofmannsthals ferneren Lebensgang wichtige Entscheidung. Die Fortsetzung des 1892 begonnenen Studiums stand außer Frage. Aber Hofmannsthals Bemerkung gegenüber dem Vater, daß es ihn glücklicher mache, Verse zu schreiben als das bürgerliche Gesetzbuch zu lernen, eröffnet die Diskussion über die Studienfächer und den zukünftigen Beruf, während der der Dichter bei Harry Gomperz, dem Sohn des Wiener Altphilologen Theodor Gomperz, Rat sucht: *Ich habe vier Semester Jus studiert, die Staatsprüfung mit mittelmäßigem Erfolg abgelegt... Nicht eine Stunde lang hab' ich zu diesem Fach eine lebendige Beziehung gewinnen können... Es ist also mein Verlangen, mich einem anderen Studium zuzuwenden, wohl zu entschuldigen. Nur sehe ich, im bürgerlichen Sinn, keinen präzisen Weg vor mir. Da ich nicht reich genug bin und nie sein werde, um ohne Beruf anständig zu leben, anderseits aber mich selber und gewisse Gruppen von Menschen hinreichend kennengelernt habe, um einzusehen, daß mir eine «Karriere» im Staatsdienst so ziemlich verschlossen ist, stellt sich von selbst der vage Begriff «gelehrte Laufbahn» ein. Was ich dazu mitbringe, dürften Sie selbst aus eigenem Verkehr übersehen können. Wenn Sie von meiner Phantasie absehen, die einen günstig Gesinnten zu allgemeiner Überschätzung verführen kann, so bleibt beiläufig der Typus dessen, was unsere Gymnasien in Wien mit gutem Erfolg absolviert. Vielleicht ein etwas weiterer Gesichtskreis, durch einen glücklich gefundenen mannigfaltigen Verkehr erworben. Daraus abgeleitet vielleicht ein gewisser historischer Sinn, das heißt eine gewisse Keckheit, die Dinge höchst unhistorisch anzuschauen, Fernes auf Nahes, Kleines auf Großes zu beziehen und in einem starken Glauben ans Menschliche in allem Vergangenen etwas schlechterdings Begreifliches aufzuspüren. – Diese Durchschnittsbegabung, nach der mathematischen Seite jäh abgeschnitten... nach der abstrakt philosophischen zumindestens nicht geweckt und ausgebildet; dafür eine wirkliche Leichtigkeit, Sprachen zu erlernen und ihren Geist zu erfassen. Ferner literarischer Geschmack... Gefühl für die bildenden Künste, was man aber in deutschen Gegenden auch zu den Luxuseigenschaften rechnet, wenn ich nicht irre. Mit diesem Gepäck steige ich also die juridische Stiege, auf der linken Seite, herunter und möchte auf der rechten hinauf.* (Br I 153 f) Gomperz empfiehlt Kunstgeschichte und romanische Philologie als Fächerkombination. Der Vater willigt schließlich in die Wünsche des Sohnes ein. Im Oktober 1895 belegt Hofmannsthal bei Adolf Mussafia und Wilhelm Meyer-Lübke Romanistik.

Neben den Fachvorlesungen belegt er philosophische und ästhetische Kollegs von Alfred von Berger, bei dem er «Dramaturgie der antiken Tragiker» und «Über den Begriff des Stils» noch als Jurastudent gehört hatte. Auch Franz Brentanos Kolleg über «Praktische Philosophie» hatte Hofmannsthal schon als Erstsemestriger absolviert. 1897 hörte er Friedrich Jodl über «Grundfragen der Logik» lesen und den seit 1896 in Wien lehrenden Ernst Mach «Über einige allgemeine Fragen der Naturwissenschaft». Daß Hofmannsthal in den Gedanken und Philosophemen vor allem Bergers und Machs seine eigenen Probleme und die seiner Zeit ausgesprochen und in manchem wohl auch erklärt sah, scheinen seine frühen Dichtungen zu bestätigen.

Die Dissertation schreibt Hofmannsthal über den *Sprachgebrauch bei den Dichtern der Plejade*. Im März 1899 wird Hofmannsthal zum Doktor der Philosophie promoviert. Die «gelehrte Laufbahn» schließt er mit dem Versuch der Habilitation ab. Er legt im Mai 1901 der Wiener Universität *Studien über die Entwickelung des Dichters Victor Hugo* vor, an denen er seit dem Herbst 1900 oft freudlos gearbeitet hatte. Als sich die Antwort der Fakultät verzögert, zieht Hofmannsthal das Gesuch zur Erlangung der Venia legendi zurück und begründet dies mit einer Nervenerkrankung. Den wahren Grund dürften die-

Reserveleutnant bei den Ulanen, 1897

se Sätze an Theodor Gomperz angeben: *Die nach Vollendung meiner Schrift gefolgten sechs Monate haben mich nämlich durch ein gewaltsames, meine Kräfte fast übersteigendes Hervordrängen meiner poetischen Produktion belehrt, daß ich nach beiden Seiten hin etwas Unmögliches, ja beinahe Unmoralisches angestrebt hatte, als ich mich beredet hatte, es würde sich eine solche innere Doppelexistenz führen lassen.* (Br I 338) Der Dichterberuf siegte über die von außen herangetragene Forderung nach einer bürgerlichen Existenz.

Hofmannsthal mußte noch zweimal die Universität mit der Kaserne vertauschen. Im Mai 1896 entledigte er sich der Waffenübung in Tlumacz, im Juli 1898 tut er, inzwischen zum Leutnant in der Reserve befördert, seinen Dienst in Czortkow, wie Tlumacz ein ostgalizischer Marktflecken nahe der russischen Grenze. Tlumacz schien Hofmannsthal vom Teufel erfunden. Er wohnt *drei Minuten von der Kaserne bei dem Juden Schwefelgeist. Das Zimmer ist zu ebener Erde. Vor dem Fenster ist der Schweinestall; vor der Tür in dem Hausflur den ganzen Tag Fisch- und Gemüsemarkt...* Die Menschen, Pferde und Hunde sind elend und schmutzig, das Waschwasser stinkt, das Essen hat *den entsetzlichen Geruch von feuchtem Holz, schlechtem Fett und dumpfer Luft.* Er klagt über den schlampigen Dienst. Mit den jungen Offizieren verbindet ihn nichts. Seine Ordonnanz, ein Ruthene, versteht weder ein Wort deutsch noch polnisch. Trotzdem fühlt Hofmannsthal sich in dieser Öde und Häßlichkeit wohler als in Göding, weil er viel Freizeit hat und unter Menschen allein ist. *Abends bin ich immer den einzigen Weg auf und ab gegangen, wo kein tiefer Kot war: nämlich ein langes Brett zwischen dem Haus des Elias Rizer und des Chaim Dicker. Das ist mitten auf dem Marktplatz: hier stehen die ruthenischen Bauern mit ihren elenden Pferden so groß wie Hunde und lassen sich von den Juden betrügen. Da einem aber alle Menschen ausweichen und grüßen, so bin ich stundenlang in diesem Gewimmel wie auf einem stillen Berg einsam auf und ab gegangen und habe den Platon oder die schönen ernsten Gedichte von Hölderlin gelesen. Wenn ich mein Leben mit dem vieler anderer junger Menschen vergleiche... so komme ich mir doch unendlich glücklich vor. Es ist doch auch möglich, daß ich einmal etwas sehr Schönes schreibe, das viele Menschen verstehen.* Einem Brief an den Vater ist diese Schilderung entnommen, deren jugendlich überheblicher Ton samt der in ihr zutage tretenden menschlichen Kälte und snobistischen Allüre wenigstens zum Teil forciert und gespielt sein werden, um den sich sorgenden Eltern die Souveränität ihres Sohnes über die Lebensdinge zu demonstrieren. Durch Lesen bricht Hofmannsthal aus dem «Dienst» aus, dessen Grundstimmung sich in Galizien auf das Gefühl einer fortwährenden moralischen Gefangenschaft reduziert hatte. Er liest Altenbergs «Wie ich es sehe», Nietzsche, Hölderlin- und Goethe-Gedichte, Pindar, Catull, Balzac und Maupassant, Thomas Otways «Venice Preserved». Auch in Czortkow werden Bücher das Gegengewicht zur Öde des Dienstes und zur Armut der äußeren Umgebung.

Ich bin hier viel ernster und härter, als ich in meinem Leben war. Ich korrigiere meinen Begriff vom Leben: von dem, was das Leben für die meisten Menschen ist: es ist viel freudloser, viel niedriger, als man gerne denkt ... Oder: Ich glaube: das schöne Leben verarmt einen. Oder: Das Leben, das wir in Wien führen, ist nicht gut ... Wir leben in geistiger Beziehung wie die Kokotten, die nur französischen Salat und Gefrorenes essen. (Br I 182, 185 und 189 f) — Hofmannsthals bisheriges Fragen, was Poesie und Leben miteinander zu tun hätten, erweist sich angesichts der Erfahrungen in Tlumacz vollends als akademisch; denn schon die Gödinger Zeit hatte eine Korrektur verlangt. Damals schrieb Hofmannsthal an Karg von Bebenburg: *Die überjugendliche Zeit, die jetzt gerade hinter uns liegt, ist mir ein bissel unheimlich ... wie ich da durch die Welt durchgeschwankt bin, als wie durch völlig Leeres. Es ist eine sonderbare altkluge Leichtfertigkeit, eine kalte Trunkenheit im Großen und Ganzen ... Ich glaube auch, irgendwie hinter uns liegt schon ein erster Abweg, eine erste Verführung dorthin zu gehen, wo man nicht reif wird.* (KvB Br 98 f) Göding und Tlumacz lehren Hofmannsthal, daß Leben nicht Anschauen ist, daß der Dichter seine Welt nicht auf den Willenlosen stellen kann. Denn was sich ihm nun als Leben darstellt, kann er nur als das Chaos, als *totes dumpfes Hinlungern der Dinge im Halblicht* begreifen (A 124), das nur durch Tun gebändigt und durch die Magie der Liebe belebt werden kann. Es ist bezeichnend und wird für Hofmannsthals Entwicklung entscheidend, daß in den Gödinger Sommerwochen der Gedanke der magischen Weltbeherrschung, die Schwere der Elemente in der Form aufzuheben — *Wasser aber ballt sich ihm wie Kristall, Fernes zieht er heran ...* — neben dem Gedanken der *Zutätigkeit* steht — *Das Ungeheure des Lebens ist nur durch Zutätigkeit erträglich zu machen; immer nur betrachtet, lähmt es* (A 125 und 126): es ist der Goethe des «West-östlichen Divans», der «Legende» und der des «Wilhelm Meister», der Hofmannsthal den Weg weist, auf dem die Kluft zwischen Denken und Tun, Poesie und Leben überbrückt ist.

Die *altkluge Leichtfertigkeit* der Jugend barg auch eine andere Gefahr: den leichtfertigen Gebrauch der Worte. *Es handelt sich um ein Zu-viel im Reden, ein Übertreiben — und in diesem Zu-viel ist eine Spaltung — ein Teil des Ich begehrt was der andere nicht will.* (A 230) Jetzt erst meint Hofmannsthal, die wahre Bedeutung der Worte zu erkennen. Sie sind ihm Talismane, mit der magischen Kraft über die Welt begabt, durch sie wird dem Dichter die Welt das *in Formen gefangene, gerettete Chaos* (A 127). Zugleich wird die Rede als *soziales Element* empfunden, und Hofmannsthal beginnt zu ahnen, daß *die magische Herrschaft über das Wort, das Bild, das Zeichen ... nicht aus der Prae-Existenz in die Existenz hinübergenommen werden darf* (A 215 f). Anläßlich der Mitterwurzer-Monographie von Eugen Guglia spricht er von der zunehmenden Sprachskepsis. *Denn die Worte haben sich vor die Dinge gestellt; sie spinnen alles Leben von den Menschen ab und wenn wir den*

«Weltgeheimnis». Die Terzinen erschienen 1896 in den «Blättern für die Kunst»

Mund aufmachen, reden immer zehntausend Tote mit (P I 265 und 267).

Alle diese Erlebnisse und Erfahrungen reflektieren die Dichtungen dieser Jahre. Die Gedichte sind – wie kaum zuvor – Zeugnisse jener magischen Herrschaft über die Sprache, des Glaubens an die durch den Traum gestiftete Einheit von Ich und Welt. *Und drei sind Eins: ein Mensch, ein Ding, ein Traum*, heißt es in einer der 1894 gedichteten Terzinen (G 18). Der *Traum von großer Magie* zaubert das Bild des Magiers:

> *Er bückte sich, und seine Finger gingen*
> *Im Boden so, als ob es Wasser wär.*
> *Vom dünnen Quellenwasser aber fingen*
> *Sich riesige Opale in den Händen*
> *Und fielen tönend wieder ab in Ringen.*
>
> (G 20)

Der Magier, das ist der Dichter, dem nichts nah und fern ist, der das Vergangene zum Heute macht, an dem die Macht der Schwere endet. «Schöpft des Dichters reine Hand, / Wasser wird sich ballen.» So endet Goethes Divan-Gedicht «Lied und Gebilde».

Der *mystische Weg*, der aus dem *glorreichen, aber gefährlichen Zustand* hinausführen sollte, war die Introversion. Ohne sie war der *Traum von großer Magie* nicht zu träumen; ohne den «mystischen» Gedanken des Zu-sich-selber-Kommens wäre das Gedicht *Weltgeheimnis* nicht entstanden.

> *Der tiefe Brunnen weiß es wohl,*
> *Einst waren alle tief und stumm,*
> *Und alle wußten drum.*
>
> (G 15)

... *der tiefe Brunnen als das eigene Ich*, heißt es im *Ad me ipsum* (A 216). Selbsterkenntnis ist für den Mystiker zugleich Welterkenntnis, Steigerung des Selbst das höhere Leben, dessen hier das Kind und der Wahnsinnige teilhaftig geworden sind. *Der Wahnsinnige eine Form der erreichten Vollkommenheit*, lautet eine andere Aufzeichnung (A 223).

Der vita contemplativa korrespondiert die vita activa, dem ätherleichten Leben das schwere, gebundene, der Herrschaft der Dienst, der Klarheit das Dunkle und Verworrene, dem Innen das Außen. Scheinbar Gegensätzliches verbindet sich. Nirgends erfährt die Allverbundenheit vollkommeneren Ausdruck als in dem im März 1896 in den «Blättern» erschienenen Gedicht

> *Manche freilich müssen drunten sterben,*
> *Wo die schweren Ruder der Schiffe streifen,*
> *Andre wohnen bei dem Steuer droben,*
> *Kennen Vogelflug und die Länder der Sterne.*
>
> *Manche liegen immer mit schweren Gliedern*
> *Bei den Wurzeln des verworrenen Lebens,*

*Andern sind die Stühle gerichtet
Bei den Sibyllen, den Königinnen,
Und da sitzen sie wie zu Hause,
Leichten Hauptes und leichter Hände.*

*Doch ein Schatten fällt von jenen Leben
In die anderen Leben hinüber,
Und die leichten sind an die schweren
Wie an Luft und Erde gebunden:*

*Ganz vergessener Völker Müdigkeiten
Kann ich nicht abtun von meinen Lidern,
Noch weghalten von der erschrockenen Seele
Stummes Niederfallen ferner Sterne.*

*Viele Geschicke weben neben dem meinen,
Durcheinander spielt sie alle das Dasein,
Und mein Teil ist mehr als dieses Lebens
Schlanke Flamme oder schmale Leier.*

(G 19)

In diesen Jahren sinnt Hofmannsthal auch dem Kunstgesetz einer anderen Gattung nach: *Ich glaube, daß ich jetzt... das aufs Wesen gehende Kunstgesetz für die Novelle... ahne... dessen voller Besitz einem möglich machen muß, eine ganze Prosadichtung durch und durch als Form zu erkennen wie das lyrische Gedicht und das... Shakespearesche Drama.* (Br I 206) Als er dies 1896 an Bahr schreibt, plant er einen Zyklus von Novellen, darunter *die Geschichte der beiden Liebespaare, die Geschichte des Freundes, die Geschichte des Soldaten und die des Kadett-Offiziersstellvertreters* (Br I 205). Eine Erzählung führt Hofmannsthal zu Ende; aber sie hält der Kritik der Freunde nicht stand, deren Urteil sich Hofmannsthal zu eigen macht, wenn er dem Vater schreibt, er teile das Geschick junger Künstler, *zu schattenhaft, zu wenig matter of fact zu sein.* Die Konsequenz: *Nun verlange ich aber sehr, mich der Auffassung und dem Lebensinhalt der meisten Menschen anzunähern, und es ist mir nichts widerlicher als jene einsame, mit dem Namen l'art pour l'art bekleidete manierierte Unzulänglichkeit.* Die Art, wie sich der Sohn eine solche Annäherung vorstellt, entbehrt selbst nicht ganz der Manieriertheit: *... ich lege meine Novelle in den Koffer, kaufe mir einen Band Plutarch und einige Shakespearestücke aus der Universalbibliothek und, falls dies noch nicht ganz matter of fact wäre, noch einige Nummern der Pariser Ausgabe des New York Herald und fahre mit dieser Lektüre nach Unterach, wo es Börsianer und Schauspieler, und nach Aussee, wo es Aristokraten und andere Menschen gibt: und übersetze die Stoffe... eben stärker als bisher in Vorgänge und Motive des täglichen Lebens...* Was aber wichtiger ist: Hofmannsthal bestätigt hier nochmals die seine fernere Entwicklung bestimmende Erkenntnis von der *Sackgasse des Ästhetizismus.*

Wenn von den genannten Novellenplänen die meisten Entwürfe bleiben, weil es Hofmannsthal nicht gelingen wollte, den Gestalten und Handlungen durch die Verschmelzung von Innen und Außen jene Tiefendimension zu geben, welche der Darstellung Lebendigkeit, Wahrheit und Schönheit verleiht, so war ihm das in einer anderen Erzählung geglückt, in dem *Märchen der 672. Nacht*. Es ist die Geschichte eines einsamen, mit Reichtum überschütteten Kaufmannssohnes, der in der Betrachtung kostbarer Dinge die *verschlungenen Wunder der Welt, ein großes Erbe, das göttliche Werk aller Geschlechter* gewahr zu werden glaubte (E 8) und der am Ende doch nur – wie Hofmannsthal später von Oscar Wilde sagt – unablässig das Leben herausforderte, das ihn dann aus dem Dunkel ansprang, indem es ihn durch den Huf eines häßlichen Militärpferdes enden läßt. *Mit einer großen Bitterkeit starrte er in sein Leben zurück und verleugnete alles, was ihm lieb gewesen war. Er haßte seinen vorzeitigen Tod so sehr, daß er sein Leben haßte, weil es ihn dahin geführt hatte.* (E 28) Das schöne Leben ist Lebensflucht und niemand entflieht dem Leben ungestraft. – Die Erzählung bannt aber auch das Grauen vor der Gemeinheit des rohen Lebens. Sie ist die verdichtete Erfahrung des Gödinger Jahres. Die *Reitergeschichte* wird wenig später als eine der damals konzipierten Soldatengeschichten hinzutreten. Wie in dieser der Ritt des Wachtmeisters Lerch durch ein elendes, scheinbar verödetes Dorf in die Sphäre des Traumes getaucht ist, so durchzieht, wie Schnitzler bemerkte, nicht die Wärme und der Glanz des Märchens die Erzählung vom Kaufmannssohn, sondern in wunderbarer Weise das fahle Licht des Traumes (Schn Br 63). In der Traumwelt ist das Schreckliche aufgehoben. *Nur wenn man das Menschenleben so ansieht wie in der Maeterlinckschen Szene, die Du mir geschickt hast ... kommt einem eben die Märchenhaftigkeit des Alltäglichen zum Bewußtsein, das Absichtlich-Unabsichtliche, das Traumhafte. Das hab ich einfach ausdrücken wollen und deswegen diese merkwürdige Unbestimmtheit gesucht, durch die man beim oberflächlichen Hinschauen glaubt, Tausendundeine Nacht zu sehen und, genauer betrachtet, wieder versucht wird, es auf den heutigen Tag zu verlegen.* (Br I 169 f)

Wo du sterben sollst, dahin tragen dich deine Füße – Wenn das Haus fertig ist, kommt der Tod. Das sind Worte des Kaufmannssohns. Sie schlagen die Brücke zu dem Plan einer anderen Geschichte, die auch von den Lockungen und Drohungen des Lebens handeln sollte. Als sich Hofmannsthal für die Geschichte der Prinzen Amgiad und Assad Notizen machte, schrieb er jene zwei Sprichworte auf. Als dann der Gedanke aufgegeben wurde, das in der 217. und den folgenden Nächten erzählte Schicksal der Brüder in Terzinen aufs Neue zu gestalten, legte Hofmannsthal die Worte dem Kaufmannssohn in den Mund. Und wie Plan und vollendete Erzählung durch die Märchenwelt von Tausendundeine Nacht verbunden sind, so weht auch durch die Fragment gebliebene Prosa *Der goldene Apfel* der geheimnisvolle Duft Bagdads und Basras. *Wir hatten dieses Buch in Händen, da wir Knaben waren; und da wir zwanzig waren, und meinten weit zu sein von der Kinderzeit, nahmen wir es wieder in die Hand, und wieder hielt es uns... wie glichen wir diesen weit von der Heimat verirrten Prinzen, diesen Kaufmannssöhnen, deren Vater gestorben ist, und die sich den Verführungen des Lebens preisgeben, wie meinten wir ihnen zu gleichen.* (P II 311) Die Sätze stehen 1907 in Hofmannsthals Einleitung zu den vom Insel-Verlag herausgegebenen «Erzählungen der Tausendundein Nächte».

Im Sommer 1896 geht Hofmannsthal zum erstenmal nach Alt-Aussee, das ihn von nun an immer wieder anziehen sollte. Hier haben Andrians ihre Villa und die Franckensteins, hier begegnet er dem *ersten Jüngling norddeutscher Geistesbildung,* dem jungen Berliner Philosophen und Vetter Andrians Raoul Richter. Hier trifft er sich mit Hans Schlesinger, seinem späteren Schwager, mit Felix Baron Oppenheimer, mit Edgar Karg von Bebenburg und später, nachdem er auf der Obertressen ein kleines Bauernhaus gemietet hat, Jahr für Jahr mit Jakob Wassermann, der dort sein Domizil hatte. 1899 schreibt er aus eben diesem *Dorf im Gebirge* – so heißt ein Prosastück von 1896 – an Otto Brahm: *Wir wohnen alle in verschiedenen kleinen Häusern an der Berglehne über dem dunklen kleinen See, essen und nachtmahlen bald bei dem einen, bald bei dem andern, lesen zusammen englische Gedichte, der ältere Franckenstein komponiert kleine Lieder, die ich in Marienbad gemacht habe, mittag fahren wir im Boot hinaus und baden... bis tief in die sternenhellen Nächte hinein gehen wir spazieren oder sitzen auf dem Geländer von einem Bauerngarten und reden miteinander; die Leute, die wir begegnen, kennen uns und sind alle in einer gewissen Weise hier zu Hause, einmal ist es der Reichskanzler Hohenlohe und einmal eine alte, ganz runzlige Bauernfrau mit einem Eimer Milch...* (Br I 291)

Zuviel von dem, was Hofmannsthal geplant hatte, war unvollendet geblieben oder hatte vor seinen kritischen Augen nicht bestanden. Im Oktober 1896 geht ein Brief an George, in dem es heißt: *... ich fühle mich in meinem Schaffen so unsicher, so weit, nicht von Reife, sondern selbst von individueller Sicherheit und Heiterkeit, daß mich der Gedanke, für eine Wirkung meiner Produkte unter den Menschen aufzutreten, mit einer Art von Grauen erfüllt.* (G Br 112) Dies war nicht nur Ausflucht, um der Aufforderung zu einer engeren Mitarbeit an den «Blättern» zu entgehen, sondern hier war eine jener *widerwärtigen Stockungen* eingetreten, die Hofmannsthal *für Monate die Gefaßtheit, ja die Sprache zu rauben* imstande waren (G Br 113). Um so befreiender mußte es für den Dichter sein, als sich im Sommer 1897 die Schleusen öffneten. *Ich bin... ganz überschwemmt von Plänen und Halbfertigem,* schreibt er an Schnitzler (Schn Br 95), und in einem Brief an den Vater meint er, es gehe ihm alles so gut aus, daß er nächstens wegen des Neides der Götter seine Uhr oder sonst etwas in den Varese-See werfen müsse. Wie gut es ihm geht, zeigt der Umstand, daß ihm nun an dem gelegen ist,

Das Haus in Aussee

was ihn ein Jahr zuvor mit Grauen erfüllt hatte: für die Wirkung seiner Werke unter den Menschen aufzutreten.

Hofmannsthal hatte im August 1897 von Fusch aus eine Radtour nach Varese unternommen. Hier bricht die fast entschwunden geglaubte Schaffenskraft in elementarer Weise wieder hervor, und die poetische Frucht dieser Sommerreise zählt zum Besten des Hofmannsthalschen Jugendwerkes. – Das in der Fusch begonnene Puppenspiel *Das kleine Welttheater oder Die Glücklichen* wird vollendet. In drei Tagen schreibt Hofmannsthal die *dramatisierte Ballade* von *Madonna Dianora* nieder, die später den Titel *Die Frau im Fenster* erhält. Der Einakter war ihm in Brescia blitzartig eingefallen. Das Motiv dazu bot ihm eine Szene des d'Annunzioschen Dramas «Il sogno d'un mattino di primavera». Zu dem im gleichen Jahre noch vollendeten Dramolett *Der weiße Fächer* entwirft er das Szenarium; Gedichte entstehen, und dann kristallisiert sich ihm ebenso plötzlich wie bei der *Frau im Fenster* ein Einakter, *in 3 Bildern, völlig tragisch, ein eigentlich entsetzlicher, aber sehr reicher, mir äußerst homogener Stoff, Szene für Szene, 8 Figuren, Hunderte von Gebärden, das Detail jeder Dekoration, alles in 20 Minuten* (Br I 230). *Die junge Frau* nennt Hofmannsthal zunächst das Stück, das dann überarbeitet als *Die Hochzeit der Sobeide* bekanntgeworden ist. Ein vierter Einakter schließlich, *Der Kaiser und die Hexe*, verdankt seine Entstehung diesen fruchtbaren Wochen in Varese. Ehe der Dichter mit der Familie Schlesinger nach Mailand reist, kann er seiner Mutter melden, daß er in fünfzehn Tagen gegen zweitausend Verse geschrieben habe (Br I 232).

DER KAISER UND DIE HEXE

VON HUGO VON HOFMANNSTHAL
MIT ZEICHNUNGEN VON HEINRICH
VOGELER-WORPSWEDE
ERSCHIENEN IM VERLAGE DER
INSEL BEI SCHUSTER & LÖFFLER
BERLIN S.W. IM MAI 1900

Die Frau im Fenster und *Die Hochzeit der Sobeide* sind tragische Stücke, *das eine in der italienischen Tracht des fünfzehnten Jahrhunderts, das andere einer alten orientalischen Erzählung entnommen* (G Br 132). Dort wieder die Welt der Renaissance, die für Hofmannsthal eben erst durch die Schriften Walter Paters eine neue, eigenartige Lebendigkeit gewonnen hatte, hier noch einmal das Morgenland, indische Legende und Tausendundeine Nacht. Die Welt, in der Morgen- und Abendland ineinanderfließen, das Byzanz eines *in Purpur geborenen* Kaisers gibt die Folie für das kleine Drama *Der Kaiser und die Hexe*. Italienisch auch, aber 19. Jahrhundert und auf eine westindische Insel verlegt, ist das Zwischenspiel *Der weiße Fächer*.

Hofmannsthal exzerpiert sich einmal eine Stelle aus Bachofens «Mutterrecht», einem der für ihn entscheidenden Bücher, in der es – nach Sappho – heißt, daß Hesperos alles zusammenführe, was Eos trenne. Zuvor hatte er sich notiert: *Der Abend als Erfüllung: etwas millenarisches*. (A 224) Diese *millenarischen Anklänge* sind Zeichen des Zustandes der Prae-Existenz, der im *Kleinen Welttheater* die reinste Darstellung gefunden hat.

Jeder dieser *Glücklichen* ist *irgendwie noch Angehöriger der höchsten Welt* (A 215). Am vollsten teilhaftig ist ihrer der Wahnsinnige. *Mit dem Kern und Wesen aller Dinge* hohe Rede tauschend, erkennt er alles Gesehene als Abbild:

Was aber sind Paläste und die Gedichte:
Traumhaftes Abbild des Wirklichen!

(G 316)

Doch nur wenige sind solche Auserlesene. Selbst der Dichter lebt in dem ambivalenten Zustand zwischen Prae-Existenz und Verschuldung. Er ist so unvollkommen mit der Welt, dem Leben verknüpft, wie viele seiner Figuren – wie Madonna Dianora, wie Sobeide und wie der Kaiser Porphyrogenitus. Für sie alle stellt sich das Problem von Treue und Untreue, und für alle stellt es sich anders. Sobeidens Untreue ist Treue und dennoch ist ihre Treue Schuld; denn sie ist einem Traumgebilde zugewendet.

Mich dünkt, ihr Herz war mit der Welt nicht fest verbunden, sagt der Kaufmann, als er vor der toten Sobeide, seiner Frau, kniet (D I 157). Das gilt auch für Fortunio, den jungen Witwer, im *Weißen Fächer*; nur ist das Thema der Treue in diesem Spiel ins Ironische gewendet. Der erkannt zu haben meint, daß das Leben nichts als ein Schattenspiel sei, und der die Rolle des Witwers mit großer Treue und bitterem Ernst spielen will, muß sich von der Großmutter sagen lassen: *Alles, was du im Kopf hast, ist altkluges Zeug.* (G 231) Die Mulattin findet das rechte Wort:

Denn was hat Nacht mit Schlaf zu tun, was Jugend
Mit Treue?

(G 250)

Was Hofmannsthal im Zusammenhang mit dem *Kaiser und der Hexe* als *Verfehlung gegen die Wort-magie* bezeichnet (A 215), wird hier ebenfalls ironisch dargestellt, denn der ganze Geist dieses *Zwischenspiels* ist der:

> *Daß Jugend gern mit großen Worten ficht*
> *Und doch zu schwach ist, nur dem kleinen Finger*
> *Der Wirklichkeit zu trotzen.*
>
> (G 221)

Nimm dich in acht vor Männern, die gut reden, rät Miranda ihrer Mulattin (G 254), und der Kaiser spricht zu dem jungen Kämmerer Tarquinius:

> *Bist du außen nicht wie innen,*
> *Zwingst dich nicht, dir treu zu sein,*
> *So kommt Gift in deine Sinnen...*
> *Was du sprichst, kann nur betören,*
> *Was du siehst, ist Schattenspiel...*
>
> (G 266)

Hofmannsthal weiß, welche verführerische Kraft der Sprache gegeben sein, welche Gefahr in den Worten liegen kann.

*Ja, im Mund wird mir zur Lüge,
Was noch wahr schien in Gedanken.*

(G 267)

Er weiß, daß die Herrschaft über die Sprache letztlich kein ästhetisches, sondern ein sittliches Problem ist. In dieser Erkenntnis liegt die Wurzel der Sprachskepsis Hofmannsthals, die von nun an gleichsam Bestandteil des dichterischen Schaffensvorganges wird. Und aus dieser Erfahrung heraus kann er in einem der in die «Blätter» gegebenen, *Dichter und Leben* überschriebenen Aphorismus sagen: *Das Wissen um die Darstellbarkeit tröstet gegen die Überwältigung durch das Leben; das Wissen ums Leben tröstet über die Schattenhaftigkeit der Darstellung.* (P I 334) Dieser Harmonie entspringen die lyrischen Dramen des Jahres 1897; und sie erklärt das Paradoxon, daß ein von der Sprachskepsis Ergriffener in so vollendeter Form und in einer Schönheit, die bezaubert, darüber sprechen kann. Als Rudolf Borchardt das Dramolett *Der Kaiser und die Hexe* gelesen hatte, schrieb er an Otto Deneke, welch ein Erlebnis es ihm gewesen sei, und dann: «... wie merkwürdig ruhig entwickelt sich dieser incommensurable Mensch.»

Otto Brahm

MAGISCHE FIGUREN

Als Hofmannsthal im Oktober 1897 Beer-Hofmann und Schnitzler *Die Frau im Fenster, Die Hochzeit der Sobeide* und den *Weißen Fächer* vorlas, war die seinen ferneren Weg bestimmende Entscheidung schon gefallen. Otto Brahm, der im Oktober nach Wien gekommen war und sich mehrmals mit ihm getroffen hatte, hatte zehn Tage vor der Lesung zwei Einakter für sein Deutsches Theater in Berlin angenommen und damit einen der größten Wünsche des Dichters erfüllt. Am 15. Mai 1898 wurde in einer Matinee der «Freien Bühne» *Die Frau im Fenster* gegeben. Es war die erste Aufführung eines Stückes von Hofmannsthal. Mit der Aufführung des zweiten Stückes hatte es noch seine Weile. Die Änderungen zur *Jungen Frau* wurden Hofmannsthal schwer. *Dazu kommt etwas anderes: den Gedanken des dritten Stückes, den Sie im Scherz herum mir suggeriert haben, möchte ich jetzt, wo Sie ihn fallen lassen und damit die Suggestion vorbei ist, trotzdem nicht völlig aufgeben.* So schreibt er 1898 an Brahm. Als er dann im September in Venedig ist, hat er den Schluß der *Jungen Frau* deutlich vor Augen und den Stoff für das dritte Stück gefunden, gefunden in den Memoiren Casanovas. Innerhalb von zwei Wochen hat er die comédie *Der Abenteurer und die Sängerin – ein ernstes Stück mit heiterem Ausgang, halb Prosa, halb Vers, mit sehr vielen Figuren* (Br I 272) – in der Hauptsache fertig. *Die Hochzeit der Sobeide* und *Der Abenteurer und die Sängerin* werden am 18. März 1899 zugleich in Berlin am Deutschen Theater und am Wiener Burgtheater uraufgeführt. Die Berliner Aufführung wurde kaum ein Achtungserfolg. Als Hofmannsthal nach seiner Promotion am 21. März nach Berlin kam, konnte er nur noch die letzte Vorstellung sehen: *Hier sind meine armen Stücke von einer beispiellos bösen Presse erschlagen worden und mußten nach dem dritten Mal abgesetzt werden.* (Schn Br 120) R. M. Meyer berichtet er: *Meine Stücke gefallen hier den Leuten gar nicht ... die Premiere soll aber sehr hübsch gewesen sein. Die drei Dichter der verschiedenen Richtungen, die noch nie in einem Raume beisammen waren: Hauptmann, Dehmel und Stefan George haben alle drei applaudiert und jeder sich über den anderen gewundert.*

Hofmannsthal nutzte die Berliner Tage, um Kontakte wiederaufzunehmen und neue zu schaffen. Er sieht Harry Graf Kessler wieder. Bei Gerhart Hauptmann trifft er den Maler Ludwig von Hofmann, dessen 1905 erschienenen Lithographien «Tänze» er mit einer Einleitung versehen hat. Bei Cornelia Richter, der Tochter Meyerbeers und Mutter Raoul Richters, ist er zum Tee, bei Kessler frühstückt er mit Malern, mit Dehmel und Eberhard von Bodenhausen. Mit Kessler, den Hofmannsthal 1898 durch Bodenhausen kennengelernt hatte, erhielt sich eine freundschaftliche, aber auch durch beiderseitige Empfindlichkeiten und starke Wesensunterschiede oft gestörte Verbindung.

Reinste Freundschaft aber verband Hofmannsthal und Bodenhausen.

Harry Graf Kessler

Eberhard von Bodenhausen

Bodenhausen war sechs Jahre älter als Hofmannsthal und eine außerordentliche Persönlichkeit. Er hatte als Jurist und Verwaltungsbeamter begonnen, wurde später ein ebenso ausgezeichneter Kunsthistoriker wie Gutsherr und Industriedirektor und stieg in die höchsten Posten der deutschen Wirtschaft auf. Wilhelm von Bode, der Leiter der Königlichen Museen in Berlin, wünschte sich ihn zum Nachfolger. Bodenhausens diplomatisches Geschick machte ihn aber auch zum Aspiranten für die Botschafterposten in St. Petersburg und Washington, und als Bethmann Hollweg verabschiedet worden war, bot man ihm zweimal den Posten des Reichskanzlers an. Schon mit sechsundzwanzig Jahren hatte er den Vorsitz der Gesellschaft übernommen, die seit 1895 die künstlerisch bedeutendste und anspruchsvollste Zeitschrift des Jugendstils, den «Pan», herausgab. Es war der große Einsatz für diese Zeitschrift, der Bodenhausen mit Hofmannsthal zusammenführte. *Das kleine Welttheater* und *Die Frau im Fenster* – das Puppenspiel nur zum Teil – sind im «Pan» 1897 und

1898 erschienen, nachdem zuvor schon einige Gedichte Hofmannsthals in den ersten Jahrgängen gestanden hatten.

Die wachsende Zuneigung kann man an den Briefen der beiden Männer ablesen, die mit schönstem Recht als «Briefe der Freundschaft» gedruckt sind. *Immer ist meine Freude groß, Dein Freund zu sein* (EvB Br 126), schreibt Hofmannsthal 1911, und als die Sorge um Österreich seine Gedanken zu verdüstern beginnt, gesteht er: *... diese Zeilen von Deiner Hand, Deine Worte, Dein Gefühl, aus einer Stadt zur andern hin... diese Berührung Deiner Hand... mir ist so eigen zumut... so eigen, einsam, sorgenvoll – wie einsam sind wir, und wie schön, daß wir einander haben. Ich möchte Dich bitten: stirb mir nicht.* (EvB Br 149) Seitdem Bodenhausen bei Krupp tätig war, hat Hofmannsthal die Sorge nie verlassen, daß der Freund die Kräfte überspannt. Die Sorgen waren berechtigt, die Mahnungen vergebens. *... beweine und begrabe für mich meinen unersetzlichen besten Freund, den reichsten edelsten Menschen meines ganzen Lebenskreises,* muß er im Mai 1918 Dora von Bodenhausen telegrafieren (EvB Br 252). Um so schmerzlicher berührt es Hofmannsthal, daß er ein Jahrzehnt später nicht die Würdigung des Freundes schreiben kann, um die ihn Schröder und Borchardt für einen Andenkenband bitten. Aber er hatte sich in den letzten Jahren ein Dossier angelegt. Dort kann man lesen: *Individuen finden den höchsten Sinn nur in anderen Individuen: ich bin vielleicht durch diese Freundschaft zu mir selbst gekommen. Oder tiefer und allgemeiner gesprochen: ein sittlich hohes Individuum schafft neue Bindungen – und in unkonventionellen Bahnen. Von ihm aus war ein anderes Deutschland da – und eine neue Möglichkeit.* (A 248)

... schafft neue Bindungen: nicht nur mit Kessler, auch mit Henry van de Velde, dem genialen Künstler des Style Nouveau, kommt Hofmannsthal durch Bodenhausen in freundschaftliche Beziehungen. In Kesslers Haus in Weimar wiederum trifft der Dichter 1905 zum erstenmal Helene und Alfred von Nostitz. Ottonie Gräfin Degenfeld, die Schwägerin Bodenhausens, zählt zu jenen Menschen, für die Hofmannsthal das *mysteriöse und manchmal sehr leidenschaftliche Gefühl* hatte, *sie zu brauchen* (HvN Br 37). Er sah in ihr *ein Etwas von den Thüringischen Fräulein, aus denen die Ottilien gemacht sind aber auch die Minnas von Barnhelm* (CJB Br 86). Das Schloß Neubeuern, über dem Inn gelegen und Wohnsitz Jan von Wendelstadts, eines Schwagers der Bodenhausens, wurde für Hofmannsthal fast Jahr für Jahr zu einem Ort der Zuflucht. Oft versammelten die Tage zwischen den Jahren die Freunde auf dem Schloß, so das Jahresende 1912 die Freifrau Julie von Wendelstadt mit Hofmannsthal und Bodenhausens, mit Ottonie Gräfin Degenfeld, van de Velde, R. A. Schröder und Annette Kolb. Zwei Jahre zuvor hatten sich Rathenau und Hofmannsthal in Neubeuern getroffen.

«Aus dem alten Europa» – diesen Titel gab Helene von Nostitz ihren Erinnerungen. Die Menschen, die sich in Neubeuern trafen, zählten zu diesem Europa und waren die Träger einer Zeit, die man

Eberhard von Bodenhausen, 1901

Die erste Seite eines Briefes von Hofmannsthal an Bodenhausen (2. 5. 1906) einmal die europäische Zeit Europas genannt hat. Als Hofmannsthal versuchte, das Bild Bodenhausens zu entwerfen und in ihm das Gesicht der Zeit zu spiegeln, hielt er sich diesen Gedanken fest: *Er lebte in einem E u r o p a d a s n i c h t mehr ist. Moment des Todes. Sogar unsere menschlichen Qualitäten, deren Wertung traditionell gesichert schien, sind problematisch geworden – es hat hier eine Umwertung viel radikalerer Art stattgefunden als die Nietzsche vorgenommen hat. Selbst die ästhetischen Wertungen sind im Fundament erschüttert: darunter aber erhebt sich aus dem Schutt das Bleibende – wenngleich es sich nur als das Prekäre fühlt.* (A 249 f) Bodenhausens Tod fällt zusammen mit dem Untergang dieses alten Europa. Es ist Schicksalsfügung, daß in dem Hofmannsthal fast zerstörenden Zusammensturz das Marionettenspiel einer alten Dame den Dichter Ende 1918 mit einem jungen schweizerischen Gesandtschaftsattaché zusammenführt, mit Carl J. Burckhardt: *Es ist ein großes Glück für mich, daß Sie in dieser Epoche meines Lebens mir begegneten. Im Mai 1918 starb Eberhard Bodenhausen, der menschlichste und darum stärkste Mensch meines Lebenskreises.* (CJB Br 104)

Noch mehr freut mich, daß Euch der «Abenteurer» gefällt. Ich habe dieses sogenannte Theaterstück... sehr gern. Es stellt sich vor mir auf wie ein bunter leichter Triumphbogen, behängt mit Guirlanden und Teppichen, die sich im Wind blähen und durch die Bogen hindurch sehe ich Venedig in einer ganz bestimmten strahlenden überreichen Herbstbeleuchtung, der Beleuchtung jener glücklichen 16 oder 17 Tage an denen ich es dort plötzlich empfangen und niedergeschrieben habe, in der Zeit zwischen dem 22. September und 10. Oktober 1898, ganz einsam und sehr glücklich. So erinnert sich Hofmannsthal 1903 in einem Brief an Bodenhausen an das Stück, dem er als zweiten Titel *Die Geschenke des Lebens* gab (EvB Br 30). Der impressionistische, an den Augenblick gebundene Held des Jugendwerkes, der Lebensdilettant, wird hier zum erstenmal in der Gestalt Casanovas fixiert. Diese Abenteurergestalt macht es möglich, die Lösung der Antinomien von Wechsel und Dauer, Einsamkeit und Gemeinschaft in einer lustspielhaften Handlung zu versuchen. Denn der selbst der Wandlung nicht Fähige kann verwandeln, der dem Augenblick Lebende kann Dauer schaffen und also auch – in aller Untreue – beglücken. Vom Abenteurer Baron Weidenstamm führt der Weg zu Florindo – wieder eine Casanova-Gestalt – und zu den anderen Abenteurern im Werk Hofmannsthals. Vittoria ist die Schwester Sobeides, solange sie nicht vergessen kann. Das tragische Ende der Sobeide bleibt ihr erspart, weil sie zu sich selbst zurückfindet:

> *Bin ich nicht die Musik, die er erschuf,*
> *ich und mein Kind? ist Feuer nicht in uns,*
> *was Feuer einst in seiner Seele war?*

(D I 217)

Und so weist Vittoria auf Cristina voraus, aber auch auf Ariadne. Im Abenteurer, in der Sängerin und im Schauplatz Venedig sind die Elemente italienischer Maskenkomödie – wenn auch noch verborgen – schon enthalten. Sie machen mit der Problematik des Stückes und deren «heiterer» Lösung den *Abenteurer* zum Vorläufer der Lustspiele Hofmannsthals. Die allen Lustspielen innewohnende Ambivalenz, die Möglichkeit eines tragischen Ausgangs, ist nicht in der Gestalt des Abenteurers begründet, sondern in der Konstellation der Figuren. So steht hier wie schon in der *Sobeide* und in der *Frau im Fenster* und wie später im *Geretteten Venedig* und in *Cristinas Heimreise* eine Frau zwischen zwei Männern.

Hofmannsthal hat dieses Konfigurationsschema oft variiert. In dem lyrischen Drama *Der Kaiser und die Hexe* steht erstmals ein Mann zwischen zwei Frauen. Eine solche Konstellation der Gestalten ist auch die Grundstruktur des *Bergwerks zu Falun*. Elis Fröbom steht zwischen Anna und der Bergkönigin. Wieder muß die Entscheidung fallen zwischen Geisterwelt und Menschenwelt, zwischen Introversion und Hingabe an das Soziale. Elis, der Neriker, geht den Weg in den Berg, wählt die Introversion. Das ist der Weg des Dichter-Magiers. Noch einmal ist die Zauber- und Märchenwelt mächtiger als die Welt der Menschen, gilt Ewigkeit, nicht Zeit. Den alten Torbern fordert die Bergkönigin auf, dem sich noch an die Welt klammernden Elis dies zu sagen:

> *Sag ihm...*
> *...Wie du verlernen durftest,*
> *Zu messen dich mit ihrer Zeiten Maß.*
> *Wie dir zu Dienst das wogende Gewässer*
> *Vor deinen Füßen starrte, dich zu tragen.*
>
> (G 357)

Wieder: «Schöpft des Dichters reine Hand, Wasser wird sich ballen.» Das Reich der Bergkönigin ist das des magischen Wortes. 1927 notiert sich Hofmannsthal: *Im «Bergwerk» ist jenes gewaltig Hinüberziehende (das die Seele dem Leben entfremdet) erst wirklich gestaltet: das Reich der Worte worin alles Gegenwart. Das Ganze drückt den Versuch der Seele aus, der Zeit zu entfliehen in das Überzeitliche. Worte reißen das Einzelne aus dem Strom des Vergehens, vergegenwärtigen = verewigen es.* (A 241)

Hofmannsthal hat das Drama nie als Ganzes veröffentlicht. Wirklich bekanntgeworden ist nur der erste Akt. Er stand 1900 in der Zeitschrift «Die Insel». Als *Vorspiel* oft gedruckt, schien er den Lesern in seiner Geschlossenheit ein selbständiges Gebilde.

Das Bergwerk zu Falun ist die letzte der lyrisch-dramatischen Dichtungen, Abschluß von Hofmannsthals Jugendwerk, und so ist die Tatsache der nur aktweisen Veröffentlichung oft mit dem Ende dieser Schaffensperiode in Verbindung gebracht worden. Verzichtete Hofmannsthal wirklich nur auf den Abdruck des Ganzen, weil ihm

Hofmannsthal und Helene von Nostitz

der Weg in den Berg fragwürdig geworden war? War es nicht eher das Wissen, daß er das Metier noch nicht beherrschte? Die fünf Akte bilden keine wohlausgewogene Einheit, und vor allem war das Stück noch nicht geschaffen für die reale Bühne, obwohl Hofmannsthal bestrebt gewesen war, lebendiges Theater erstehen zu lassen, nachdem er im Juli 1899 an dem *märchenhaften Trauerspiel in Versen* zu arbeiten begonnen hatte. *Ich hoffe, daß das Ganze auch etwas Theatralisch-wirksames wird ... weil man doch, wenn man schon auf einem Instrument spielt, ordentlich darauf spielen soll.* Er bittet den Vater um ein *pittoreskes Werk über Bergbau, dessen Gefahren, bergmännischen Aberglauben etc.*, um ein modernes Hand-

April 1901

Hofmannsthal den berühmten imaginären Brief des Lord Chandos schreiben ließ. Der «Verlust», das Nicht-mehr-Können ist Folge des Wissens um den Verzicht, ist nicht passives Hinnehmen von etwas Unabänderlichem, sondern willentlicher Entschluß, sittliche Entscheidung, ein Akt der Wahrhaftigkeit. Daß der Verzicht nicht hindert, das Geopferte als Verlorenes zu beklagen – was wäre menschlicher.

DAS GEHEIMNIS DER CONTEMPORANEITÄT

... und so will ich denn ... auch Ihnen gern sagen, daß ich die Gerty im Lauf des nächsten Frühjahrs heiraten werde. (Schn Br 143) Gertrud Schlesinger, von der Hofmannsthal hier – zu Schnitzler im Sommer 1900 – als von seiner zukünftigen Frau spricht, war die Tochter des Generalsekretärs der anglo-österreichischen Bank. Die Bekanntschaft mit der Familie Schlesinger verdankte der Dichter Leopold von Andrian, der ihn 1894 mit Hans Schlesinger, einem Schulkameraden aus dem Schottengymnasium und Bruder von Gerty Schlesinger, zusammengebracht hatte. 1896 sah Hofmannsthal die Familie während seines ersten Alt-Ausseer Aufenthaltes; 1897 war man in Varese und Mailand zusammen; im übrigen traf man sich oft in der Stadt oder in der Brühl. Hofmannsthal schreibt an Bodenhausen im März 1901: *... daß wir erst seit ganz kurzer Zeit verlobt sind, ist nicht wahr. Es ist schon fast ein Jahr, und kennen tuen wir uns schon seit fast sechs Jahren sehr gut und waren oft wochen- und monatelang den ganzen Tag zusammen...* (EvB Br 16) Am 8. Juni 1901 wurden Hofmannsthal und Gertrud Schlesinger in der Wiener Schottenkirche getraut.

Von Gerty von Hofmannsthal gilt – nach allem, was die Freunde berichten – das Wort R. A. Schröders: «Neben ihm stand die junge Frau, die in den frühen Ernst und die furchtbar frühe Verantwortung seines Lebens ein wesenhaft Unwandelbares der Heiterkeit und Unbefangenheit gemeinsamer Kinder- und Jugendtage hinübertrug, die durch dreißig Jahre in immer gleicher Geduld und Hingabe die tausend Fratzen und Peinlichkeiten des Tageslebens ihm fernzuhalten oder doch ins Erträgliche zu mildern gewußt hat und deren immer gedacht werden soll, wo seiner gedacht wird.»

Schon vor der Hochzeit hatte das Paar das Haus gefunden, das es bis zum Tode des Dichters dann bewohnte und in dem die drei Kinder – Christiane, Franz und Raimund – aufwuchsen: *Das Schönste ist, daß wir ein unglaubliches kleines Haus auf dem Land gefunden haben, zwanzig Minuten (Eisenbahn) von Wien, in dem wir Sommer und Winter wohnen werden. Es ist zur Zeit der Kaiserin Maria Theresia von einem Fürsten Trautsohn, der ein Schwarzkünstler gewesen sein soll, für seine Geliebte gebaut worden. Es ist nicht größer wie ein Bauernhaus, hat ein wunderschön geformtes altes Schindeldach, einen großen grünen Salon mit bemalten Wänden, und einen tiefen, in den schwarzen Felsen gewölbten Keller. Der Garten, voller alter Obstbäume, geht steil den Berg hinauf, oben tritt man durch ein kleines Gartenpförtchen auf einen gepflasterten freien Platz, auf dem Gras wächst; dort steht eine ganz kleine Kirche... Der Ort heißt Rodaun.* (EvB Br 16 f)

Das «Fuchsschlössel» – so genannt nach der Gräfin Fuchs, die Oberhofmeisterin und Erzieherin Maria Theresias war und von der Kaiserin das Haus zum Geschenk erhalten hatte –, sein Äußeres und seine Atmosphäre sind oft geschildert worden, von Robert Michel,

Wilhelm Müller-Hofmann und Raoul Auernheimer, von Grete Wiesenthal, Felix Braun und Max Mell, von Erika Brecht und Carl J. Burckhardt, auch von R. A. Schröder und Rudolf Borchardt, die die ersten Gäste im Rodauner Haus waren.

Auf der Fahrt nach Paris im Frühjahr 1900 machte Hofmannsthal in München Station: dort sah er Schröder zum erstenmal. In der berühmt gewordenen, von Schröder eingerichteten Wohnung Heymels besprach man Hofmannsthals Teilnahme an der Zeitschrift «Die Insel», diskutierte man über den Plan einer Fusion des «Pan» mit der «Insel».

Hofmannsthal hatte sofort das Gefühl der geistigen Verwandtschaft. Noch ehe das neue Haus bezogen ist, lädt er Schröder als ersten Wohngast ein: *Wenn ein altes Landhaus mit einem kleinen Garten, ein Klavier auf das die Baumwipfel hereinsehen, ein sehr einfaches Fremdenzimmer und meine Gesellschaft Sie für ein paar Tage anziehen können, werde ich es sehr zu den Freundlichkeiten meines Schicksals rechnen.* (Br II 46) Die Erinnerungen an die gemeinsamen «märchenhaften Frühwochen» im Juli und August 1901 hat Schröder aufgezeichnet. Was die Freunde in Hofmannsthals Arbeitszimmer, in dem im obersten Winkel des Gartens gelegenen Gartenhäuschen, auf den Spaziergängen untereinander oder mit den hin und wieder herbeigerufenen Freunden – Bahr, Beer-Hofmann, Georg Baron Franckenstein, Alfred von Berger – besprachen, und die unbesorgte Heiterkeit des Umgangs reflektieren auch Hofmannsthals Briefe. *... aber schöner wäre, es spielte jemand Schröder auf dem Klavier. Wenn Sie nicht bald wiederkämen, würde mich das sehr niederschlagen, mir die völlige eigensinnige Unfreundlichkeit unserer Epoche einprägen.* (Br II 55)

«Erster und letzter Besuch in Rodaun» ist der Titel der in dem alten barocken Rodauner Haus im Herbst 1929 geschriebenen Erinnerungen Schröders. Erster und letzter – nicht mehr dem Lebenden geltender Besuch R. A. Schröders fassen eine Gemeinsamkeit ein, der wie selten einer der Name Freundschaft gebührt. Schröders «In memoriam» ist Totenklage und Sinndeutung dieser Freundschaft: «Durch drei Jahrzehnte haben wir uns einer am andern erkennen und ermutigen dürfen; und wenn in früheren Tagen die reifere Milde und Weltkenntnis des um ein Jahrfünft Älteren mir den ungeduldigen Verdruß über das Versagen einer Epoche zu ... sänftigen wußte, die mir nach wie vor jedem Wirklichen abhold, jedem prahlerischen Schein zugewandt schien, so konnte ich ihm solchen Dienst vergelten, als er mit steigenden Jahren ... zu erkennen glaubte, daß die Nation ... sich anschickte, auch ihm das alte deutsche Dichterschicksal der unverstandenen Vereinsamung zu bereiten.» Der eine kam aus dem «nördlich darbenden Gau», aus einem dem Meer zugewandten Stadtstaat, war Deutscher mit angelsächsischem Einschlag und Protestant; der andere wohnte «im phäakischen Lande», in der Kaiserstadt, war Österreicher, die deutschen Elemente mit slawischen, romanischen und denen des römischen Orients und Okzidents versetzt, Katholik.

Gerty (Gertrud) von Hofmannsthal, geb. Schlesinger

Diese Unterschiede des Herkommens wirkten nicht immer nur im Sinne einer fruchtbaren Ergänzung. Aber sie konnten das Wissen um ein höchstes Gemeinsames nie trüben.

Schröders Elegie «Der Landbau» – 1908 als Epistel an Hofmannsthal geschrieben – ist schönstes Dokument der Freundschaft. Sie blieb nicht das einzige. Mehrmals weist Hofmannsthal auf das Werk Schröders, dessen Inhalt das gesamte Dasein sei, *durch die Gewalt der Sittlichkeit geordnet* (P IV 310). Trotz des wachsenden Verständnisses für die Dichtungen des Freundes hat das frühe Wort Hofmannsthals aus einem Brief von 1902 nie ganz seine Geltung verloren: *Zu Ihren Arbeiten habe ich kein annähernd so bestimmtes Verhältnis wie zu Ihrer Person. Ich muß offen sagen, daß mich die Masse Ihrer Gedichte verwirrt und in mir kein anderes Gefühl aufkommen läßt als das allgemeine, einer reinen, seelenvollen Stimme zuzuhören.* (Br II 68) So sind denn auch die Freundschaftsbekundungen in den Briefen überzeugender als die öffentlichen Äußerungen. Als Schröder an einer Lungenentzündung erkrankt war, schrieb Hofmannsthal an dessen Schwester Clara: *Wie schön tritt mir... Rudis ganzes Wesen entgegen: das hohe Strenge, Traurige und zugleich die unsägliche Urbanität, die besondere Art deutscher Grazie und Anmut, die reizende Art von «Welt», von Verbindlichkeit und Überlegenheit bis zum Zynismus... Es ist nicht auszusagen... was ein solcher Mensch ist – und was man an ihm hat, wenn man das Glück hat, ihm befreundet zu sein.* (Silberboot 18) Immer wieder wird der Wunsch laut, den Freund zu sehen. *Du bist ein so großes Stück von meinem Leben, Rudi, – ich w i l l nicht nur im Andenken mit Dir verbunden sein!* (Silberboot 19) So gilt für beide Männer, die 1906 gemeinsam die *Rodauner Anfänge*, eine *Niederschrift einiger Gespräche mit R. A. Schröder*, planten, sich in der Arbeit für das Jahrbuch «Hesperus» und später für die «Bremer Presse» fanden, wechselseitig der Schluß aus der Elegie «Der Landbau»: «Dies: Wir lieben Dich Freund, wie man Unsterbliche liebt.»

Denken Sie immer, daß Sie für mich l e b e n, daß jeder Vers von Ihnen... für mich so sehr leben wird, als das irgend möglich ist, und daß ich mich Ihrer Erscheinung und Ihrer Kunst von tiefstem Herzen freue. Ich wiederum will denken, daß, wenn ich etwas mache, Sie immer geneigt sein werden, es mit Freude und Verständnis aufzunehmen. So schrieb Hofmannsthal 1901 an Rudolf Borchardt. Von der Freundschaft Hofmannsthals und Schröders zu sprechen, ohne Borchardt mit einzubeziehen, ist unmöglich. Er, in dem sich *eine philologisch-historische Begabung höchsten Ranges, wie sie kaum einmal im Jahrhundert auftaucht, mit einer dichterischen Sendung verschwisterte* (NR 59 423), ist wahrhaft der Dritte im Bunde. Drei Jahre jünger als Hofmannsthal, hatte er 1899 als Göttinger Student eines seiner ersten Gedichte nach Wien geschickt. Hofmannsthal empfahl ihn Heymel und Schröder für die «Insel» und lud ihn 1901 nach Rodaun ein. Im Februar 1902 betrat Borchardt das Haus in der Badgasse. Über einen Abend mit Hofmannsthal bei Beer-Hofmann, der nur

Das Haus in Rodaun

wenige Häuser von Hofmannsthal entfernt in der gleichen Gasse wohnte, liest man in einem Brief Borchardts an Otto Deneke: «Dann hatten wir ein ganz aufregend wundervolles Gespräch über Grillparzer, Kleist und Schiller, d. h. König Ottokar, Prinz von Homburg und Carlos, wobei die Bände aus den Gestellen genommen, Szenen gelesen, erörtert, zerrissen, analysiert, verspottet, verherrlicht wurden, mit dazwischengeworfenem Unsinn, in glänzendster Stimmung, was uns drei anging, denn jeder hatte das Gefühl, auf der absoluten Höhe seiner Kraft zu stehen. Unsere drei unfertigen Dramen, Traum ein Leben, Morain und Mitgift standen als große feierliche Statuen, die noch halb in Stein stecken hinter den Worten... Es war unvergeßlich.» Damals wurde sogar mit dem Gedanken der Übersiedlung Borchardts nach Baden bei Wien gespielt. Hofmannsthal hat die Doppelnatur Borchardts, das Dämonische seines Ingeniums sehr bald erahnt und die innere Spannung gespürt, die sich aus der Schärfe seines Verstandes und der Gabe hoher Intuition ständig auflud; er hat die Unbedingtheit des Borchardtschen Urteils, seine vehemente

Kaminecke

Parteinahme bewundert und zugleich gefürchtet. Es wird also die Erfahrung einer langen Freundschaft Hofmannsthals frühen Eindruck nur bestätigt, nicht mit- oder gar umgeformt haben, wenn er 1927 bekennt: *Als Du vor einem Vierteljahrhundert hier durch den Hof die paar Stufen herauf in dies Haus tratest... – da war ich für Dich viel – unmeßbar viel – Du hast es seitdem oft und oft mit vergrößernder Großmut ausgesprochen; Du aber warst für mich nur ein anziehend-abstoßender unheimlicher merkwürdiger Fremdling. Heute bist Du für mich sehr viel; eines der wenigen geistigen Individuen, die mir diesen großen leeren Raum Europa bevölkern, eine geistige Gesellschaft, eine Hilfe, wahrhaft ein Freund.* (RB Br 196)

Die Bande lösten sich 1902 zunächst. Borchardt trat zurück ins Schweigen. Erst 1906 wurde das Gespräch wieder aufgenommen, dessen Hauptthema damals der Druck von Borchardts 1902 in Göttingen gehaltener «Rede über Hofmannsthal» bildete. *So ist es möglich... daß mir durch einen andern etwas zuteil wird, wofür ich kaum Worte finde: das eigene innerste Leben, erstarrt wie es ist zu Kunstwerken, wieder wie in einem verzauberten Spiegel – sich regen zu fühlen – mich nochmals zu erleben.* (RB Br 37) Der fragmentarische Charakter der Rede, in dem sie dann an die Öffentlichkeit kam, zerstörte Hofmannsthals schönste Erwartungen. 1909 erscheint das Jahrbuch «Hesperus». Obwohl ursprünglich der Kreis der Beiträger größer sein sollte, waren schließlich nur Schröder, Borchardt und Hofmannsthal vertreten, wodurch der Band zum ersten öffentlichen Zeichen des Triumvirats wurde. Alle Erwägungen, weitere Bände erscheinen zu lassen, scheiterten am Charakter dieses «Dreigespanns», von dem Schröder in seinen «Erinnerungen an Rudolf Borchardt» sagt, es sei gottlob eines gewesen, «bei dem doch im Grunde jeder mit eigener Kraft am eigenen Strang zog und seine persönliche Verantwortlichkeit auch in das gemeinschaftliche Miteinander hineintrug». Vom «Hesperus» führt der Weg über Borchardts Zeitschriftenplan zu Hofmannsthals *Neuen Deutschen Beiträgen*, zum «gemeinschaftlichen Miteinander» in der «Bremer Presse».

Salon im «Fuchsschlössel»

Rudolf Alexander Schröder

Im Juli 1911 empfängt Hofmannsthal einen Brief Borchardts über den *Rosenkavalier*, der im Grunde wiederholt, was Borchardt einst an Otto Deneke geschrieben hatte: «Alles schreit ‹Pose! Pose!› Ich sage nein, es ist Herrschaft über das Leben.» Mit diesem berühmt gewordenen Brief bahnt sich eine der beglückendsten Begegnungen an. Die Dichter treffen sich im Mai 1912 in Borchardts Villa in der Nähe von Lucca. Es ist die erste Zusammenkunft nach zehn Jahren, eine flüchtige Begegnung abgerechnet. Hofmannsthal kann nach dem Besuch schreiben: *Ich habe einen Freund wiedergewonnen, und sage ich mir die ganze Wahrheit, so ist es: ich habe einen neuen Freund gewonnen, für ein merkwürdiges vor meinem inneren Auge schwankendes Gespenst einen Lebenden mir eingetauscht, mit dem ich leben kann und ohne den weiterhin leben zu müssen mir wahrhaft schwer fiele.* (RB Br 65) Auch Borchardt sah durch dieses Zusammentreffen eine neue Epoche ihrer Verbindung eingeleitet. In ihr bewährte sich freundschaftliche, produktive Kritik. *Aber das Wort «unschätzbar» scheint mir doch fast zu schwach um anzudeuten, von w e l c h e r Wichtigkeit mir Ihre und Schröders andauernde und consequente Teilnahme an meiner Arbeit und dem Spiralgang meiner Entwicklung geworden ist und wie sehr ich Sie beide innerlich darum bitte, mir dies Gute zu erhalten.* (RB Br 86) Nur aus den Briefen an Borchardt weiß man, wie sehr Hofmannsthal hoffte, im Lyrischen wieder produktiv werden zu können: *Eine «Lebenspyramide», sieben Gedichte, in denen sich die verschiedenen Altersstufen vom Kind bis zum Greis aussprechen – werden wohl gleichmäßig im fünffüßigen Blankvers sich niederschlagen...* (RB Br E 24) Was sich 1912 zwischen Hofmannsthal und Borchardt begab, wiederholte sich ein Jahr später mit Schröder. Die neun Tage in der Luccesia gehören zu den glücklichsten, die die drei Freunde miteinander verlebten. Heiterkeit lag über allem, was in diesen Tagen auch an Ernstem besprochen und geplant wurde, sie umkleidete die Gegensätze und siegte für kurze Zeit über die düsteren Ahnungen kommenden Unheils.

... ein kleines Tal, seitab von Lucca, dicht bewaldet, Ölberg und Vogelherd, Dorfstraße und Saumpfad berghinan – an einer Berglehne eine Villa, mäßig groß, wie man sie wünschen könnte, um 2, 3 Freunde still bei sich zu haben... Borchardts Haus – Schröder und

Hofmannsthal und R. A. Schröder im Garten von Rodaun, 1901

ich zu Gast – Gespräche von früh bis abends, ein endloses Gespinst aus tausend Fäden – schönes Vorlesen, schönes freudiges Zuhören – in dieser Zeit, diesen glücklichsten 9 Tagen, als ich seit Jahren nicht gehabt – da kam Dein Brief hinein... (EvB Br 143 f) Es ist kein Zufall, daß die Schilderung dieser Glückstage jenen Brief an Bodenhausen einleitet, der die Klage über den trüben Zustand Österreichs enthält: *Wir gehen einer dunklen Zeit entgegen...* Und so macht denn auch der Krieg den Plan zunichte, die Begegnung alljährlich zu wiederholen.

In den Zeiten der Trennung ließen die dichterischen Arbeiten den einen für den anderen da sein. *...gestern zufällig, nahm ich den Band mit seinen Jugendgedichten in die Hand... las die schönsten von den Gedichten: die Lieder aus den drei Tagen und das Gedicht «Ja und nein» – nein wie h e r r l i c h ist das. Groß, rein, ehrfurchtgebietend, herrlich, es gibt kein anderes Wort.* (EvB Br 210) In einem anderen Brief an Bodenhausen heißt es, diese Gedichte seien mehr als alle Däublers, Bechers, seien *Musik gewordene Leidenschaft* (EvB Br 220). Borchardt andererseits schreibt im März 1918: «Mit Dir haben mich Deine ‹Lästigen› verbunden gehalten. Dies reizende Werk... ist ein Pfand auf die Forderungen, die unsere höhere Bühne an Dich hat.» (RB Br 135) 1919 rezensiert er die Erzählung *Die Frau ohne Schatten.* Es war ein so hohes Lob, daß der Herausgeber einer Wochenschrift die erbetene und unbesehen schon gesetzte Besprechung nach der Einsicht in den Wortlaut wieder zurückzog!

Eines der schönsten Zeugnisse der Freundschaft steht 1919 in einem Brief Hofmannsthals an Marie Luise Voigt, die Nichte R. A. Schröders und spätere Frau Rudolf Borchardts: *Denn zwischen mir und Borchardt steht es so, daß einmal in einem sehr frühen entscheidungsvollen Augenblick des Lebens, ich, oder meine Arbeiten, die ja nichts anderes waren als formgewordene Seele, ihm sehr viel zu geben vermocht haben und daß er mir seitdem eine rührende Treue bewahrt – daß aber indessen seine Arbeiten, seine Seele, in Gestalten und Rhythmen gebannt, für mich mehr geworden sind, als ich sagen kann oder will, daß ich ihrer bedarf, um mich selbst als ein so Beschaffener, wie ich nun einmal bin, im Dasein zurechtzufinden, daß ich an ihnen mich nicht nur entzücke, sondern durch sie meinen Weg finde, ja in gewissem Sinne meine Rechtfertigung ... daß seine Gegenwart es mir leichter erträglich macht, ein Bürger dieser Zeit zu sein und nicht zu ermüden.* (RB Br 148) In dieser Atmosphäre wurde 1919 die durch den Krieg unterbrochene Arbeit der «Bremer Presse» im Sinne einer *schöpferischen Restauration* wieder aufgenommen, regten sich alte und neue Pläne. Der Gedanke der gemeinsamen Zeitschrift wurde wieder verfolgt. Aber gerade in der Entwicklung der Zeitschriftengründung lag der Keim einer Entfremdung, die schließlich zu der Krise führte, deren Spuren nie mehr völlig gelöscht werden konnten.

Der Konflikt entzündete sich am unpassendsten Gegenstand, an der Festschrift «Eranos», die Borchardt mit Willy Wiegand zu Hofmannsthals 50. Geburtstag zusammengetragen und dem Gefeierten mit diesen Worten ins Haus gesandt hatte: «Möchte Dich nichts stören und trüben, das meiste... Dich erfreuen und rühren... Mir ist nur die Gelegenheit als solche schön und selig gewesen, zu bezeugen wie ich Dich liebe und Dir danke...» (RB Br 182 f) Die Wirkung war dem Wunsche Borchardts entgegengesetzt. Der Geehrte war mehr entsetzt als erfreut, und am heftigsten war die Reaktion gegenüber Borchardt, der die Festgabe mit einem Brief eingeleitet hatte, in dem die Zeit beschworen war, da Hofmannsthals «schon ausgedrücktes Dasein» seinem «noch unausgedrückten, unausdrückbaren ahnungslos beizustehen begann». Hofmannsthal sah sich als Dichter auf sein Jugendwerk zurückgewiesen: *Das Ganze betreffend noch dies: es ist das mot d'ordre der böswilligen und sonst fatalen Litteraten geworden, mich auf mein Ju-*

Rudolf Borchardt

gendœuvre festzulegen, und das was ich seitdem geleistet habe, und was, a l l e s i n a l l e m, d e n n d o c h e t w a s i s t, frech und bewußt zu ignorieren. Du, in himmelweit verschiedener Gesinnung tust hier... im Effect dasselbe... wirfst... was die Wertung meiner gesamten Leistung betrifft das ganze ungeheure Gewicht Deines Urteils und Deiner Diction – in die Wagschale meiner Gegner... (RB Br 185 f) Hofmannsthal hat diesen Brief bald als vollkommen absurd bezeichnet und den Freund um Verzeihung gebeten. Seine von der Wärme der Empfindung diktierten Briefe konnten Borchardts Groll besänftigen; aber ein Stachel blieb im Fleisch. Ein Ton der Trauer schwingt in allem mit, was sich die Freunde fernerhin zu sagen haben. Im Mai 1929 hat Hofmannsthal auf seiner Italienreise Borchardt noch einmal kurz besucht. Im Anschluß daran schreibt er an Marie Luise Borchardt: *... ich bin sehr froh, daß ich in Deinem Haus war, und Dich mit Rudolf und Euren bezaubernden Kindern gefunden habe. Der Inhalt dieser Stunde ist für mich ungeheuer... Er und ich, wir sind einem unheimlichen Beruf verfallen, in einer unheimlichen Zeit, und es ist kein Wunder wenn wir einander von Zeit zu Zeit wechselweise zu Gespenstern werden. Entscheidend ist nur, daß man aus diesem Zustand immer wieder herauskomme – und das ist der Segen solcher Begegnungen.* (RB Br 203)

... der Mensch in mir ist nicht einsam, ist reich an Freundschaft,

Rudolf Kassner, um 1906

an Liebe und fast über sein Vermögen beglückt. (RB Br 65) Nichts kann dieses Wort an Borchardt schöner bestätigen als das Rodauner Gästebuch. Kaum der Erwähnung bedarf es, daß die alten Wiener Freunde sich bald und oft einstellten. Bahr ist häufig in Rodaun; Andrian besucht Hofmannsthal noch 1901, ehe er in diplomatischer Mission nach Brasilien geht; Beer-Hofmann und Schnitzler kommen oft; einmal, um mit Schwarzkopf, Salten, Wassermann und einigen anderen *Das gerettete Venedig* von Hofmannsthal gelesen zu hören. Der Komponist Alexander von Zemlinsky kommt nach Rodaun, um einiges aus dem eben von Hofmannsthal geschriebenen Ballett *Der Triumph der Zeit* zu spielen. – Hermann Graf Keyserling, der Philosoph, bringt Rudolf Kassner Anfang 1902 ins Haus, dessen Buch «Die Künstler, die Mystik und das Leben» Hofmannsthal eben mit wahrer Betroffenheit gelesen hatte: *... nie waren fortlaufende Gedanken von Schopenhauer, von Nietzsche oder anderen dgl. imstande, mir annähernd solches inneres Glück zu geben, eine solche Erleuchtung meiner Selbst bis in den tiefsten Kern hinein, ein solches Begreifen, warum man dichtet, was d a s i s t, w e n n m a n d i c h t e t, was es mit dem Dasein zu tun hat.* (Merkur 1955, 965) – Als Gerhart Hauptmann Ende November 1902 nach Wien zur Uraufführung des «Armen Heinrich» kommt, ist er auch Gast in Rodaun. Seit der Wiener Premiere des Dramas «Einsame Menschen» 1892 war Hofmannsthals Bewunderung für Hauptmann ständig gestiegen, den er dann 1899 anläßlich der Uraufführung der *Sobeide* und des *Abenteurers* in Berlin auch persönlich kennengelernt hatte. *Die meiste Freude habe ich ... an dem Verkehr mit Gerhart Hauptmann, der doch ein wirklicher Dichter und eine unglaublich reine erfreuliche Natur ist und dessen Entwürfe mich viel mehr freuen als seine fertigen Sachen. Es steckt in allem was er macht so eine Kraft der Verkörperung, man glaubt wirklich daran und bei ganz phantastischen traumhaften Stoffen, wie er mir gestern einen gelesen hat, macht das eine viel schönere Wirkung als bei seinen realistischen Sachen, die doch gar zu schwer und dumpf sind.* So schreibt

Hofmannsthal im März 1899 an R. M. Meyer. Trotz mancher Vorbehalte kann Hofmannsthal 1912 Borchardt sagen, daß er sich ein so freundschaftliches Verhältnis wie zu ihm und zu Schröder *unter anderen Fügungen* nur noch zu George oder zu Hauptmann hätte denken können, den er 1905 nach der Aufführung des *Geretteten Venedig* in Agnetendorf besucht hatte: ... *zu Hauptmann allenfalls, zu dem ich auch wirklich in ein stets tieferes und unbedingteres Verhältnis komme* – (RB Br 86)

Unter anderen Fügungen: der Namenszug Georges vom 29. März 1904 bleibt das einzige Zeichen des von Hofmannsthal so hochgeschätzten Dichters im Rodauner Gästebuch. Mit ihm trug sich Friedrich Gundolf ein. – Ende Oktober 1903 hatte Eberhard von Bodenhausen zum erstenmal schöne Tage im «Fuchsschlössel». – Im März 1907 konnte Hofmannsthal mit Harry Graf Kessler wieder ein paar der *schönen Gespräche führen... die um 10 Uhr vormittags anfangen und um 11 Uhr nachts aufhören* (HvN Br 34), und im November des gleichen Jahres frühstückte in Rodaun Rainer Maria Rilke, den Hofmannsthal im Frühjahr mit Schröder, Borchardt, Gundolf, Otto von Taube, Carossa, Dehmel, Mell und Herbert Alberti zur Mitarbeit an dem von ihm geleiteten Teil «Lyrik» der eben gegründeten Wochenschrift «Morgen» eingeladen hatte. In der Buchhandlung Hugo Heller hatte Rilke damals aus dem entstehenden «Malte Laurids Brigge» vorgelesen. Auch bei ihm sollte es nicht bei diesem einen Besuch bleiben. Im Frühsommer 1916 logierte Rilke in dem Hofmannsthals Haus benachbarten Gasthof Stelzer und ließ sich in einem Gartenpavillon, der zum «Fuchsschlössel» gehörte, von Lou Albert-Lasard porträtieren. Die Stunden mit Hofmannsthal teilte einmal auch Helene von Nostitz: «Mit Rilke machte ich neulich einen schönen Spaziergang durch die Rodauner Landschaft. Wir waren dann abends bei Hofmannsthal. Es waren grade die Tage der starken Depression über die letzten Geschehnisse... Hofmannsthal stand sehr unter diesem Druck...» – Auch Max Mell und Grete Wiesenthal sind seit 1907 immer wieder zu Gast bei Hofmannsthal, gehen als Freunde ein und aus, wie bald auch Felix Braun. – «In Wien, wo ich vorlas, war ich einen halben Tag lang bei Hofmannsthal in Rodaun. Verzeihen Sie, er gefiel mir sehr.» So steht es in einem Brief Thomas Manns an Samuel Lublinski vom Dezember 1908. Hofmannsthal las ihm, wie sich Mann später erinnert, aus seinen ersten Lustspiel-Entwürfen vor. – Die Reihe der Namen derer, die die Schwelle von Hofmannsthals Haus überschritten, wäre noch lange fortzusetzen – Karl Vollmoeller, Franz Werfel, Stefan Zweig trugen sich ins Gästebuch ein, und später wurden Josef Redlich, seine Schwester Irene Hellmann und Carl J. Burckhardt gern gesehene Freunde im «Fuchsschlössel».

Hofmannsthals Gastfreundschaft beschränkte sich nicht auf das Rodauner Haus. Viele Besuche empfing er in seiner kleinen Stadtwohnung, im obersten Stockwerk des Hauses Stallburggasse 2, in dem – wenige Schritte von der Hofburg entfernt – auch Alfred Pol-

Wohnung Stallburggasse, 1915/16

gar, der 1934 von den Nationalsozialisten ermordete Bundeskanzler Dollfuß und die berühmte Hofopernsängerin Maria Jeritza zeitweise ihre Wohnung hatten. Hier arbeitete Hofmannsthal, wurden Abmachungen getroffen, aber auch viele der Freundesgespräche geführt, mit Max Mell, Felix Braun oder Carl J. Burckhardt: «...über die Dächer sah man auf den Stefansturm. Wenn man spät in der Nacht, besser in den frühen Morgenstunden, auf der kleinen Dachterrasse stand, hörte man regelmäßig das Klappern von Holzschuhen auf dem Pflaster – ein später Trinker, der aus der letzten Wirtschaft nach Hause ging. ‹Jetzt werden gleich die Hähne krähen›, sagte mir Hofmannsthal, als wir einmal lange im Gespräch verweilt hatten, ‹das ist der Peter Altenberg, der nach Hause geht.›»

Um 1906

WELTTHEATER

Im August 1902 schreibt Hofmannsthal seinen *Brief des Lord Chandos*. Im Oktober ist er in Rom, einen Teil des November in Venedig. Am Weihnachtstag des gleichen Jahres bringt die «Neue Freie Presse» eines jener Prosastücke aus der geplanten Reihe erfundener Gespräche und Briefe, von denen der Chandos-Brief der erste war: das Gespräch *Über Charaktere im Roman und im Drama*. Balzac fragt in dieser imaginären Unterhaltung Hammer-Purgstall: *Kennen Sie das «Gerettete Venedig» von Otway?* Und Hammer antwortet: *Ich glaube, es in Weimar gesehen zu haben.* (P II 42) Eben dieses Stück von Otway, das Goethe tatsächlich schon in Weimar in einer Bearbeitung von Iffland hatte aufführen lassen und das Hofmannsthal 1896 in Tlumacz mit starkem Eindruck im Original gelesen hatte, kam dem Dichter wieder in lebhafteste Erinnerung, als er an dem Chandos-Brief schrieb. Dachte Hofmannsthal ursprünglich daran, den Stoff für eine Novelle zu verwenden, so entwirft er jetzt ein Szenarium zu einem fünfaktigen Trauerspiel, dessen erste Fassung er im Ausgang des Jahres vollendet. Erst im August 1904 liegt die Reinschrift vor. Die ersten Auflagen des Trauerspiels tragen die Widmung *Dem Dichter Stefan George in Bewunderung und Freundschaft*. Den für George bestimmten Band begleitet Hofmannsthal mit dem Bekenntnis, daß das Werk Zeugnis davon ablegen solle, wie er zu George stehe und zu bleiben wünsche; und dann fährt er fort: *Mögen die Gestalten dieses starken und dieses schwachen Menschen auch etwas intimeres für Sie aussprechen, nicht als ob solche Figuren geradehin Gleichnisse zweier Menschen sein könnten – aber vieles, was im Leben wie Wellen andrängt und abflutet, ist in einem solchen Bilde gehalten.* (G Br 222 f) Ganz gleich, ob die 1618 in eine spanische Verschwörung gegen die Republik Venedig verflochtenen Freunde Pierre und Jaffier – dieser der *geistreiche, aber schwache*, jener der *einfache und starke Mensch* (Br II 101) – als dramatische Charaktere überzeugen oder nicht: Hofmannsthal sah in ihnen sein eigenes und das Wesen Georges gespiegelt. Für George aber ist dieser theatralische Versuch Hofmannsthals nur «übelangewandter Shakespeare». Damit bescheinigt er Hofmannsthal, daß der Versuch, den *Anschluß an große Form* zu finden (A 370), schon im Anfang mißlungen sei. Denn als dieser im Dezember 1902 George bat, ihm das Trauerspiel widmen zu dürfen, meinte er, *ich fühle, daß ich mit dieser Arbeit in eine neue Epoche trete* (G Br 174). Daß diese *zweite Epoche* die Dichter einander nur noch mehr entfremden konnte, dokumentiert nichts besser als ein Brief Hofmannsthals an Bahr. Er schreibt, am *Geretteten Venedig* feilend, im Februar 1904: *Wissen Sie, wer mir sehr dazu hilft? ... Wedekind. Sein Ton, seine leichte Hand hilft mir den Ton zu finden für die Prosaszenen, für das Verschwörergesindel, für alles mögliche.* (Br II 102)

Wedekinds «Erdgeist» und dessen Fortsetzung «Die Büchse der Pandora»: sie deuten auf das Neue. Zugleich sind wieder die Verbindungslinien zu ziehen. Nach dem Venedig Casanovas ersteht im Trauerspiel die düstere Lagunenstadt an der Grenze zwischen Renaissance und Barock,

> *durchtränkt von Heuchelei und Heimlichkeit,*
> *voll von Spionen, Gift und Meuchelmord.*
>
> (D II 158)

Einem Contarin hatten die Verschwörer von 1618 – übereilt – das Todesurteil gesprochen. *Der Brief des letzten Contarin* – von Hofmannsthal ebenfalls 1902 als einer jener erfundenen Briefe entworfen – führt nahe an das Venedig der Gegenwart heran. – Otway, das ist der Nachklang Shakespeares, England der Restauration. 1901 hatte Robert Brownings Epos «The Ring and the Book» Hofmannsthal auf einen Kriminalstoff aus eben jener Zeit, dem Ende des 17. Jahrhunderts, auf die Geschichte des Guido von Arezzo und seiner Frau Pompilia gewiesen. Die Arbeit an diesem tragischen Stück empfand Hofmannsthal als seine erste wirklich dramatische Aufgabe. *Zum Unterschied von meinen früheren lyrischen dramatischen Arbeiten suche ich mich diesmal sehr zurückzuhalten und stelle ein sehr genaues Szenarium fest.* (Br II 52) Er schreibt den ersten Akt in Prosa, um sich zur äußersten Realität in der Exposition zu zwingen.

Pompilia oder Das Leben blieb unvollendet wegen der kaum zu bändigenden Fülle des Stoffes; andere Pläne drängen sich auf: ebenfalls schon 1901 Calderóns Schauspiel «Das Leben ein Traum»; 1903 das Morality Play vom «Everyman» – barock das eine, das andere mittelalterlich wie das Volksbuch von Fortunatus und seinen zwei Söhnen, deren Schicksal Hofmannsthal damals in einem Trauerspiel darstellen wollte.

Vorherrschend ist aber zunächst der Drang, Antik-Mythisches neu zu gestalten. Aus dem Jahre 1900 stammen Aufzeichnungen zu einem Drama *Leda und der Schwan*. Es ist der Stoffkreis der «Bacchen». Hofmannsthal hat – das ist bezeichnend – seine Notizen unter diese Verse aus der «Hymne» von Novalis gestellt: «Wer hat des irdischen Leibes / Hohen Sinn erraten? / Wer kann sagen, / Daß er das Blut versteht?»

Der noch viel faszinierendere Plan der «Bacchen» drängt sich Hofmannsthal 1904 wieder auf. Was ihn an diesem Mythos – neben der aufregenden Handlung – anzieht, schreibt er 1904 an Bahr: *Es müßte alles auf die Bühne kommen, was bei Euripides erzählt wird, alles erzählt werden, was bei Euripides dargestellt ist. Ich sehe es in Verwandlungen, aber nicht maschinellen, sondern solchen, wo auf einer fast nackten Bühne ein anderes Licht, ein hingestelltes Ruhebett, ein aufgehängter Teppich, genügen, um die Phantasie frisch anzuregen, ohne sie zu binden. Es sind in diesem Stoff so schöne Möglichkeiten, fast ungreifbare, nie recht zu beredende Dinge allegorisch auszudrücken: als das Verhältnis des Einzelnen zur Kunst oder besser, den unheimlichen Gegensatz jener beiden Verhältnisse zur Kunst, in denen eigentlich alle Menschen stehen: das des Enthusiasmus und das des wilden Hasses.* (Br II 155 f)

Hätte Hofmannsthal den Plan eines Trauerspiels *König Kandaules* verwirklicht, so wäre in diesem am ehesten zutage getreten, was als Idee gestaltendes Element in den Griechenstücken war: die stete Präsenz des Morgenländischen in der griechischen und römischen Antike. Für die Atmosphäre des Trauerspiels hatte sich der Dichter 1903 notiert: *semitisch, Melkart, Tanit, die Gestirne, die Kabyren.* (D II 511) Kama-sutra, Baals-Dienst, Verehrung der Kabyren – Indien, Babylonien, Phönizien und Punien sind im Schicksal des von Gyges ermordeten Lydierkönigs verbunden mit der Inselwelt der Ägäis und erweitern den Begriff der Antike in einer den Zeitgenossen des Dichters fast ungewöhnlichen Weise. – Etwas anderes noch ist in den Notizen zu dem Trauerspiel erneut ausgesprochen, das für Hofmannsthals Denken und für die daraus erwachsenden dramatischen Kompositionen dieser Jahre entscheidend ist: die Erkenntnis von der Traumhaftigkeit des Lebens. Noch 1906 wird der Dichter im *Prolog für ein Puppentheater* sagen: *Aus diesem Traum hier steig ich und trete hinüber in jenen andern, der heißt Menschenwelt und -leben.* (D II 496)

Um für die Arbeit an *Pompilia* zu lernen, las Hofmannsthal Lessings «Emilia Galotti», Shakespeares «Richard III.» und die Sophokleische «Elektra». *Sogleich verwandelte sich die Gestalt dieser Elektra in eine andere. Auch das Ende stand sogleich da: daß sie nicht mehr weiterleben kann, daß, wenn der Streich gefallen ist, ihr Leben ... ihr entstürzen muß ... Die Verwandtschaft und der Gegensatz zu Hamlet waren mir auffallend. Als Stil schwebte mir vor, etwas Gegensätzliches zur «Iphigenie» zu machen* ... (A 131) In dieser «Elektra», die Hofmannsthal dann für Reinhardt und Gertrud Eysoldt zu schreiben versprach, ist das scheinbar Neue so stark enthalten, daß es die Zeitgenossen schockierte, mitleidvoll lächeln oder gar – wie Alfred Kerr – ironische Verse machen ließ.

In den *Szenischen Vorschriften* zu «Elektra» hatte Hofmannsthal betont, wie sehr es ihm darum ging, jedes falsche Antikisieren zu vermeiden und dem Stück etwas von der geheimnisvoll-unheimlichen und lauernden Atmosphäre des Orients zu geben. In einem Brief an die «Öffentliche Theatergesellschaft in Tokio» heißt es später: *Auch im Spiel wird ... das Richtige getroffen werden, wenn Sie mehr das Altertümliche als das Okzidentalische suchen; denn der Dichter hat darin ein allgemein Altertümliches, Menschliches und Orientalisches, vom Westen aus, darzustellen gesucht.* (Br II 384 f)

Wenn Goethe schon seine «Iphigenie» beim Wiederlesen als «verteufelt human» empfunden hatte – um wie viel humaner erst mußte Hofmannsthal die Antike der «Iphigenie» erscheinen nach Nietzsche, Rohde, Bachofen, Breuer und Freud. *Meine antiken Stücke haben es alle drei mit der Auflösung des Individualbegriffes zu tun. In der «Elektra» wird das Individuum in der empirischen Weise aufgelöst, indem eben der Inhalt seines Lebens es von innen her zersprengt ... Elektra ist nicht mehr Elektra, weil sie eben ganz und gar Elektra zu sein sich weihte.* (A 201) Das ist jene dionysische Regung, von der Nietzsche in der «Geburt der Tragödie» sagte, daß in ihrer Steigerung das Subjektive zu völliger Selbstvergessenheit hinschwinde, das Individuum vernichtet und durch eine mystische Einheitsempfindung erlöst werde.

Der Weg zum Sozialen als Weg zum höheren Selbst: der nichtmystische Weg. a) durch die Tat b) durch das Werk c) durch das Kind ... a) die Verwandlung im Tun. Tun ist sich aufgeben. Das Alkestis- und Ödipus-Thema sublimiert in der «Elektra». (Das Verhältnis der Elektra zur Tat freilich mit Ironie behandelt. Elektra – Hamlet.) Das Entscheidende liegt nicht in der Tat sondern in der Treue ... Innerstes: die Unbegreiflichkeit des Tuns. Die Unbegreiflichkeit der Zeit: eigentliche Antinomie von Sein und Werden. Elektra – Chrysothemis. Variation: Ariadne – Zerbinetta. (A 217) – Nicht nur hier steht neben Elektras Namen der Ariadnes. Damit hat Hofmannsthal der *Elektra* ihren Platz im Gesamtwerk angewiesen. Die einaktige Tragödie ist nichts völlig Neues, sondern die Variation eines Grundthemas an Hand eines anderen Stoffes und mit anderen sprachlichen und gedanklichen Mitteln. Hier, wie später bei den Lustspielen, wird man sich der Sätze Hofmannsthals erinnern müssen, die wohl nicht zufällig 1904 in Venedig niedergeschrieben wurden: *Falsch: jedes Kunstwerk als definitiv anzusehen, immer zu sagen: Er hat das aufgegeben, er wendet sich jenem zu ... falsch das Definitive ... richtig, jeden Übergang und insbesondere alle unterirdischen Übergänge für möglich zu halten ...* (A 139) Was Hofmannsthal in der *Elektra* beschäftigt, das hat ihn in *Gestern*, im *Weißen Fächer*, in der *Sobeide* und dem *Abenteurer* schon zur Gestaltung verlockt. Und als er an der *Ariadne* arbeitet, fesselt ihn das gleiche *simple und ungeheure Lebensproblem: das der Treue. An dem Verlorenen festhalten, ewig beharren, bis an den Tod – oder aber l e b e n, weiterleben, hinwegkommen, s i c h v e r w a n d e l n, die Einheit der Seele preisgeben, und dennoch in der Verwandlung sich bewahren, ein Mensch bleiben, nicht zum gedächtnislosen Tier herabsinken. Es ist das Grundthema der «Elektra», die Stimme der Elektra gegen die Stimme der Chrysothemis, die heroische Stimme gegen die menschliche.* (Str Br 134) Elektras Treue ist Selbstaufgabe – *Sieh, ich bin / gar nichts. Ich habe alles, was ich war, / hingeben müssen* (D II 64). Diese Hingabe jedoch trägt den Todeskeim in sich. Als eine Gebärende ohne Geburt bezeichnet Hofmannsthal später einmal seine Elektra. Sie wirkt keine Verwandlung, weil es dazu des Tuns bedarf, und Elektra tut eigentlich nichts. Ihr Tun ist ein Racheschrei. In Goethes «Iphigenie» steht Orests Wort von der «Feuerzunge», mit der Elektra ihm den Mord an Agamemnon geschildert habe. Die Erinnerung an die feuerzüngige Elektra war es, die Hofmannsthal *nicht ohne eine gewisse Lust am Gegensatze zu der «verteufelt humanen» Atmosphäre der Iphigenie* über die Gestalt der Elektra nachdenken ließ (Br II 383). Ihr Opfer geht aus *einer Art Besessenheit* hervor (A 237). Im Augenblick des höchsten Triumphs – nach dem Tode Klytämnestras und Ägisths – tritt der Tanz an die Stelle des Wortes. Die, in deren Sprache der Ton des Alten Testaments war – der Propheten und des Hohen Liedes –, endet ihr Leben einer Mänade gleich tanzend: *Wer glücklich ist wie wir, dem ziemt nur eins: / schweigen und tanzen!* (D II 75)

RICHARD STRAUSS

Man bekommt *Elektra* nur noch selten auf der Schauspielbühne zu sehen. Lebendig geblieben ist Hofmannsthals Tragödie als Oper. Im Frühjahr 1906 hatte Strauss den Wunsch geäußert, das Trauerspiel zu komponieren, und der Dichter ergriff mit Freude das Angebot. Nun begann die Zusammenarbeit, die Hofmannsthal schon 1900 gesucht hatte, als er Strauss das Ballett *Der Triumph der Zeit* anbot, und von der er 1924, zum 60. Geburtstag des Komponisten, sagen konnte: *Denn als etwas Großes und auch Notwendiges in meinem Leben erscheint mir dies, daß Sie vor nun 18 Jahren mit Ihrem Wunsch ... an mich herantraten. Es lag in mir vorgebildet, daß ich diesen Wunsch*

– innerhalb der Grenzen meines Talentes – erfüllen könne und daß diese Erfüllung mir wiederum ein innerstes Bedürfnis stillen sollte. Vieles, das ich in aller Einsamkeit der Jugend hervorgebracht hatte ... waren phantastische kleine Opern und Singspiele – ohne Musik. Durch Ihre Wünsche dann war ein Ziel gegeben ... Durchdrungen von dem Gedanken ... daß der Einzelne nichts Dauerndes hervorbringen könne, das nicht an die Überlieferung anknüpfte, habe ich mich weit mehr von dem belehren lassen, was ich älteren, noch lebensvollen Dichtungen ähnlicher Art vom Gesicht abzulesen vermochte, als von dem was als «Forderung der Gegenwart» in der Luft zu liegen schien. So hat nichts von dem, was ich für Sie gearbeitet habe, auf den ersten Blick bei den Zeitgenossen ... besonderen Anklang gefunden ... Wer immer alles, was da war, erkannte – und es ... schöpferisch aufnahm und in ein noch höheres Leben hinüberführte, waren Sie. (Str Br 516 f)

Richard Strauss

Wer die Briefe Hofmannsthals an den Komponisten aufmerksam liest, weiß, welches Gewicht diesen Sätzen beizulegen ist, die auszusprechen der 60. Geburtstag zwar Anlaß war, die aber nicht von der solchen Festtagen anhaftenden Gefühlsseligkeit eingegeben worden sind. Denn es war in dieser Verbindung wohl Raum für gemeinsame Arbeit, aber – wenigstens gilt das für Hofmannsthal – kaum Raum für das Menschlich-Persönliche. Nicht nur ihre grundverschiedenen Charaktere und Temperamente, sondern auch die völlig anderen Welten der Bildung und der Interessen trennten sie – oft genug auch während der Arbeit. ... *hätt ich einen Componisten, der minder berühmt aber meinem Herzen näher, meiner Geistesart verwandter wäre, da wärs mir freilich wohler,* schreibt Hofmannsthal 1914 an Bodenhausen (EvB Br 167). Strauss erklärt er 1923: *Auch gibt es zwischen zwei Menschen wie wir nichts als gemeinsame Arbeit ...* (Str Br 488) Das ist nicht das härteste Wort, das der Komponist zu lesen bekommt. Denn trotz der Erfolge mußte sich Hofmannsthal bei mancher ihrer Unternehmungen ins Gedächtnis rufen, was ihm Schnitzler 1909 anläßlich der Erstaufführung der *Elektra* in Wien geschrieben hatte: «Einen reineren Eindruck hatt'

Anna Bahr-Mildenburg als Klytämnestra in der «Elektra»-Aufführung an der Wiener Hofoper, 1909

ich zwischen Generalprobe und Aufführung, da ich gestern früh Ihre unverstraußte Elektra wieder las, die etwas einfach Bewunderungswürdiges vorstellt und der ich für meinen Teil gestern Abend noch heftiger applaudiert habe, als der wahrhaft mächtigen Musik-Begleitung.» (Schn Br 244) Es spricht für den Komponisten, daß er den gelegentlichen Vorwürfen des Dichters mit überzeugender Ruhe begegnete. Hofmannsthal andererseits wußte, was er dem erfahrenen und im Dramentechnischen sichereren Komponisten und dem Künstler verdankte. So war es möglich, bis zu Hofmannsthals Tod eine Arbeitsgemeinschaft zu erhalten, deren Schöpfungen noch heute Millionen in ihren Bann ziehen und für die der Briefwechsel ein einzigartiges Dokument ist. Er ist der Werkstattbericht über *Elektra*, *Rosenkavalier* und *Ariadne auf Naxos,* über die 1912/13 mit Kessler entworfene *Josephslegende,* über *Die Frau ohne Schatten, Die ägyptische Helena* und *Arabella.* Hofmannsthal suchte in dieser Kooperation die Erfüllung eines seiner höchsten Wünsche. Denn nur in der Oper – so meint er und zeigt sich darin wieder als Nachfahre des Barock – ist das Theatralische, auf das er hinauswill, zu verwirklichen: das Theater als festliche Anstalt.

Unentfliehbarkeit – auf der Erde scheinen große Flecken von Blut zu glühen – Element der Stimmung, daß es in diesem traurigen Hinterhof finster ist, während es d r a u ß e n in der Welt noch hell ist. Das sind einige der *Szenischen Vorschriften zu «Elektra».* (P II 81 f) Sie verlangen jene Stimmung, die so viele Zeitgenossen an der Neuformung abstieß und die einen über Hofmannsthals Griechendramen Arbeitenden beim Dichter anfragen ließ, ob dieser für die Form seiner Charaktere wissenschaftliche Bücher zu Rate gezogen habe, die sich mit der Nachtseite der Seele beschäftigten.

Ödester Stimmungslosigkeit hatte Hofmannsthal die *Elektra* abgerungen. An Hans Schlesinger schreibt er 1903: *Mir wäre das Stück selbst in seiner fast krampfhaften Eingeschlossenheit, seiner gräßlichen Lichtlosigkeit ganz unerträglich, wenn ich nicht daneben immer als innerlich untrennbaren zweiten Teil den «Orest in Delphi» im Geist sehen würde, eine mir sehr liebe Konzeption ... von keinem antiken Tragiker vorgearbeitet ...* (Br II 132) Es blieb beim ersten Stück der geplanten zweiteiligen Orestie. Anfang 1904 erwähnt Hofmannsthal einen *Ödipus auf Kolonos,* der das dritte Stück einer sich an die Orestie anschließenden Ödipus-Trilogie hätte werden sollen. Der erste Teil dieser Trilogie war ihm 1904 durch die Lektüre von Joséphin Péladans «Œdipe et le Sphinx» zugefallen. Nachdem er das Stück als kurzes, hymnenartiges, lyrisches Drama begonnen hatte, vollendete er es – sich immer mehr von der Vorlage freimachend – als dreiaktige Tragödie Ende 1905: *Es fing den 6ten September an, dann war November, ich war noch nicht fertig, mußte nach Berlin, las das unfertige Stück dem Reinhardt und den Schauspielern, mußte nach Bremen und Göttingen ...war wenige Tage in Weimar, kam zurück, fand mich nur unter Qualen in den letzten Act zurück, in-*

Berlin: das Deutsche Theater in der Schumannstraße

dessen fingen die in Berlin, die mir das unfertige Manuskript aus den Händen gerissen hatten, schon an zu probieren ... (EvB Br 70 f) Im März 1906 wird *Ödipus und die Sphinx* in Berlin gegeben. Liest man die Namen der Schauspieler, mit denen Max Reinhardt dem Stück zum Erfolg zu verhelfen suchte, so werden zwei Jahrzehnte deutscher Theatergeschichte lebendig: Friedrich Kayßler (Ödipus), Eduard von Winterstein (Phönix), Albert Steinrück (Laios), Agnes Sorma (Jokaste), Alexander Moissi (Kreon), Gertrud Eysoldt (Schwertträger des Kreon), Adele Sandrock (Antiope). Sechsundzwanzig Aufführungen erlebte das Stück, in dem Hofmannsthal das Thema der

Elektra – sein Thema – variierte: Opfer als Selbst-aufgabe, um aus der Schicksallosigkeit der Prae-Existenz ins Leben zu kommen. Hölderlins Wort aus dem «Hyperion» steht der Tragödie voran: «Des Herzens Woge schäumte nicht so schön empor und würde Geist, wenn nicht der alte stumme Fels, das Schicksal, ihr entgegenstände.»

Der Plan der Trilogie scheint schon mit der Aufführung von *Ödipus und die Sphinx* aufgegeben worden zu sein. Der zweite Teil, *König Ödipus*, wurde erst 1910 von Reinhardt im Zirkus Schumann in Berlin in Szene gesetzt. Der mit den Griechendramen eingeschlagene Weg erwies sich als Sackgasse. Zur Bühne, zum Theater führten andere Wege.

Der Versuch, den Elektra-Stoff zunächst in einem scheinbaren Anlehnungsverhältnis an Sophokles aus einem Gegenstand des Bildungsinteresses zu einem Gegenstand der Emotion zu machen, war jugendlich und verlief problematisch; aus einer Bearbeitung wurde eine neue, durchaus persönliche Dichtung, deren Bedenkliches hinreichend festgestellt ist ... indem ich das Spiel vom «Jedermann» auf die Bühne brachte, meine ich, dem deutschen Repertorium nicht so sehr etwas g e g e b e n, als ihm etwas z u r ü c k g e g e b e n zu haben ... (P III 61 f)

Im Frühjahr 1903 hatte der Freund Clemens Baron Franckenstein, der Komponist und spätere Generalintendant der Münchener Oper, Hofmannsthal auf das englische Morality Play aus dem 15. Jahrhundert gewiesen. 1906 formte sich dem Dichter dieser die Todesstunde behandelnde Stoff *unwiderstehlich zu einer Szenenfolge ziemlich realen Gepräges um, in Prosa, ja im Wiener Dialekt will es sich gebären* (Str Br 20); dann aber gerät die Arbeit ins Stocken. Als Hofmannsthal den *Jedermann* 1911 wieder aus dem Schubfach hervorholt, schreibt er ihn in Versen, hält er sich wieder stärker ans Vorbild, nimmt sich einzelnes auch aus Hans Sachsens «Comedi vom reichen sterbenden Menschen» herüber. Die vielen ablehnenden Stimmen reizen Hofmannsthal, den eigenen Anteil an der Neufassung hervorzuheben. Am heftigsten tut er es 1913, als der *Jedermann* erstmals in Wien aufgeführt wird: *... es hat noch nicht einer von diesen Zeitungslumpen sich überhaupt die Mühe genommen, das alte englische Ding mit meinem Gedicht zu vergleichen – zu sehen, daß ich nicht an einer alten Holzskulptur ein paar Finger dazugemacht habe, sondern daß ich ihm zu einer Hand, allenfalls zu einem halben, verstümmelten Kopf, eine ganze Figur gemacht habe – und nicht eben ohne dichterischen Beruf, wie mir scheint – sie nehmen's aber hin, wie die Kuh das Gras frißt ...* (Str Br 253) Der Krieg und dessen Ausgang lassen Hofmannsthal sein Spiel stärker als früher als ein notwendiges Glied seiner Produktion sehen. Schon 1916, als er zu Vorträgen nach Oslo und Stockholm fährt, sucht er in *Elektra* und *Jedermann* das Gemeinsame: *... in beiden wird gefragt, was bleibt vom Menschen übrig, wenn man alles abzieht? – in beiden geantwortet: das, wodurch sich der Mensch der Welt verbinden kann, ist die Tat oder das Werk. In beiden wird nach einem Gesetz ... über*

dem Persönlichen und außerhalb des Persönlichen gesucht (P III 354 f).
Die Zweidimensionalität, das Allegorische – nicht das Symbolische – schien Hofmannsthal das Stück als *Spiel vor der Menge* geeignet zu machen. Denn als allegorische Gebilde waren ihm die Mysterienspiele wahrhaft aus dem Volk hervorgestiegen. Die dritte, Leben gebende Dimension erwuchs diesen Spielen aus dem Glauben. *Ein menschliches Märchen ist dies, in christlichem Gewande.* (P III 64) So konnte *Jedermann* das Stück werden, mit dem die seit 1903 immer wieder ins Auge gefaßten festlichen Spiele in Salzburg 1920 begonnen wurden. Wie 1911 in Berlin wurde wieder das Gerüst vor der Menge aufgeschlagen, und seitdem wurde das *Spiel vom Sterben des reichen Mannes* fast Jahr für Jahr auf dem Domplatz vom Spielansager angekündigt, bis die neuen, braunen Machthaber 1938 die von den Türmen der nahen Kirche und von der Festung herab erschallenden Rufe «Jedermann» zum Schweigen brachten.
Es ist die Gefahr und der Ruhm unserer Zeit, an deren Schwelle der greise Ibsen steht, daß wir weit genug wiederum sind, uns im Allegorischen bewähren zu müssen. (P III 116) Dieser Gedanke, anläßlich des *Jedermann* 1912 niedergeschrieben, und das Bewußtsein, an eine alte Theatertradition anzuknüpfen, läßt Hofmannsthal 1921 eines der bekanntesten autos sacramentales des Calderón neu bearbeiten. Hofmannsthals Titel verknüpft es für immer mit der Festspielstadt: *Das Salzburger Große Welttheater.*
Man hat im katholischen südlichen Deutschland und in Österreich bis gegen das Ende des 18. Jahrhunderts ein volkstümliches Theater besessen, dessen Gegenstände ebenso oft aus der Bibel als aus dem alten Allegorienschatz der Mysterien gezogen waren ... ich habe ganz bewußt in dieser Arbeit und ... in meiner dramatischen Version des ... «Jedermann»-Stoffes diese Fackel aufgenommen, die hier bei uns noch glimmend auf dem Boden lag, und ich glaube, daß mir dabei ... eine verborgene Pluralität die Hand geführt hat. (A 295 f) So steht es im dritten Brief an die Leser der Zeitschrift «The Dial». Am präzisesten formuliert Hofmannsthal in einem Brief an Bahr, worum es ihm bei der Erneuerung des *Großen Welttheaters* geht: *... ob ein Theater möglich ist, das in seinen Intentionen hinter das ganze XIX., ja hinter das XVIII. zurückgeht ... individuell gefragt, ob der «Jedermann», als ein von mir Gedichtetes, ein Zufall oder eine Notwendigkeit war.* (Bahr 181) Die Frage, ob Zufall oder Notwendigkeit, scheint durch den Glauben, eine verborgene Pluralität habe ihm die Hand geführt, positiv beantwortet. Denn mit der schaffenden Pluralität meint Hofmannsthal: Landschaft, Zeitgeist, Volksgeist. Er wollte *jenem alten traditionellen Stoff ... einen neuen Gehalt geben, worin der Zeitgeist zum Ausdruck käme, ohne von dem volksmäßigen, in sinnfälligen Bildern sich auswirkenden Stil abzugehen* (P IV 269 f). Das, was Hofmannsthals *Großes Welttheater* zum Kind des 20. Jahrhunderts macht, ist das vom Zeitgeist Eingegebene: die «soziale» Komponente. *Das Neue ... liegt in der Gestalt des Bett-*

Hofmannsthal mit Richard Strauss beim Spaziergang in Rodaun

lers. Dieser ist bei mir die Hauptfigur des Spieles und steht als ein Einzelner allen den Andern gegenüber. An die Stelle des passiven resignierten Bettlers der alten Mysterien, des «Armen» aus dem Evangelium... habe ich den aktiven Bettler gestellt, den... Enterbten, der seinen Platz unter denen begehrt, die geerbt haben, also eine Gestalt, wie sie mit solcher Deutlichkeit vielleicht nur im gegenwärtigen Augenblick gesehen werden konnte: die Drohung des Chaos an die geordnete Welt... Meine Antwort war nicht optimistisch, aber auch nicht pessimistisch, sondern dichterisch oder religiös. Ich lasse den enterbten Bettler die Axt erheben... Und es ist... evident, daß... wenn er zuschlagen wird... das Gebäude einer tausendjährigen Weltordnung... zusammenstürzen wird. Aber im gleichen Augenblick... lasse ich die Weisheit... ihre Hände zum Gebet erheben nicht für ihre eigene Rettung... noch für die Rettung der Welt, von deren Würdigkeit gerettet zu werden sie nicht überzeugt ist, sondern für ihn... den Zerstörer... Was nun in ihm erfolgt, liegt allerdings außerhalb des Gebietes des eigentlich dramatisch Möglichen und konnte... nur in einem Mysterium gewagt werden... Er ist mit einem Schlag ein Weiser geworden, oder ein Christ, oder ein Erleuchteter... wo die Verteilung der Macht und der Glücksgüter ihm als eine gleichgiltige Sache erscheint. (A 296–298)

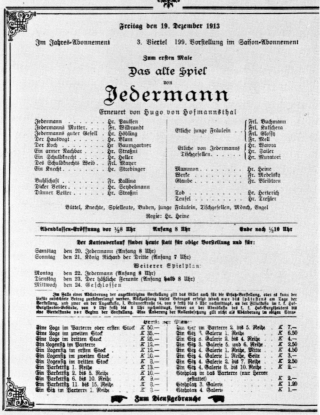

1922 ereignete sich, was seit dem 16. Jahrhundert nicht mehr geschehen war: Hofmannsthals Mysterium vollzog sich vor dem Hochaltar der von Fischer von Erlach erbauten Kollegienkirche. Oder vollzog es Max Reinhardt? Denn diese Aufführung wurde eine jener Regieleistungen, denen die suggestive Kraft des Schöpferischen innewohnt. Durch ihn wurde für Augenblicke Wirklichkeit, was in Hofmannsthals geistlichem Spiel etwas von dem Charakter des nicht ganz überzeugenden Wunders behalten hatte. Richard Strauss hatte das genau gespürt: «So schön dichterisch die Idee des Umschwungs im Bettler ist, meinem dramatischen Empfinden steht doch ein Knax im Wege, der sich zwischen der eigentlichen dramatischen Lösung (d. h. der Vollendung der Zerstörung) und dem christlichen Gedanken der plötzlichen Umkehr findet... Die Errettung zur Freiheit hat etwas vom Wunder und scheint mir von außen hineingetragen. Ihr Bettler spielt seine Figur nicht richtig zu Ende, sondern wird gerade im entscheidenden Moment von Hofmannsthal erleuchtet.» (Str Br 483)

Was Hofmannsthal noch 1911 als nicht auf der Hauptlinie seiner Produktion liegend ansah, erhält nach dem Krieg ein so eigenes Gewicht, daß er in dem Brief an Max Pirker seine geistlichen Spiele gleichwertig neben die Reihen der *phantastisch-märchenhaften Dramen und der Lustspiele stellt. Das Salzburger Große Welttheater* war damals, im April 1921, noch nicht begonnen; aber außer dem *Jedermann* nennt Hofmannsthal zwei andere Titel. Beide sind mit den Plänen um die Salzburger Festspiele verbunden. Das eine Stück ist ein Volksschauspiel vom Jüngsten Gericht, das seine Heimat im Salzburgischen hat: das Radstädter Gerichtsspiel. Der andere Plan – nur von ihm sind Aufzeichnungen bekanntgeworden – geht wiederum von einem Meisterstück des Barock aus, diesmal von einer der großartigsten Tragödien des deutschen Barocktheaters, in der Antike und Christentum am innigsten ineinander verschmolzen sind: von Jakob Bidermanns Drama «Cenodoxus, der Doktor von Paris». Seit 1921 machte sich Hofmannsthal zu dem für Salzburg bestimmten Stück Notizen, über das er an Schröder schreibt: *Ich habe mich mit einem meiner Stoffe eingelassen; es ist der, wo es sich um die Paracelsus-verwandte Gestalt dreht. Es ist ein finsterer Stoff, aber es ist auch vieles darin, das man zu einer rechten Lebendigkeit und sogar Lustigkeit ausbilden kann.* (Corona X 798) Das literarische Vorbild wird nur als Ausgangspunkt genommen, von dem aus sich Hofmannsthal den Raum aufzubauen beginnt, in dem der Dualismus zwischen Immanenz und Transzendenz sich in Gestalten verkörpern kann, in Xenodoxus, Casperl, Justina und dem Einsiedler, im Teufel Asmodi und dem Engel, dem Gewissen, den Todsünden. Seine integrierende Phantasie verleibt sich all das ein, was man dem Alten ein Neues machen kann, ein Werk *in der Art des «Großen Welttheaters», das das alte Thema vom «Zauberer und der reinen Magd» gestaltet: es ist der Faust-Stoff, in Prosa und mit einer durchgehenden Kasperl-Figur.* (Literarische Welt 26. 2. 1926)

Sie sprachen von einem Stoff aus der Renaissance... ich glaube, daß... jeder dichterisch schaffende Mensch unserer Zeit keine Epoche mit so... sicherem Widerwillen aus seinem Schaffen ausschließen wird, wie diese Epoche... daß sogar keinem Kostüm auf der Bühne eine geringere Suggestionskraft innewohnt... als jener bis zum Grausen abgebrauchten Lieblingsdrapierung der sechziger bis achtziger Jahre: Renaissance! (Str Br 20) Die Absage an eine Epoche, deren Kostüm sich Hofmannsthal oft selbst geliehen hatte, steht in dem 1906 an Strauss geschriebenen Brief neben der Erwähnung eines sich ankündigenden *Semiramis*-Dramas. Calderóns «Tochter der

Theaterzettel der Erstaufführung von «Jedermann» bei den Salzburger Festspielen. Links: Autogramme der Mitwirkenden

Luft» hatte die Anregung gegeben. Abkehr von der Renaissance – Hinwendung zum Barock: das ist Abkehr von einem Theater, das sich in England, Frankreich und Deutschland aus dem sich im Menschen zentrierenden Weltgefühl der Renaissance entwickelt hatte, ist Hinwendung zu einem Theaterstil, in dem der Mensch in Bindungen agiert, die das christliche Weltbild des Mittelalters fast bruchlos überliefert hatte. Die Welt als die Bühne, auf der der Mensch seine ihm von Gott gegebene Rolle zu spielen hatte. So konnte Hofmannsthal den *Jedermann* dichten und das *Große Welttheater*.

Calieróns Semiramis hat einen christlichen Orient als Geistesraum, Hofmannsthals frühe Konzeption steht der Problemwelt sei-

nes *Kandaules*-Stoffes, dem Orientalischen in den Griechendramen nahe. Hier herrschen Mutterrecht, der Astarte-Kult Phöniziens. *Die beiden Götter* sind die Notizen von 1917 bis 1919 überschrieben. Neben Semiramis – das Ungeistige, den Zwang, tritt Ninyas – der Geist und die Liebe. Die Mystik Laotses steht gegen die orgiastischen Kulte des Orients, das Prinzip der Herrschaft durch Dienst gegen das der Herrschaft durch Gewalt. *Semiramis* ist zunächst der Versuch, auf dem Wege der Griechendramen weiterzugehen: ...*hauptsächlich konzipiert während der Generalprobe der «Elektra» in Wien... 22. III. 1909.* (D III 451) Aber Hofmannsthal gelang es damals nicht, den ihm überkommenen Stoff in eigene Träume aufzulösen und

Max Reinhardt

dann wieder zum Drama kristallisieren zu lassen. So konnten andere Stoffe Gewalt über seine Phantasie bekommen. Als er *Cristinas Heimreise* und den *Rosenkavalier* beendet hat, und Strauss ihn erinnert, daß es nun Zeit sei für *Semiramis*, antwortet Hofmannsthal Ende Oktober 1910: *«Semiramis» ist mir meilenfern. Keinerlei geistige und materielle Vorteile vermöchten, diesen Stoff aus mir herauszupumpen...* (Str Br 106) Es ist der Brief, in dem der Dichter dem Komponisten Hoffnung auf ein phantastisches Schauspiel – *düster, doch nicht eintönig* – macht: *Das steinerne Herz*. Die Motivwelt dieses Dramas wäre in vielem ähnlich der gewesen, die später in *Jedermann* und in *Die Frau ohne Schatten* eingegangen ist, und in dem Dramenplan *Dominik Heintls letzter Tag* schemenhaft vorgebildet war. Die Hofmannsthal durch Georg Simmels «Philosophie des Geldes» seit 1906 beschäftigende Frage nach der Macht und der Gefährlichkeit des Geldes hätte hier schon Gestalt finden sollen: *...die Verherrlichung des Geldes, das Geld als wertzerstörende Magie* (Norton 57). Doch kaum fünf Monate später ist dieser Plan durch einen anderen zurückgedrängt: das Ganze schwebe ihm mit Gewalt vor Augen, *weil es um so viel h e l l e r und f r e u d i g e r ist* (Str Br 113). Es sei ein Zaubermärchen und verhalte sich zur «Zauberflöte» so wie sich der «Rosenkavalier» zum «Figaro» verhält: *... es bestände hier wie dort keine Nachahmung, aber eine gewisse Analogie.* (Str Br 113) Es ist der Stoff der *Frau ohne Schatten*; zur gleichen Zeit Gebild der Phantasie geworden wie *Ariadne auf Naxos*, war es aus dem gleichen Boden wie die Komödien gewachsen: aus dem Wiener Volkstheater, dem Zauberstück, der Commedia dell'arte. Als Hofmannsthal sich 1911 erste Einfälle aufschrieb, standen der Kaiserin und dem Kaiser noch Smeraldine und Arlekin entgegen, an deren Stelle bald zwei Wiener Volksfiguren – der Flickschneider und seine Frau – traten. *Ich wollte das Ganze als Volksstück, mit bescheidener begleitender Musik, machen, zwei Welten gegeneinanderstehend, die Figuren der unteren Sphäre im Dia-*

Richard Strauss

lekt. (P III 451) Jene Analogie zur «Zauberflöte» ließ Hofmannsthal die Handlung dann aus der geschichtsgebundenen Welt des Wiener Theaters in die Geschichtslosigkeit des Märchens zurückversetzen, in jene Welt, in der er sie gefunden hatte, in die Märchenwelt von «Tausendundeine Nacht». In der *Frau ohne Schatten* fand Hofmannsthal den Weg des phantastisch-märchenhaften oder – wie er es auch nennt – romantischen Dramas, den er in der *Semiramis* vergeblich gesucht hatte.

Im September 1912 schreibt Hofmannsthal an Borchardt: *...gestern... hatte ich eine gute Stunde, ein schöner tiefer dramatischer Stoff, den ich seit 1 ½ Jahren in mir trage, stand plötzlich g a n z vor* *mir, Gestalt über Gestalt, Bild über Bild, von innen heraus erleuchtet wie der Palast eines Magiers über dunklen Meeresklippen* ... (RB Br E 26) Im September 1915 ist die Arbeit getan, die Hofmannsthal zu Zeiten höllisch schwierig dünkte – allein die erste Hälfte des ersten Aktes hatte er viermal neu geschrieben. Wie hoch er seine Arbeit einschätzt, vertraut er einem Brief an Strauss: *Ich glaube wie Sie, daß mir im Dramatischen noch nichts so gelungen ist wie diese Arbeit; und wie der erste Akt als Exposition und der mittlere als Schürzung des Knotens, so soll der dritte als Ausklang, im höchsten Sinn musikgemäß, aus dem Dunkel ins immer Hellere beständig aufsteigend, in seiner Art musterhaft werden.* (Str Br 284) Wieder erweist sich an dieser Oper, die Hofmannsthal als sein Hauptwerk mit Strauss vorschwebte, wie schöpferisch die Zusammenarbeit war. Nachdem der Dichter die Musik zu den zwei ersten Akten gehört und Strauss manchen Änderungsvorschlag gemacht hat, schreibt Hofmannsthal: *Ihre Anregungen wirken alle nach, noch stärker das herrliche Nachgefühl der gehörten Musik.* (Str Br 308) Zu Bodenhausen meint er, Strauss habe in der Musik zur *Frau ohne Schatten* eine *Synthese des Besten und Wahrsten, das er zu geben hat,* geschaffen (EvB Br 196).

Im Oktober 1919 ist die Uraufführung in Wien. ... *es wird sicher nirgends auf der Welt eine so schöne Vorstellung sein, und unbedingt müssen Sie diese Vorstellung sehen,* schreibt der Dichter der Fürstin Marie Taxis (Merkur 1955 968). Die Oper *Die Frau ohne Schatten* hatte aber von früh an eine Rivalin: die Erzählung *Die Frau ohne Schatten,* an der Hofmannsthal mit noch größerer Liebe als an dem Libretto arbeitete. Mit ihr stellt sich Hofmannsthal in die Reihe der großen deutschen Erzähler unseres Jahrhunderts.

TRIUMPH DES ALLOMATISCHEN

Als das opus quo nullum absolutius der Hofmannsthalschen Poesie und als die unbegreiflich schönste Erzählung unseres Sprachbesitzes hat R. A. Schröder das Prosamärchen *Die Frau ohne Schatten* gepriesen. Rudolf Borchardt wollte es als ein unsterbliches Buch, durch das ein Dichter klassisch geworden sei, anzeigen. Den Rang des Klassischen gab auch Rudolf Pannwitz der *Frau ohne Schatten*; «eine elementarisierte Novelle, das Ideal des Kunstmärchens» sah er in dieser Hofmannsthalschen Prosa. Den vierten, dessen Urteil hier stehen müßte, ereilte vorzeitig der Tod: *Im Mai 1918, während mein gütigster treuester Freund Eberhard Bodenhausen starb und begraben wurde, schrieb ich das vierte Kapitel, die Begegnung des Kaisers mit seinen Kindern, ihm zu Ehren, an ihn denkend, – den Anfang hatte ich im Herbst 1913 und Frühling 1914 geschrieben...* (NR 1948 223) Im August 1919 war das Märchen vollendet, an dem er die finsteren Kriegsjahre hindurch *wie an einer Handarbeit gewerkt und viele traumhafte Gedanken und Hoffnungen und Intuitionen hineingestickt oder -gefädelt* hatte (RB Br 146 f). Bodenhausens Teilnahme und nach dessen Tod die von Pannwitz hatten ihn bei der Arbeit am stärksten ermutigt; an Bodenhausens, Borchardts und Schröders Zustimmung hatte er unterm Schreiben vor allem gedacht.

Geheimnisvoll haben sich in Hofmannsthals Märchen, um das er *sieben Jahre lang jede gute Stunde, ja jeden höheren Augenblick geworben hatte* (Mesa 1945 37), die Sphären vermischt. Die Geschichte vom Fischer und dem Geist aus «Tausendundeine Nacht» ist mit der Sage aus Schweden verschmolzen, die Nikolaus Lenau in seiner Ballade «Anna» nacherzählt hat. Den innersten Gehalt aber umschreibt das Verspaar aus Goethes «Geheimnissen»:

> Von der Gewalt, die alle Wesen bindet,
> Befreit der Mensch sich, der sich überwindet.

Höhere und niedere Welt, Geisterreich und Menschendasein, das Land der sieben Mondberge und die volkreichste Stadt der südöstlichen Inseln, zwei Paare – Kaiser und Kaiserin und der Färber mit seiner Frau – stehen gegeneinander. Aber im Kontrast gehören sie – eine von Hofmannsthal oft gewählte Form der Konfiguration – zusammen. Dem Prozeß der Läuterung, hierin liegt jene Verwandtschaft mit dem Grundmotiv der «Zauberflöte», sind beide Paare unterworfen, *es müssen alle vier gereinigt werden... zu trübe irdisch das eine Paar, zu stolz und ferne der Erde das andere* (D III 481). Zwischen diesen vier Menschen steht die Amme der Kaiserin, Hexe und Kupplerin, dämonisches Geschöpf zwischen Menschen- und Geisterwelt, ein *Wesen mephistophelischer Art.* Hauptfigur aber ist auch im Märchen die Kaiserin. Ihr Schicksal ist der Hebel des Ganzen, und das des Färberpaares ist, wie Hofmannsthal Strauss schreibt, *dem Schicksal der Kaiserin subordiniert* (Str Br 265).

Auf dem Kaiser lastet der Fluch, zu Stein werden zu müssen, wenn die Kaiserin, Tochter des Geisterkönigs Keikobad, nach gesetzter Frist keinen Schatten wirft. Aber die Kaiserin nimmt den Schatten nicht an, den die Färbersfrau in einem schlimmen Handel mit der Amme dahingegeben hat. Sie verzichtet auf Schatten und Mutterschaft – *diese beiden gehen immer zusammen, wie Zeichen und Bezeichnetes* (D III 480) –, um nicht schuldig an dem Färberpaar und deren Ungeborenen zu werden. Indem sie so den Fluch auf sich nimmt, erhält sie den Schatten und wird Mensch, nimmt sie von dem schon erstarrenden Kaiser den Fluch, löst sie das Färberpaar aus Dumpfheit und irdischer Verstrickung. Die Ungeborenen werden nicht dahingegeben; ihr Gesang beschließt das Märchen, in dem Hofmannsthal den *Triumph des Allomatischen* – die wechselseitige Verwandlung – gestaltet und die *Allegorie des Sozialen* (A 218) gegeben hat und in dem alle ihn zeitlebens bewegenden Themen ihr Symbol gefunden haben: die erlösende Kraft der Treue und des Opfers, das Wunder der Verwandlung, das Mysterium der Ehe, der Glaube, daß es keinen anderen Weg zur Herrschaft gibt als durch Dienst, jener Glaube, der auch in der Semiramis–Ninyas-Tragödie seine Gestalt hätte finden sollen, und die Überzeugung, daß das Leben nur zu leben ist durch gültige Bindungen. «Mann und Weib und Weib und Mann reichen an die Gottheit an.» Dieses Wort aus der «Zauberflöte» hatte sich Hofmannsthal notiert, nachdem der Plan zu der *Frau ohne Schatten* festeren Umriß gewonnen hatte. So wird das Märchen zum Preis des *ewigen Geheimnisses der Verkettung alles Irdischen* (E 375) und zu einer *aphoristischen Ethik* (A 232). Nur im Märchen konnte diese *Welt der tiefsten Bindung und unerbittlichster Einheit* (Str Br 236) ihre Form finden. *Klassischer Gehalt, goethische Atmosphäre*, in einer romantischen Gestalt: seit dem «Heinrich von Ofterdingen» des Novalis war nichts dieser Art entstanden.

Der Rang des Klassischen: nicht nur der Erzählung *Die Frau ohne Schatten* gebührt er. Einem anderen Prosawerk muß er ohne Einschränkung zugebilligt werden, einem *Roman, nicht breiten Umfanges, Jugend und Lebenskrise eines jungen Österreichers auf einer Reise über Venedig nach Toskana* darstellend (NR 1930 517). Als Hofmannsthal 1918 Bahr von dieser Arbeit schrieb, meinte er, sie werde noch drei bis vier Jahre zur Vollendung brauchen. Der Roman fand sich unvollendet in des Dichters Nachlaß. Das Fragment eröffnete 1930 die eben von Herbert Steiner und Martin Bodmer begründete Zeitschrift «Corona». Als es 1932, vermehrt um zahlreiche Notizen aus dem Nachlaß und mit einem Nachwort von Jakob Wassermann versehen, als eigener Band in Berlin erschien, griffen die Nationalsozialisten schon nach der Macht, für die der Verfasser des Nachwortes und der Dichter dieses nicht nur von Wassermann als österreichischer «Wilhelm Meister» gepriesenen Romanfragments gleichermaßen «Bastarde» und «Verkünder aufgeblasenen Moders» waren. So blieb *Andreas oder Die Vereinigten* im Grunde verschollen wie andere Prosadichtungen und viele Aufsätze und Essays des Dichters, bis Herbert Steiner nach dem letzten Krieg diese Schätze in fünf Bänden der großen Ausgabe der Werke Hofmannsthals sammelte.

1917 fragt Hofmannsthal Pannwitz nach ladinischen Mythen, die ihm die *tiefere, geheimnisvollere Schicht* geben könnten für einen Teil seines Romans, der, *obwohl scheinbar rein privates Schicksal, im Todesjahr Maria Theresias spielt. Der Held ist da 23 Jahre alt; im Nachspiel 1808–09 (Österreichs Erhebung) ist er ein hoher Beamter, sein Sohn dann Diplomat, sein Enkel in der Paulskirche 1848, damit deutet es in die Gegenwart herauf.* (Mesa 1955 28) Ein Jahrzehnt zuvor hatte Hofmannsthal Wassermann von dem *Venezianischen Reisetagebuch des Herrn von N* – so hieß einer der frühen Titel – erzählt. 1907 ist kein zufälliges Datum; Neues bahnt sich an. Die Komödien *Silvia im «Stern»* und *Cristinas Heimreise* gewinnen ihre ersten Umrisse, *Die Wege und die Begegnungen* und die *Briefe des Zurückgekehrten* werden geschrieben; im Dezember 1906 hatte Hofmannsthal in München, Frankfurt, Göttingen und Berlin seinen Vortrag *Der Dichter und diese Zeit* gehalten. *La trace de l'oiseau dans l'air et la trace de L'homme dans la vierge, die Begegnungen, sie sind das Unbegreiflichste: Es ist in keinem Augenblick das Sinnliche so seelenhaft, das Seelenhafte so sinnlich als in der Begegnung.* (P II 306) *Seine Schmerzen sind innere Konstellationen, Konfigurationen der Dinge in ihm, die er nicht die Kraft hat zu entziffern. Sein unaufhörliches Tun ist ein Suchen von Harmonien in sich, ein Harmonisieren der Welt, die er in sich trägt. In seinen höchsten Stunden braucht er nur zusammenzustellen, und was er nebeneinanderstellt wird harmonisch.* So heißt es vom Dichter in dieser Zeit (P II 287). Hofmannsthal liest damals, aufmerksam gemacht durch die Fürstin Thurn und Taxis, das Buch des Bostoner Psychiaters Morton Prince: «The Dissociation of a Personality», die Krankengeschichte einer unter Persönlichkeitsspaltung leidenden amerikanischen Studentin, und er liest die Briefe der Julie de Lespinasse. Das 1907 für den Roman Niedergeschriebene wird 1912 wiederaufgenommen. Auf dem Schloß Gandegg in Eppan bei Bozen formen sich die Anfangskapitel des Romans, der nun den Titel *Die Dame mit dem Hündchen* erhält. Auch dieses Datum ist kein Spiel des Zufalls. 1911 hatte Hofmannsthal *Ariadne auf Naxos* geschrieben, 1912 regte sich wieder *Silvia*; Notizen zu der Komödie *Der Schwierige* stammen aus diesem Jahr und parallel zu der Arbeit an der *Frau ohne Schatten* läuft die Beschäftigung mit dem *Andreas*-Roman, dessen Gehalt unter dem Eindruck des Kriegsgeschehens über die Darstellung eines privaten Schicksals hinauswächst.

Was von dem Roman ausgeführt vorliegt, etwa ein Viertel des geplanten Ganzen, wurde 1912 und 1913 niedergeschrieben. Es ist die Darstellung dessen, was dem jungen Wiener Bagatell-Adeligen Andreas von Ferschengelder auf der Reise von Wien nach Venedig und im Beginn seines venezianischen Aufenthaltes widerfuhr: das Abenteuer mit dem Bösewicht Gotthilff, die Begegnung mit dem Mädchen Romana auf dem Finazzer-Hof in einem Kärntner Bergtal und das geheimnisvolle Zusammentreffen mit einer weiblichen Doppelgestalt in Venedig. Welchen Fortgang der Roman hätte nehmen sollen, davon geben die Notizen aus dem Nachlaß nur ein ungefähres, aber selbst in der Unvollkommenheit erregendes Bild. Die Erlebnisse Andreas' in Venedig hätten den Hauptteil eines Geschehens bilden sollen, in dem *der in sich gespaltene Held – er ist maßlos, einerseits nach dem Sinnlichen, andererseits nach dem Idealen – zu sich selbst kommen sollte, indem er mit der Welt übereinkommt: Andreas' Lehrzeit: das Dasein des Höheren erkennen, den Gehalt des Lebens erkennen.* (E 222) Die *Begegnungen sind die geheimen Veranstaltungen des Lebens*: die Begegnung mit Maria/Mariquita, jener Dame und jener Cocotten, die nur *Spaltungen ein und derselben Person* (E 206) sind, und die Begegnung mit dem Malteser Sacramozo. In seinem *Buch der Freunde*, einer Sammlung von eigenen Aphorismen und Gedanken anderer, die 1922 als eine sublime Form der Selbstdarstellung im Insel-Verlag erschien, hatte sich Hofmannsthal notiert: *Jede neue bedeutende Bekanntschaft zerlegt uns und setzt uns neu zusammen. Ist sie von der größten Bedeutung, so machen wir eine Regeneration durch.* (A 27) Ähnlich meinte er von der Ehe, ihr Sinn sei *wechselseitige Auflösung und Palingenesie* (A 29). So fällt bei der Begegnung mit Andreas jene Unbekannte in Venedig auseinander in Maria und Mariquita: *... mit Maria zu sein, heißt dem feinsten und tiefsten Begriff des Individuums nachgehen... Ihr kommt es auf die Einheit, auf die Einzigkeit der Seele an... An Mariquita ist jedes körperliche Detail, was einzig und ewig scheint: das Knie, die Hüfte, das Lächeln... Sie glaubt nicht an die Unsterblichkeit der Seele.* (E 207) In ihnen verkörpert sich die Antinomie von Dauer und Wechsel, Treue und Untreue wie in Ariadne und Zerbinetta, die spirituelle Welt und die körperliche wie in der Kaiserin und in der Färbersfrau. *Indem Andreas in jeder... die andere aufs zarteste und reinste liebt* (E 229), vereinigt er beide, verwandelt er sie. Zu sich selbst gebracht durch den Malteser, erkennt Andreas aber, daß er zu Romana Finazzer gehört. Und so sollte im Schlußkapitel Andreas wieder aus Venedig flüchten, bergauf fahren zum Finazzer-Hof. Die Stadt, in der alles ineinanderfließt und in ständigem Wechsel keine Gestalt gewinnen kann, sollte er vertauschen mit dem Gebirge, dem ewig Unverrückbaren, den Augenblick hingeben für die Dauer, die Maske für das Sein – er sollte den Weg nehmen, den schon Tomaso und Cristina gegangen waren. Und ihm sollte sein, *als ob zwei Hälften seines Wesens, die auseinandergerissen waren, wieder in eins zusammengingen* (E 220).

Als Andreas von Romana schied, kreiste hoch über ihm ein Adler in der Abendluft. *Nicht in das Tier hinein zwang es ihn diesmal, nur des Tieres höchste Gewalt und Gabe fühlte er auch in seine Seele fließen... Er ahnte, daß ein Blick von hoch genug alle Getrennten vereinigt und daß die Einsamkeit nur eine Täuschung ist.* (E 162)

Die Kunst der Konfiguration, wieder wollte sie Hofmannsthal üben, um dem Triumph des Allomatischen eine neue Gestalt geben zu können. *Andreas oder Die Vereinigten*: in einer der Aufzeichnungen für die Fortsetzung des Romans heißt es: *... durch Sondern erst leben wir ... aber wie das Sondern ist auch das Vereinigen unerläßlich.* (E 215) Hier ist einzuhalten; denn die Notizen geben Möglichkeiten, lassen Gestalten ahnen, aber sie sind nicht Gestaltetes. Das Formgewordene zeugt für den Dichter. Das Fragment allein würde genügen, ihm einen Platz unter den großen deutschen Prosaisten zu sichern.

DAS ERREICHTE SOZIALE

Die der *vorwiegend lyrisch-subjektiven* folgende *zweite Epoche*, in welcher *der Anschluß an große Form gesucht* wird (A 369 f), weckt mit dem Wunsch, durch Gestalten die Bühne zur Welt werden zu lassen, das Verlangen, selbst ein Theater zu leiten.

Im Oktober 1903 fährt Hofmannsthal nach Berlin, wo die *Elektra* von Reinhardt uraufgeführt wird. Hier wurde der Plan besprochen, an vier Theatern – Berlin, Hamburg, München und Wien – gemeinsames Repertoire zu machen. Die Idee erfuhr manche Abwandlung. So sollte auch Salzburg einbezogen werden; dort wollte man Sommerspiele veranstalten. Im Dezember 1903 notiert sich Bahr: «Im neuen Theater mit Reinhardt, Holländer, Kahane. Klassisches Theater, ‹Romantisches Theater›, ‹Shakespeare-Spiele› für Salzburg durchgesprochen, bis wir uns auf Ibsen-Spiele ... einigen, aber für eine mittlere deutsche Stadt, zunächst Weimar.» Hier schon liegen die Anfänge der Salzburger Festspiele. Im Zusammenhang mit diesen Plänen sollte Hofmannsthal die Leitung des projektierten Weimarer Theaters übernehmen. 1904 schreibt dieser an Bahr: *Wenn ich einmal ein Theater habe, – ich werde Weimar bekommen, ich fühle jetzt, ich muß es bekommen – so werd ich mir von Wedekind ein Stück bestellen, ein unglaubliches ... Ich lese jetzt zwei Bücher untereinander ... das andere interessiert mich aber wegen seines Inhaltes und seines massenhaften Materials sehr. Es behandelt die Theaterdirektion Immermanns in Düsseldorf 1834–1838. Diesem Menschen muß ich in Weimar nachstreben, freilich mit welchem anderen, wunderbar bereicherten Material: Euripides und die drei Altersstücke von Ibsen, Calderon und Wedekind, Maeterlinck, «Hannele»...* (Br II 102 f) Hofmannsthals Wunsch erfüllte sich so wenig wie der Henry van de Veldes und seiner Freunde, daß der große Architekt des Jugendstils dieses Weimarer Theater bauen sollte.

Die Episode zeigt, wie eng sich Hofmannsthal dem Theater verbunden fühlte. Von hier führen die Fäden direkt zu dem Beginn seiner *eigentlichen Theaterschriftstellerei*. Hier knüpfen sich die Bande der freundschaftlichen, ein ganzes Leben währenden Zusammenarbeit mit Max Reinhardt.

In dem Brief an Max Pirker, der eine Schrift über Hofmannsthal als Theaterdichter plante, gab der Dichter eine *klare Übersicht und Einteilung der Epochen oder «Manieren»* seines Schaffens. Der lyrisch-subjektiven Epoche und der den Anschluß an die große Form suchenden schloß er eine dritte an, *worin die Erfüllung traditioneller theatralischer Forderung deutlich als Ziel hervortritt: seit 1907 etwa* (A 370). Von «theatralischer», nicht «dramatischer» Forderung spricht Hofmannsthal; denn... *er ist... Wiener und allmählich üben die Kräfte des Bodens ihre Wirkung, ziehen ihn zu den traditionellen Formen hinüber* (A 369).

Ohne daß es langen Suchens bedürfte, stößt man immer wieder auf Zeugnisse für dieses *halb naive, wenn man es böse ansieht,*

Um 1911

fürchterlich anmaßende, innerlichste Tendieren ... auf dies Ziel: aus sich ein ganzes Theater, ein ganzes Repertorium hervorzubringen. So liest man in einem der Briefe an Rudolf Pannwitz, aus denen auch diese Zitate stammen: *Ich weiß, daß alles was ich auf dem Gebiet des Theaters tue, von den confusen Deutschen ganz besonders verkannt und verzerrt wird. Hier aber bin ich vielleicht stark durch mein Österreichertum, daß ich ein wirkliches Theater, so volkstümliches wie höheres, in der Kinderzeit gekannt, genossen und verstanden habe.* Im August 1917: *... damit ich dies sage: ... für die nächste Phase ist es die Komödie, in der ich mich geben und finden muß, in ihr kann ich meine Elemente zusammenfassen: das Einsame und das Sociale. Das Mystische und das Dialektische, Sprache nach innen und Sprache nach außen. Der «Abenteurer» und der «Rosenkavalier» (eine leichtsinnige Improvisation) deuten in diese Richtung, «Cristinas Heimreise» ist der erste zum Teil mißlungene Versuch ...* (Mesa 1955 29, 39, 26 f)

Solche Äußerungen weisen auf die dritte Epoche, die etwas völlig Anderes, Neues bringt. Hofmannsthal wird zum Dichter der Opernlibretti für Richard Strauss. Das zweite gemeinsame Werk ist der *Rosenkavalier*, eine *Komödie für Musik*. Hier vermischt sich die Gattung des Librettos mit einer anderen, der Hofmannsthal sich seit 1907 intensiv zu bemächtigen sucht: mit dem Lustspiel, der Komödie. Die Bemühungen um die Komödie hat Hofmannsthal nie mehr aufgegeben. Neben die Reihe der geistlichen Spiele, neben die der *romantischen Dramen* und die der Operndichtungen wollte er die Reihe der Lustspiele stellen. Im Frühjahr 1926 sagt er in einem Interview für die «Literarische Welt»: *Dann verfolge ich seit vielen Jahren, seit 1907, den Typus eines meiner Art und meiner Epoche angemessenen Lustspiels. Ich arbeite eigentlich unablässig daran. Die Linie ist ungefähr diese: «Silvia im ‹Stern›», «Cristinas Heimreise», «Der Rosenkavalier», «Der Schwierige».* (Lit. Welt, 26. 2. 1926)

Mit der neuen Gattung entwickelt sich eine neue Sprache. So oft der Dichter von den neuen heiteren Stücken spricht, so oft betont er, daß alles in Prosa geschrieben werde. Sogar einem seiner Versdramen, der *Hochzeit der Sobeide*, will er die Prosaform geben. *Ich bin sehr im Übergang und meinen frühen Sachen so sehr entfremdet, daß ich neulich einmal in einer schlaflosen Nacht ... eine Hochzeit der Sobeide concipierte, das ganze Stück nochmals, Scene für Scene, in Prosa, als interessierte mich nur der Stoff und die existierende Form wäre von einem fremden Menschen. Tatsächlich ist's ja ein fremder Mensch, der's gemacht hat.* So heißt es in einem Brief an Carossa vom Januar 1908 (NR 1960 385). Mit der Prosa hofft der Dichter, *den gespenstischen Zusammenhang der Worte* nicht mehr *über die naive Redekraft der Menschen* siegen, *die Gestalten nicht mehr in Scheingefühlen reden zu lassen* (P I 266). Den metaphorischen Reichtum nicht mehr so wuchern zu lassen wie in den früheren Stükken, wird dem von Sprachskepsis Ergriffenen zur Notwendigkeit. *Worte sind schamlos*, sagt Silvia. Schließlich erlaubt die Prosa dem

Dichter, seinen Gestalten individuellere Konturen zu geben, den Reichtum des Lebens – eben das *Soziale* – auch in den mannigfachen Möglichkeiten der Sprache zu spiegeln. Nicht ohne tiefere Einsicht ließ Hofmannsthal schon im *Weißen Fächer* die lebenserfahrene Großmutter eine schlichte Prosa sprechen, legte er der Alten im *Prolog für ein Puppentheater* einen Dialekt in den Mund.

1907 erlebt Hofmannsthal *eine von den jähen, doch sehr schönen Zeiten, die alle paar Jahre einmal kommen,* Monate *einer wahren fieberhaften Heftigkeit des Arbeiten-müssens, einer fast quälenden Lust, sowohl zu schreiben, als Künftiges zu notieren* (Br II 284). Die Arbeit am *Jedermann* tritt in den – wie er meint – entscheidungsvollsten Moment. Die Wege und die Begegnungen deuten das Thema an, das Hofmannsthal nicht mehr loslassen wird und das dann in dem zauberhaften Prosastück *Erinnerung schöner Tage* auf einen der sich in diesen Jahren kristallisierenden Lustspielstoffe vorausweist, auf die Casanova-Komödie *Cristinas Heimreise*: *So muß es sein. Kommen und Gehen. Fremd und daheim. Wiederkommen. Zuweilen kam Zeus wieder zu Alkmene. Auf Verwandlungen geht unsere tiefste Lust.* (P II 405) Das Hauptgeschäft aber gilt der ersten *Charakterkomödie oder so etwas ähnlichem in Prosa: Silvia im «Stern».* Im Frühjahr hatte sich Hofmannsthal notiert: *Lese jetzt (aufmerksam gemacht durch Harry Kessler) das Leben der Julie de l'Espinasse und ihre Briefe. Merkwürdige Situation ihrer ersten Jugend. Sie war die illegitime ... Tochter einer Gräfin d'Albon. Der Vater, Graf de Vichy, heiratete später die Tochter der Gräfin d'Albon, also Juliens Schwester.* (A 158) Die aus ihren Liebesbriefen an den Grafen Guibert und aus Ségurs Biographie lebendig werdende Gestalt der Freundin d'Alemberts und Condorcets verschmolz in Hofmannsthals Phantasie mit der Heldin der «Histoire de Monsieur des Frans et de Sylvie» des französischen Literaten De Challes zu einem jener Geschöpfe, die unverwechselbar des Dichters Eigentum sind. Doch die Masse dessen, was Hofmannsthal an Empfangenem neu in sich zu organisieren strebte, war zu groß. Fünfundzwanzig literarische Quellen sind aus den Aufzeichnungen zu *Silvia im «Stern»* nachzuweisen. Nach jahrelangem Bemühen mußte Hofmannsthal das Stück, *worin es sich um Schein und Sein, um Kabale und Liebe, um Tratsch und Seele handeln sollte* (Br II 289), beiseite legen. Es gelang nicht, die *Idee des Ganzen* zu verwirklichen: *Alle treiben eine höchst ideale Kuppelei, die Natur zuerst und die Menschen als ihre Werkzeuge: nämlich einander die Liebenden zuzuführen in ihrer schönsten Verklärung – ihr Gewand ihnen abzustreifen ... die Schamhaftigkeit der Natur bedarf der äußersten Umwege, denn sie hat sich edle Geschöpfe ausgewählt deren Dialektik innerlich ist und deren Sittlichkeit jedem Ding seinen Weg anweist.* (Stern 113) Hofmannsthal sah das Verhältnis des Konzipierten zu den Vorlagen so: *Ich finde es* (das Stück) *ist wie von Nestroy, wenn er Schnitzler gelesen hätte und Goldoni kopieren wollen hätte.* (Schn Br 230) Hier wird scherzhaft bestätigt, was Borchardt 1930 zu dem Thema «Einwirkungen» geschrieben hat: «Was Lektüre zu ihr [der Bildungswelt Hofmannsthals] beigetragen hat, läßt sich entfernt bestimmen und für das Verständnis verwerten, wenn man nur im Auge behält, daß es sich nicht um ‹Quellen› und ‹Einflüsse› handelt, nach dem schablonenhaften Urteilsgebrauche der Schulen, sondern um den organischen Trieb geistreicher Naturen, aus ihrem unaufhörlich Aufgenommenen nur das an sich zu ziehen was ihre originale Tendenz verstärkt.»

Neuhaus – casa nova – ist der Familienname Silviens, Casanova der Held der zweiten Komödie, die neben *Silvia im «Stern»* begonnen wurde und dieser den Rang streitig machte. *Jetzt hab ich meine Comödie und noch eine andere Comödie und eine völlige ziemlich sonderbare Umgestaltung der alten «Sobeide» ... In zehn Tagen geh ich nach Griechenland ... Ich hoffe – wenn der Teufel nicht dazwischen kommt – an den Vormittagen in Athen die eine oder die andere Comödie zu arbeiten.* (NR 1960 389) Nicht nur in diesem Brief an Carossa vom April 1908 werden beide Komödien in einem Atemzuge genannt.

Das ewige Zueinanderfinden, das Sich-trennen und Wiederzusammenkommen ist die Idee von «Cristinas Heimreise». Für Florindo ist die Begegnung mit Cristina nur eine Zufälligkeit; der Kapitän, der das Mädchen schließlich heiratet, empfindet diese Begegnung als etwas Höheres. Er hebt sie aus dem Alltag heraus ins Größere, Bleibende. So äußert sich Hofmannsthal 1926 über das Stück, das er eine *höhere Komödie* nennen wollte und das doch nur *ein zum Teil mißlungener Versuch* blieb.

Josef Kainz, dem Hofmannsthal schon 1910 Verse zum Gedächtnis nachrufen mußte, gab auf dem Semmering im Frühjahr 1907 den Anstoß zur Dramatisierung von Casanovas Cristina-Episode. Drei Jahre später – im Februar 1910 – wurde das Stück von Reinhardt in Berlin aufgeführt. Die Arbeit war mühevoll. Der Plan eines Opern-Librettos mußte schon Ende 1908 aufgegeben werden, auch wenn Hofmannsthal dem Komponisten und sich selbst noch Hoffnungen macht: *Es ist in Prosa, ist meilenweit vom «Abenteurer», enthält keine Zeile Reflexion, kaum ein poetisches Bild, ein Gleichnis, ist ganz Handlung, Fortgang, Pantomime, lebendiges Theaterspiel und ähnelt weit mehr dem «Barbier von Sevilla», mit dem es hoffentlich auch die Eigenschaften gemein haben wird, zuerst ein gutes Lustspiel und dann eine gute Oper abzugeben.* (Str Br 43 f) Die restlose Anverwandlung des vorgegebenen Stoffes gelang nicht, das Heitere, Freche, Lebendige ließ sich mit dem ernsten Kern nicht verbinden. Venedig und Capodiponte, die lustgeborene Stadt und das Dorf im unberührten Gebirge bleiben Gegensätze, Oberfläche und Tiefe sind nicht vereinigt, *das eigentlich Seelenhafte ... das Bekenntnishafte*, das Hofmannsthal unter der Ironie der Gestaltung verbergen wollte, durchbricht die Hülle. *Cristinas Heimreise* bleibt eine *kleine Etappe in der Entwicklung, im Lernen, dem ewigen Lernen des Metier* (Br II 349).

Trotz allem: der sich als Lernender Bezeichnende ist schon Meister.

Bühnenbild des 1. Aktes von «Cristinas Heimreise». Von Ernst Stern

Der 1909 veröffentlichte ursprüngliche Beginn der Komödie gibt den Beweis. Hofmannsthal hat diesem dialogischen Kabinettstück später den Titel *Florindo und die Unbekannte* gegeben und es 1921 wieder mit dem einstigen zweiten Teil des ersten Aktes zu dem Einakter *Florindo* verschmolzen.

Ich mache eigentlich sozusagen drei Stücke gleichzeitig. In allen dreien handelt es sich um die Ehe, um das Glück der Ehe. Manchmal amüsiert mich diese dreifache Strahlenbrechung in einer Weise, die etwas von Zauberei hat. (HvN Br 71) Silvia im «Stern» – überreichlich beladen – blieb liebenswerter Torso; *Cristinas Heimreise* wurde beendet, nicht vollendet; das dritte Stück, von dem Hofmannsthal Helene von Nostitz im Sommer 1908 spricht, sollte damals über Notizen und Ideen auch nicht hinauskommen. Fast zehn Jahre später erst war die Zeit reif für diese, Hofmannsthals vollendetste Komödie: *Der Schwierige*. Ein Jahr später – im Herbst 1909 – notiert er sich erstes zu einer Komödie *Lucidor*; er fixiert den Stoff in einer reizvollen Erzählung und in einem Szenarium. Aber auch hier: erst am Ende von Hofmannsthals Leben wurden aus den *Figuren zu einer ungeschriebenen Komödie* die lebendigen Gestalten der *Arabella*. Keine andere Arbeit hatte ihn so stark an ein früheres gemeinsames Werk erinnert: *das Ganze habe einen Hauch vom Rosenkavalier in sich*, meint er in einem Brief an Strauss.

Der Rosenkavalier war der fünfte Komödienstoff, der Hofmannsthal zwischen 1907 und 1910 zufloß. Es war der erste, der erfolgreich abgeschlossen wurde, mit dem sich die Hoffnungen auf einen *jahrzehntelangen B e s t a n d des Werkes* (Str Br 87) erfüllten.

Wie diese Spieloper entstand, hat Hofmannsthal später beschrieben: *Gesellig wie das Werk selbst war seine Entstehung. Das Szenarium ist wahrhaft im Gespräch entstanden, im Gespräch mit dem Freund, dem das Buch zugeeignet ist ... dem Grafen Harry Kessler. Die Gestalten waren da und agierten vor uns, noch ehe wir Namen für sie hatten: der Buffo, der Alte, die Junge, die Dame, der «Cherubin». Es waren Typen, die zu individualisieren der ausführenden Feder vorbehalten blieb. Aus dem ewig typischen Verhältnis der Figuren zueinander entsprang die Handlung, fast ohne daß man wußte, wie ... Der Ort dieser produktiven Gespräche war Weimar;*

ich fuhr nach Berlin, ohne eine Notiz als das Personenverzeichnis auf die Rückseite einer Tischkarte gekritzelt, aber mit einer erzählbaren Handlung im Kopf. Die Wirkung dieser Erzählung auf Strauss ist mir erinnerlich, als wäre es gestern gewesen. Sein Zuhören war ein wahrhaft produktives. (P IV 427) Dies war im Februar 1909. Anfang Mai schon hat Strauss den ersten Akt in den Händen. Ein Jahr später ist die Spieloper beendet.

Mit dem *Rosenkavalier* gelingt es Hofmannsthal zum erstenmal, Ernst und Scherz, Geistiges und Sinnliches in einer Komödie nahezu bruchlos zu verbinden. Das Erbe österreichischer, wienerischer Tradition – Intrigenstück, Verkleidungskomödie und parodistische Zauberposse – nutzend, fand der Dichter mit dieser *Komödie für Musik* den Schlüssel zum Theater.

Die Kunst der Konfiguration: hier beherrscht sie Hofmannsthal zum erstenmal in der glücklichsten Weise. In dem *Ungeschriebenen Nachwort zum «Rosenkavalier»* hat er es expliziert: *Die Marschallin ist nicht für sich da, und nicht der Ochs. Sie stehen gegeneinander und gehören doch zueinander, der Knabe Oktavian ist dazwischen und verbindet sie. Sophie steht gegen die Marschallin, das Mädchen gegen die Frau, und wieder tritt Oktavian dazwischen und trennt sie und hält sie zusammen ... einer braucht den andern, nicht nur auf dieser Welt, sondern ... auch im metaphysischen Sinn. Oktavian zieht Sophie zu sich herüber – aber zieht er sie wirklich zu sich und auf immer? ... So stehen Gruppen gegen Gruppen, die Verbundenen sind getrennt, die Getrennten verbunden. Sie gehören alle zueinander, und was das Beste ist, liegt zwischen ihnen: es ist augenblicklich und ewig ...* (P III 43 f) – Zusammengehalten wird die halb imaginäre, halb reale Welt des theresianischen Wien mit ihrem Gewimmel der Figuren durch eine ebenso imaginäre wie reale Sprache, durch einen Dialekt und durch Sprechweisen, die in keinem Buche stehen und doch wirklich sind, durch ein Volapük des 18. Jahrhunderts.

In der Konstellation der Gestalten und hinter einer Handlung, die *das non plus ultra an Einfachheit ist* (... *ein dicker, älterer, anmaßender Freier, vom Vater begünstigt, wird von einem hübschen jungen ausgestochen* ...) (Str Br 60), ist das Thema variiert, das Hofmannsthal in den anderen Stücken schon angeschlagen hatte; wieder geht es um Ehe, Treue und Untreue, um das *Liebhaben in der rechten Weis'* (L I 432), um Zeit und Ewigkeit, um *die Eintracht des Lebendigen* (P III 45). Keine Gestalt weiß mehr um diese geheimen Dinge als die Marschallin. Sie spürt *die Schwäche von allem Zeitlichen*, weiß von Wandel und Beharren, von Halten und Lassen. Entsagung und Trauer verknüpfen sie mit Ariadne; denn auch in *Ariadne auf Naxos* handelt es sich – wie später in der *Frau ohne Schatten* – um Läuterung, um eine Goethesche Atmosphäre (Str Br 170).

Als der Dank des Komponisten für das Libretto *Ariadne auf Naxos* etwas kühl ausfällt, meint Hofmannsthal, die Idee der zunächst als Zwischenarbeit angesehenen Dichtung nochmals aussprechen zu müssen: *Es handelt sich um ein simples und ungeheures Lebenspro-*

Nach der Aufführung des «Rosenkavaliers»: Stehend, in der Mitte: Max Reinhardt, Hofmannsthal und Alfred Roller. Sitzend, Mitte: Richard Strauss

blem: das der Treue. An dem Verlorenen festhalten, ewig beharren, bis an den Tod – oder aber l e b e n, weiterleben, hinwegkommen, s i c h v e r w a n d e l n ... und dennoch in der Verwandlung sich bewahren... So steht hier die Gruppe der Heroen, Halbgötter, Götter – Ariadne – Bacchus – (Theseus) – gegen die menschliche, nichts als menschliche Gruppe der leichtfertigen Zerbinetta und ihrer Begleiter... Zerbinetta ist in ihrem Element, wenn sie von einem zum andern taumelt, Ariadne konnte nur e i n e s Mannes Gattin oder Geliebte... sein. Eines freilich bleibt übrig, auch für sie: das Wunder, der Gott. Sie gibt sich ihm, denn sie nimmt ihn für den Tod: er ist Tod und Leben zugleich ... Was aber ein wirkliches Wunder ist für göttliche Seelen, für die irdische Seele der Zerbinetta ist es das a l l t ä g l i c h e. Sie sieht in dem Erlebnis der Ariadne das, was s i e eben *darin zu sehen vermag: der Tausch eines neuen Liebhabers für einen alten. So sind die beiden Seelenwelten in dem Schluß ironisch verbunden, wie sie eben verbunden sein können: durch das Nichtverstehen. Bacchus aber ist in dies monologische Abenteuer der einsamen Seele Ariadne nicht als ein deus ex machina eingestellt – sondern auch er erlebt das bedeutsame Erlebnis ...* (Str Br 134 f)

Verwandlung, *das eigentliche Geheimnis der Liebe* (P III 139), ist der bestimmende Gedanke in *Ariadne auf Naxos*, und zum erstenmal erstrebt der Dichter die *allomatische Lösung* (A 218 und 222), die wechselseitige Bezauberung und Verwandlung durch die Liebe, jene Lösung, die er auch im *Andreas*-Roman versuchen wollte und die er in der *Frau ohne Schatten* zur Vollendung führte. *Wie wunder-, wunderbar verwandelst du!* singt Ariadne. Und Bacchus antwortet: *Ich bin ein anderer, als ich war!* (L III 64)

Was Hofmannsthal als eine *kleine spielerische Sache* ansah, sollte eine der ihm wertesten Schöpfungen werden. Dies macht nicht nur das *seelische Gewebe,* sondern auch die erstmals erprobte neue Stilform.

Für *Cristinas Heimreise* erbat sich Hofmannsthal von Schröder ein Ballett. Es sollte als Maskenspiel im Spiel die *leichte spielerische Annäherung an den Zeitcharakter* vollziehen, die notwendige *leichte Schminke von Rokoko* auftragen; denn Hofmannsthal verstand seine Komödie nicht als eine Art Maskenkomödie, sondern als ein *Gewebe ganz moderner Wesen* (Br II 347). In *Cristinas Heimreise* wäre das Spiel im Spiel ein theatralisches Mittel unter anderen gewesen, in der Oper *Ariadne auf Naxos* wird es Kompositionsprinzip. Dem neubearbeiteten, auf zwei Akte zusammengezogenen «Bourgeois Gentilhomme» des Molière wird ein opernartiges Divertissement beigegeben: *Ariadne auf Naxos* wird Spiel im Spiel, aufgeführt vor Jourdain, Dorimene und Dorantes. Die Verquickung geht noch tiefer: das Divertissement selbst ist eine *geistreiche Paraphrase des alten heroischen Stils, durchflochten mit dem Buffo-Stil* (Str Br 118), ein Destillat aus mythologischer Oper – Gluck, Lully, Mozart – und italienischer Maskenkomödie, angelegt auf Kontraste *und über den Kontrasten auf Harmonie des Ganzen* (Str Br 130). So ist *diese Oper mit ihrer raffinierten Stilmischung, ihrem unter Spiel versteckten tiefen Sinn, ihrer Einrahmung in den Molière, welche wieder als symbolisch gedacht ist (Jourdain = das Publikum), eines der allerheikelsten Gebilde, der aller-inkommensurabelsten* (Str Br 149). In den Versen der *Ariadne* schließlich kündigt sich ein neuer lyrischer Ton an. Die Lieder des Harlekin, der Zerbinetta und des Bacchus sind für Hofmannsthal Gedichte, und so hofft er, daß eines Tages wieder Gedichte, wenn auch ganz andere als einst, entstehen. An Borchardt schreibt er 1912: *Mir ist als würde ich wieder im Lyrischen produktiver werden und als sei «Ariadne» ein Zwischenglied hiezu, eine unbewußt mir hergestellte Brücke.* (RB Br E 24)

So reicht von *Ariadne auf Naxos* der Bogen zurück zum Frühwerk der lyrischen Dramen, dem der Dichter, als er 1922 die Ausgabe seiner Werke zusammenstellte, auch diese Oper zugesellte. Als poetisiertes Lustspiel vollendet sie den *Abenteurer*, an dessen Schluß Vittoria das Lied der Ariadne singt. – Das Wunder der *allomatischen* Verwandlung wird Hofmannsthal im *Schwierigen*, in der *Ägyptischen Helena* und schließlich in der *Arabella* weiterführen. – Der Molièresche Rahmen weist auf die andauernde Beschäftigung mit dem Komödien-Dichter. «Die Heirat wider Willen» hatte Hofmannsthal 1910 übersetzt. Das Ergebnis erneuter Lektüre, die sich in vielen Tagebuchnotizen niederschlägt, ist 1916 die einaktige Komödie *Die Lästigen. Nach dem Molière* heißt es, doch von der comédie ballet «Les Fâcheux» ist nur noch die Grundidee erhalten: ... *im Vertrauen: Reinhardt spielte die letzten 6 Wochen allabendlich einen Molière, die «Lästigen», wovon außer dem Titel keine Zeile von Molière war, sondern jedes Wort vom ersten bis zum letzten von Ihrem ergebenen Librettisten, ohne daß die Kritik «Mau» sagte.* (Str Br 346)

Die Verknüpfung von *Ariadne* und *Bürger als Edelmann* erwies sich theatralisch als Mesalliance. 1913 ersetzte Hofmannsthal die Prosakomödie durch ein neues Vorspiel. Den *Bürger als Edelmann* aber bearbeitet er 1917 noch einmal mit der Absicht, *Charakterkomödie und Liebesintrigue, welche bei Molière so unverbunden und ohne jede Spannung nebeneinander herlaufen, zu einem einigermaßen spannenden Ganzen zu verknüpfen* (Str Br 379).

Im Juli 1916 ist Hofmannsthal dienstlich in Warschau. Unter den beklemmenden Eindrücken dieser Reise – der Sphinx-Charakter Kongreßpolens ließ sich angesichts der Unabhängigkeitsbestrebungen und der russischen Brussilow-Offensive nicht mehr lange aufrechterhalten – schreibt er an Bodenhausen: *Das Ganze ist schwer für alle, die es durchleben müssen – und ich bin ein Dichter, organisiert den zarten Zusammenhang des Daseins zu hören, mich zu freuen, andere zur Freude zu führen ... Wäre nicht diese zentnerschwere Last, würde ich Comödien schreiben. Vielleicht werde ich sie nachher schreiben.* (EvB Br 219) Und wieder an Bodenhausen schreibt er im September 1916: *Das individuell Schwierige für mich ist, daß diese ungeheure, alles aufhebende Weltepoche zusammenfällt mit der größten Krisis meines dichterischen Lebens.* (EvB Br 220) Die intensive Molière-Lektüre fällt in diese Zeit. Es bleibt nicht dabei. Regnard wird studiert und Lessing; 1918 werden die Werke Calderóns systematisch gelesen. Zweierlei drängte Hofmannsthal zu der planvoll erscheinenden Lektüre. – In den Aufzeichnungen stößt man immer wieder auf Wendungen wie diese: *Was ein Moderner anstreben und gewinnen könnte, wenn er Molière studiert* ... oder: *Was man von Molière lernen kann* ... (A 185 und 186) Lernen des Metiers – das ist das eine. Das andere bezeichnet eine Notiz vom Juli 1916: *Ich bin allein und beginne Verschiedenes auf eigene Hand, das eigentlich durch Übereinstimmung aller in einer Generation unternommen werden sollte: das Repertorium der deutschen Bühne neu wiederaufzubauen* ... (A 178)

Daß seine Arbeiten für die Bühne nie unter diesem Aspekt betrachtet wurden, gab mehrmals Anlaß zur Klage. In dem Brief an Rudolf Pannwitz vom Dezember 1919 wird sie zur Anklage: *Aber es will niemand zusammen sehn, was ich gemacht habe ... daß man für die Bühne arbeite, damit etwas Schönes auf der Bühne da sei, statt daß die Leute mit Fabriksware ihre Augen und Ohren erniedrigen – ein solches einfaches Motiv geht dem Deutschen gar nicht ein ... Auch in meiner frühen, etwa der zweiten Periode meiner Production, war für Bearbeitungen wie «Das gerettete Venedig», für Transcriptionen wie «Alkestis» und «Elektra» der Gedanke maßgebend: das Repertorium zu erweitern ...* (Mesa 1955 40)

Vieles, kaum beachtet, von Hofmannsthal selbst oft nur als Nebenprodukt angesehen, erhält von diesen Bestrebungen her seinen Rang im Gesamtwerk. 1910 entstanden die Ballette *Amor und Psyche* und *Das fremde Mädchen* für eine junge Wiener Tänzerin, die Hofmannsthal 1907 auf eigene Faust für einen Tanz am Schluß der von Reinhardt inszenierten «Lysistrata» gewonnen hatte: für Grete Wiesenthal. Daß Hofmannsthal *Das fremde Mädchen* 1913 auch als Szenarium für einen dann in Schweden gedrehten Film schrieb, zeigt, wie sehr das neuerwachte Interesse an der Pantomime und die künstlerische Entwicklung des Stummfilms zusammenhängen und wie vorurteilslos Hofmannsthal – wie damals schon Gerhart Hauptmann und Karl Vollmoeller – dem eben erst gesellschaftsfähig werden-

Grete Wiesenthal

den Kino gegenüberstand. 1926 läßt er auch den *Rosenkavalier* als Film im Dresdner Opernhaus aufführen. Das Drehbuch entstand 1923: ... *ich mache das Filmbuch für den «Rosenkavalier». Ein Film ist die Auflösung eines dramatischen Vorwurfes in einen Roman; ich muß fast gestehen, daß dieser Roman in Bildern mich anzufertigen amüsiert. Es ist lustig, den Ochs durch nieder-österreichische Meierhöfe zu begleiten und mit der Marschallin auf der Terrasse eines von Fischer von Erlach gebauten Schlosses zu stehen, das über die March hinschaut.* (CJB Br 124 f)

Eine Märchendichtung *Die Biene* entwarf Hofmannsthal zusammen mit Grete Wiesenthal, für die auch ein *Taugenichts*-Ballett gedacht war. Die *Josephslegende* schrieb er 1912/13 gemeinsam mit Graf Kessler für Diaghilews russische Truppe. Im Kriege arbeitete er die Tanzspiele *Die grüne Flöte*, *Die Schäferinnen* und *Prima Ballerina*. Vieles andere blieb Plan, kam über Entwürfe nicht hinaus und wurde nicht einmal dem Namen nach bekannt. *Sie wissen gar nicht was ich arbeite... Schon Reinhardt, wenn er darüber sprechen dürfte, würde Sie erstaunen durch Aufzählung von Plänen, fertigen Akten etc., die er kennt. Nur «publizieren» interessiert mich immer weniger und weniger.* (Str Br 346)

Erweiterung des Repertoires: Calderóns Komödie «Dame Kobold» wird als erstes Stück einer geplanten Reihe von Calderón-Übertragungen für das Burgtheater bearbeitet. Neben Molière und Calderón treten auch wieder die nie aus den Augen gelassenen Welten des Wiener Volkstheaters und der Maskenkomödie. Hofmannsthal beginnt mit einer freien Transkription von Raimunds Zauberspiel «Der Diamant des Geisterkönigs». Diese *Phantasie über ein Raimundsches Thema – Der Stoff geht ins ganz Große, Faustische, in Wienerischem Gewand* (Mesa 1955 28 f) – bleibt unvollendet, und beim Gedanken bleibt es, Goldonis Lustspiel «Der Impresario von Smyrna» durch eine Neufassung der Bühne zurückzugewinnen.

Was Hofmannsthal 1916 als Stockung in der dichterischen Produktivität erscheinen mochte, erweist sich als verdeckter Wachstumsprozeß. 1918 liest Bahr: *Nie in meinem ganzen Leben hat das produktive Element diesen Raum eingenommen... meine bürgerliche Lebensführung so erschwert und gewissermaßen ironisiert wie in diesen Jahren seit 1916. Das, was nach oben will, sind Massen, die ich natürlich seit weit längerer Zeit in mir trage.* Unter dem, was ihn *manchmal als reine Freude... manchmal als Forderung, ja Alpdruck* beschäftigt, sind vier Komödienstoffe: *Der Schwierige, ein österreichisches Gesellschaftslustspiel; seit 1908; im vorigen Sommer vollendet bis auf Kleinigkeiten im letzten Akt. Silvia im Stern... Herr von Heintl, als der Emporkömmling, ein österreichischer Bourgeois-Gentilhomme, dreiaktig; ein genaues Szenar fertig seit 1916. – Lucidor, eine zarte, fast romantische Komödie... neuerdings wieder aufgenommen...* (NR 1930 517 f) 1919 ruft er sich und den Freunden ein Wort von Novalis ins Gedächtnis, das er lange vor dem Krieg in den Fragmenten gelesen hatte: «Das Schauspiel ist bei dem

*Szenenbild aus der Dresdner Uraufführung der Oper «Der Rosenkavalier»,
1911*

höchsten Leben eines Volks am rechten Orte, so wie das Lustspiel beim schwachen Leben desselben.» *Nach einem unglücklichen Krieg müssen Komödien geschrieben werden,* heißt es nun bei Hofmannsthal (P IV 40), dessen Idee von der Komödie ohne Novalis nicht zu denken ist.

Die äußere Misere in den Nachkriegsjahren ist groß. Nahrungsmittel sind knapp. Wie alle anderen freut sich Hofmannsthal über ein paar Kartoffeln, die eine Freundin ins Haus schickt. Die Zimmer können nicht mehr geheizt werden. *Also es nützt nichts, sich peinliche Dinge zu verschleiern. Die Bettelhaftigkeit unserer Situation, die einen Menschen in k l e i n e n Verhältnissen wie ich zum absoluten Bettler reduciert, wird nicht schnell schwinden.* (CJB Br 10) Die Krone sinkt immer tiefer. Er muß Gemälde verkaufen, um etwas Freiheit zurückzugewinnen. Und dann das andere: der Zusammenbruch, der den Wahlspruch Kaiser Friedrichs III. A.E.I.O.U. nun auch in dem Sinn des «Austria erit in orbe ultima» in den Bereich des Historischen zu verbannen drohte. *Wir können kaum noch ahnen, wie tief diese Krise in alles Geistige eingegriffen, fast Alles als Illusion enthüllt hat.* (CJB Br 16) Von diesem Jahre 1919 kann er nach überstandener Krankheit schreiben, es sei eines der glücklichsten Jahre seines Lebens geworden. *... es ist eine Productivität über mich gekommen wie ich sie viele Jahre – es waren halt zu schwere Jahre – nicht gekannt habe, es sind Arbeiten fertig geworden, andere in mir aufgewacht, noch andere stark vorwärts gekommen.* (Schn Br 284)

Eine der fertig gewordenen Arbeiten ist das Lustspiel *Der Schwierige*. Als einziges von allen Stücken Hofmannsthals spielt es in der Gegenwart; es setzt den Krieg voraus. Und doch ist es der Gegenwart auch wieder entrückt, da sein Substrat *eine in der Realität gar nicht mehr vorhandene Aristokratie* ist (Mesa 1955 23). Das Wirkliche ist zugleich unwirklich, so daß eine Figur des Spiels, der norddeutsche Baron Neuhoff, mit Recht sagen kann: *Das Leben – und diese Menschen! Alle diese Menschen, die Ihnen hier begegnen, existieren ja in Wirklichkeit gar nicht mehr. Das sind ja alles nur mehr Schatten. Niemand der sich in diesen Salons bewegt, gehört zu der wirklichen Welt, in der die geistigen Krisen des Jahrhunderts sich entscheiden.* (L II 355) Der Held des Lustspiels, Hans Karl Graf Bühl, *ist ein Mann, bei dem die Natur, die Wahrheit alles erreicht und die Absicht nichts* (L II 308). So hatte Hofmannsthal auch den Titel *Der Mann ohne Absicht* erwogen. Nichts auf der Welt interessiert Hans Karl mehr, *als wie man von einer Sache zur andern kommt* (L II 299). Gerade *das ist der dialektisch ungelöste Kern seines Nachdenkens: Wie eines aus dem andern wird, wie man eines aufhören und das andere anfangen kann, wie man frei ist zur Tat und dadurch sich selbst umzuschaffen.* (Wirkendes Wort VIII, 1957/58 119) Ihm, der die Freiheit zur Tat verloren hat, weil er die Relativität des Seienden erkannte, wird von der Gesellschaft eben die Aufgabe zuteil, zu handeln: eine brüchig gewordene Konventionsehe zu flicken, den Neffen mit der ihm, Hans Karl, bestimmten Frau zu verheiraten. So kommt es zu *diesen odiosen Konfusionen ... denen sich ein Mensch aussetzt, der sich unter die Leut mischt* (L II 446). Der tiefere Grund für die chronischen Mißverständnisse liegt im Sprechen. Hans Karl weiß, *daß es unmöglich ist, den Mund aufzumachen, ohne die heillosesten Konfusionen anzurichten* (L II 455), und ist davon überzeugt, daß Sprechen indezent ist und Reden auf Selbstüberschätzung beruht. Helene Altenwyl, die von Anfang an dem Schwierigen bestimmte Frau, teilt die Skepsis gegenüber den Worten, wenn sie Neuhoff sagt: *Wir haben alle Ursache, wir jüngeren Menschen, wenn uns vor etwas auf der Welt grausen muß, so davor: daß es etwas gibt wie Konversation; Worte, die alles Wirkliche verflachen und im Geschwätz beruhigen.* (L II 339) Und doch wird konversiert, viel gesprochen und schließlich auch alles durchs Wort richtiggestellt.

Hofmannsthal hat das Entscheidende über sein Lustspiel einem Brief an Anton Wildgans anvertraut: *Sie werden finden, daß ich*

*darin das eigentlich Seelenhafte, das persönlich Metaphysische...
ebenso wie in der «Cristina» versteckt habe unter der Ironie der Gestaltung, ja hier sogar unter der doppelten Ironie, der Gestaltung im sozialen, geformten Element. Und doch ist dieser individuellmetaphysische Kern sehr stark, und mir ist manchmal Angst gewesen, er durchbräche mir die Hülle. Es ist das Problem, das mich oft gequält und beängstigt hat (schon im «Tor und Tod», am stärksten in dem «Brief des Lord Chandos», den Sie vielleicht kennen,) – wie kommt das einsame Individuum dazu, sich durch die Sprache mit der Gesellschaft zu verknüpfen, ja durch sie... rettungslos mit ihr verknüpft zu sein? – Und weiterhin: wie kann der Sprechende noch handeln – da ja ein Sprechen schon Erkenntnis, also Aufhebung des Handelns ist...* (AW Br 31)

Ein *österreichisches Gesellschaftslustspiel* hat der Dichter den *Schwierigen* genannt. Nur dem österreichischen Wesen und der Wiener Adelswelt konnten diese Charaktere, diese Sprache, dieses *rein soziale Milieu*, diese heitere Geselligkeit also entwachsen. Die schönste Blüte dieser alten Gesellschaft schuf Hofmannsthal in Helene Altenwyl und Hans Karl Bühl. Artigkeit und Anmut, *Gehalt ohne Prätention, Vornehmheit gemildert durch eine unendliche Grazie* (L II 312), Gesittung: das ist ihre Menschlichkeit. Sie wird den Untergang dieser Gesellschaft, die den Reichtum der sozialen Typen des Ancien régime bis an die Schwelle des 20. Jahrhunderts durchgetragen hatte, überdauern. Ihr wird auch das in dem Diener Vinzenz verkörperte «Neue» nichts anhaben können, das meint, jenes Spannungsfeld von Herrschaft und Dienst existiere nicht mehr. Das Österreichische: Hofmannsthal sah es im *Schwierigen* so zu Leben gebracht, daß er das Stück in Wien uraufgeführt sehen wollte: *Dreiundzwanzig Jahre lang sind die Bühnenarbeiten, die ich hervorbrachte, von Berlin ausgegangen, haben manchmal von dort einen weiten und glücklichen Weg gemacht, und sind nur verspätet, und nicht alle, hierher in meine Vaterstadt zurückgekehrt. Aber man wird älter, das Fremde wird fremder, das Nahe näher. So habe ich dieses Stück... durch Jahre zurückgehalten, hielt es bis heute zurück von den deutschen Bühnen... und hielt zäh fest an dem Wunsch, es in Wien zuerst gespielt zu sehen.* (AW Br 49 f) Diese Zeilen gingen 1921 an Wildgans, der damals Burgtheaterdirektor war. Es kam nicht zu der Aufführung, da Hofmannsthal Reinhardt heranzuziehen wünschte. In München wurde das Lustspiel im November 1921 zum erstenmal gegeben. In ihm faßte sich Hofmannsthals Komödienschaffen in Form und Gehalt zusammen. Erst mit dem *Schwierigen* erhält diese Notiz des Dichters ihre volle Geltung: *Das erreichte Soziale: die Komödien.* (A 226)

Der Diener ist heutzutage uniform wie ein Lampenzylinder... damals war das anders. Damals hieß er nicht irgendwie, sondern er war «unser Johann», «unser Alois». Er war häufig im Haus geboren... er hatte die jungen Herren, manchmal auch die jungen Damen, sozusagen aufgezogen. Er hatte etwas von dem Sklaven

Max Pallenberg als Diener Theodor in «Der Unbestechliche»

der antiken Komödie, von dem Gracioso des spanischen Lustspiels. Er hatte eine Lebensanschauung; er machte und empfing Konfidenzen; er ignorierte gewisse Gäste des Hauses, die er nicht gern «bei uns» sieht, und beehrte andere mit seinem Wohlwollen. Er ist das Gewissen und die Karikatur der Herrschaft; er ist eines von den klammernden Organen, mit denen die soziale Komödie sich am Muttergrund des Natürlichen festwachsen will. (P I 187 f) An diese, 1893 in einem Aufsatz über Eduard von Bauernfeld gegebene Charakteristik des Dieners muß man beim Lesen des *Unbestechlichen* denken, den Hofmannsthal dreißig Jahre später, 1922, schrieb. Er schuf die *geradewegs vom Terenz über den Gil Blas und Figaro descendierte* (RB Br 173) Komödie mit der hintergründigen Dienergestalt für Max Pallenberg, der damals in Wien spielte und durch seine Darstellungskunst den Dichter belebte. Zur selben Zeit – im Herbst 1922 – schreibt Hofmannsthal an Burckhardt, er lerne mehr und mehr verstehen, daß der Theaterdichter ohne den Schauspieler ein Nichts sei: *So werde ich denn vermutlich mit zweiundfünfzig so wie Wilhelm Meister mit sechsundzwanzig, hinter einer wandernden Truppe herziehen.* (CJB Br 98)

Der Diener als Herr: ganz anders als *Der Unbestechliche* sollte ein *politisches Lustspiel* das Thema aufnehmen. *Timon der Redner*, 1917 unter dem Titel *Die Rhetorenschule* begonnen, wurde 1926 verworfen: *Ich wollte in ein Theaterstück mehr hineinbringen, als es enthalten kann – es war kein Raum da, eine solche Figur, wie den Sclaven der Kaiser wird, zu entwickeln.* (CJB Br 212)

Die Umarbeitung der *Ariadne* führte Hofmannsthal und Strauss zu einem neuen Opernstil, zu einer *dritten Manier*, mit der Strauss endgültig den «Wagnerschen Musizierpanzer» abstreifen wollte. Hofmannsthal gibt diesen Werken eines leichteren Genres die verschiedensten Namen: Opernspiel, Singspiel, Operette. Ziel war die Form des lyrischen Dramas – wieder im Sinne des drame lyrique der Franzosen, die mythologische Oper. Im Spiralgang der Entwicklung sollte der Kreis vollendet werden; den Kleinen Dramen der Frühzeit sollte – auf barockem, calderonschem Grund bauend – eine zweite Reihe *Kleine Dramen* korrespondieren. ... *die Kunstmittel des lyrischen Dramas ... scheinen mir die einzigen, durch welche die Atmosphäre der Gegenwart ausgedrückt werden kann. Denn wenn sie etwas ist, diese Gegenwart, so ist sie mythisch – ich weiß keinen anderen Ausdruck für eine Existenz, die sich vor so ungeheuren Horizonten vollzieht – für dieses Umgebensein mit Jahrtausenden, für dies Hereinfluten von Orient und Okzident in unser Ich, für ... diese rasenden inneren Spannungen ... Es ist nicht möglich, dies in bürgerlichen Dialogen aufzufangen. Machen wir mythologische Opern, es ist die wahrste aller Formen.* (P IV 459 f) Das ist Abkehr von der dialektischen Ebene, von der *fälschenden Gewalt der Rede*, Verzicht auf das *zweckvolle Gespräch* als einem Vehikel des Dramatischen: *... ein Dichter hat die Wahl, Reden zu schaffen, oder Gestalten.* (P IV 457 f) In dieser Idee einer mythologischen Oper, 1928 ausgesprochen, sind die Stiltendenzen und die Probleme der *Ariadne* und des *Schwierigen* verbunden, in ihr erst scheint Hofmannsthal das, was ihm schon im *Abenteurer* vorschwebte, gelungen: *die Verbindung eines tieferen Sinns mit dem Bühnenmäßigen* (Fiechtner 342).

Danae oder Die Vernunftheirat und *Die ägyptische Helena* sind die Stoffe, in denen er seine Idee zu realisieren hoffte. Das Szenar zur *Danae* entwarf er Ende 1919. Das Ganze sollte eine Art Operette, sehr frech und leicht beschwingt, werden, *raumlos, hin und wieder wehend zwischen dem Mythisch-ewigen und dem Socialen, ja dem Augenblicklichen wie die Offenbach-texte...* (Mesa 1955 40) In einem anderen Brief an Pannwitz heißt es, die Handlung bewege sich *zwischen dem Mythischen, dem Gold und Geld und der Irrnis des Geldes und dem orientalischen Märchen hin und her, es erinnere an griechische Vasen, an Raimund, an Gozzi und an nichts auf der Welt* (Mesa 1955 41). Die Geschichte von der Vernunftheirat Danaes mit dem König Midas sollte über das Szenarium und Notizen nicht hinauskommen. Aber der viel zartere Stoff, die *klassisch-romantische Phantasmagorie Die ägyptische Helena* – Hofmannsthal ebenfalls seit 1919 beschäftigend und zunächst nicht als Oper geplant –, wird als Libretto 1924 vollendet. In einem viel leichteren Stil als *Ariadne* gedacht, als *Operette, nimmt man's nur in einem schönen, ungebräuchlichen, älteren Sinne* (Str Br 495), überwog mit fortschreitender Arbeit das Heroische gegenüber dem Komödienhaften. Obwohl sich die neue Oper damit stärker der *Frau ohne Schatten* als der *Ariadne* annäherte, hoffte der Dichter, daß sie einst *Ariadne* den Rang streitig machen würde. In der Episode der von Troja zurückkehrenden Ehegatten Helena und Menelaos fand er sein altes Problem wieder: *Er war mir die Verkörperung des Abendländischen, in i h r die nie erschöpfte Stärke des Morgenlandes. Er stand ein für die Satzung, die Ehe, die Vaterschaft. Sie schwebte über dem allen, unheimlich bezaubernde, nicht zu bindende Göttin.* (P IV 447) «Nicht dazu ist Helena mit allen Reizen Pandoras ausgestattet, damit sie

Um 1924

nur Einem zu ausschließlichem Besitz sich hingebe.» Aus diesem Satz Bachofens kristallisierte sich für Hofmannsthal der Mythos Helena als von zeitloser Gültigkeit, als ein Geschehen, das sich auch *vor zwei oder drei Jahren irgendwo zwischen Moskau und New York hätte zutragen können.* Die dämonische, entzweiende und einende Macht der Schönheit als Schicksal und Treue als Schicksal: *Dir ist auferlegt, / mich nicht zu verlassen, / und mir ist verhängt, / zurückzukehren / in deine Arme.* (D IV 220) Wieder geht es auf die allomatische Lösung und wieder ist das Schwere, *die Leichtigkeit des in der Darstellung Gebrachten in Einklang zu bringen mit der Tiefe und Tragik der Dinge selbst* (Fiechtner 340). – Der Erfolg blieb aus. Er war aber dem letzten gemeinsamen Werk von Hofmannsthal und Strauss beschieden, der lyrischen Komödie *Arabella*.

1924 hatte ein Komödienplan, nach der Posse von Adolf Bäuerle «Der Fiaker als Marquis» betitelt, schon etwas Form gewonnen. 1927 verschmelzen sich in Hofmannsthal Elemente dieser Fiakerwelt mit den Motiven des Lucidor-Stoffes, der 1924 als Film und dann als Vaudeville für Gustav Waldau geplant worden war, zu einer *Spieloper, ja fast Operette (ich würde auch den «Rosenkavalier» eine Operette nennen!)*, die an Leichtigkeit der «Fledermaus» nichts nachgeben soll (Str Br 601). Immer wieder wird der *Rosenkavalier* beschworen, der nicht nachgeahmt, aber dessen Vorzüge als Muster genommen werden sollen.

Trotz der Erinnerungen an den *Rosenkavalier* – auch die zeitliche Nähe der *Ägyptischen Helena* verrät sich in manchem – lebt *Arabella* aus einem eigenen Ton. Als Strauss das nicht so recht erkennen will, schreibt ihm Hofmannsthal: *Das Entscheidende ist, einen richtigen Ton fürs Ganze zu finden... Dieser ist z. B. in der «Helena» zwischen elegant und feierlich (... sehr verschieden von dem elegischen Ton der «Ariadne»). Der Ton der «Arabella» wieder unterscheidet sich s e h r von dem des «Rosenkavalier». Es ist beidemal Wien – aber welch ein Unterschied liegt dazwischen – ein volles Jahrhundert! Das Wien unter Maria Theresia – und das Wien von 1866!... Die Atmosphäre der «Arabella»... ist gewöhnlicher ... Dem ganzen zweifelhaften Milieu dieses kassierten Rittmeisters Waldner haftet etwas Ordinäres an, ein etwas ordinäres und gefährliches Wien umgibt diese Figuren – von diesem Grunde hebt sich die selbstverantwortliche mutige Arabella und die rührend haltlose Zdenka ab – vor allem aber ist dieses vergnügungssüchtig frivole, schuldenmachende Wien die Folie für Mandryka – ihn umgibt die Reinheit seiner Dörfer, seiner nie von der Axt berührten Eichenwälder, seiner alten Volkslieder – hier tritt die W e i t e des großen halb-slawischen Österreich herein in eine Wienerische Komödie...* (Str Br 639)

Es ist zu viel an Spannung in dieser Welt, man muß wirklich Lustspiele schreiben – sonst weiß man nicht wo aus noch ein. (CJB Br 302) Am 20. Januar 1929 hat Hofmannsthal diese Zeilen Burckhardt geschrieben. Er spricht – nur wenige Wochen zuvor – dem

Freund von drei leichten modernen Lustspielen, deren Stoffe er mit Reinhardt ohne Mühe gefunden und von denen er eines schon zu szenieren angefangen habe. An Strauss geht im März 1929 ein Brief, der die Sätze enthält: *In mir ist dies alles einem Gesetz unterworfen, das ich weder ganz verstehe, noch mich dem entziehen kann. Ich habe mit dem Versdrama debütiert, und bin ganz zur Prosa gekommen... Für Musik habe ich von einer der Arbeiten zur anderen eine Art bescheidener Eingebung empfangen, in welchem Ton und Stil ich etwas machen könnte. Diese gegenwärtige halb-ernste, halb-heitere Sache war die letzte solche Eingebung. Wenn ich mir, ganz schattenhaft, hinter diesem noch etwas anderes vorstellen soll, so wäre es am ehesten etwas in Worten Knappes, in der Handlung Eigentümliches, psychologisch Gegliedertes, ganz Modernes...* (Str Br 685 f) *Arabella*, eine lyrische Komödie, *die letzte solche Eingebung*. Wie schnell sollte das Schicksal diese vier Worte bestätigen und das abbrechen, was der Dichter als etwas Großes und Notwendiges in seinem Leben angesehen hatte. Vor dem Zu-viel an Spannungen mußte auch die Komödie als *Lebenskunst im tiefsten Sinn* (Stern 113) versagen.

SCHÖPFERISCHE RESTAURATION

1911 hatte Italien die mit Deutschland befreundete Türkei überfallen und ihr Tripolis geraubt. Die Tat zeigte die Schwäche des Dreibundes und ließ den Balkanstaaten ihre Stunde gekommen erscheinen: Sie entrissen den Türken Mazedonien. Doch die Sieger gerieten über der Beute in Streit, und aus dem zweiten Balkankrieg ging vor allem Serbien und damit der Panslawismus gestärkt hervor. Die Bedrohung für Österreich wuchs. Man lebte 1912 und 1913 in der ständigen Gefahr eines europäischen Krieges. Der zunehmenden äußeren Bedrängnis gesellte sich die Not im Innern, vor der man seit Jahrzehnten die Augen zu verschließen versuchte und die doch die Monarchie von Krise zu Krise in stärkere Fieberschauer stürzte.

Hofmannsthal hat die Gefahr gesehen. Er mußte sich eingestehen, daß das Habsburgerreich zu dem geworden war, was es nach seiner Überzeugung nie gewesen war und nie sein sollte: zu einem Vielvölkerstaat. Für ihn war die Monarchie ein organisches, kein künstliches Gebilde, der «Hort, das Asyl für alle nach Mitteleuropa verschlagenen Nationensplitter» (Franz Joseph). In ihr waren die Volksstämme aufgehoben in der die Reichsidee verkörpernden Dynastie. In der Gestalt des Kaisers Maximilian hatte sich Hofmannsthal dieses Reich, in dem die Vielen ein Ganzes sind, schon eingeprägt, als er noch ein Knabe war und im Weiß-Kunig das Bild fand: «Wie der jung Weiß Kunig mit siben hauptleuten die siben sprach redet.» Auch Franz Joseph beherrschte die Sprachen seiner Volksstämme, aber die Kaiserwürde und die Reichsidee hatten zuviel an Kraft verloren, die Waage senkte sich zugunsten der Nationalitäten. Einem Brief an Bodenhausen vertraut Hofmannsthal 1913 die Klage an: *Trüb stehts hier, Eberhard, trübe um unser altes Österreich. Ich frage mich manchmal mit Bangen: in was für Decennien wachsen meine zwei Buben hinein. Die äußere Lage... ist nicht das Schlimmste. Wären wir ein Staat wie jeder andere, wir könnten handeln – oder könnten das Handeln auf später verschieben... Es kann, das ist mein Gefühl, alles nur schlimm kommen. Das Innere ist das furchtbare Problem. Die südlichen Slawen innerhalb der Monarchie, nicht nur die Serben, auch die Croaten, in halbem Aufruhr... die Böhmen tückisch lauernd mit gefletschten Zähnen – Galizien, der ruthenische Teil, unterwühlt von russischen Agitatoren – Italien ebenso gern Feind als Bundesgenosse, Rußland... lechzend, mit uns anzubinden – und im Innern, halb Indolenz, halb Kopflosigkeit, die Probleme zu verwickelt, zu gordisch verflochten... Wir gehen einer dunklen Zeit entgegen... können von Schritt zu Schritt alles verlieren – und – das ist das Schlimmste – auch wo wir siegen, nichts rechtes gewinnen als nur Verlegenheiten.* (EvB 144 f)

Ebenso groß war die Zerklüftung im Geistigen. Alle Maßstäbe waren zerbrochen, alle Formen schienen aufgelöst oder entleert. Die Euphorie des Fortschrittsglaubens war nichts als die Unfähigkeit des Menschen, sich aus der Abhängigkeit der eigenen Schöpfung, der Technik, zu befreien. Unter einer bezaubernden, aber sich schon auflösenden Oberfläche gähnte die Leere. Da diese schreckte, sah man nicht hin, ergab man sich dem Wahn einer douceur de vivre. ... *wir sind in der Enge und im Dunkeln in anderer Weise als der mittelalterliche Mensch, aber nicht in minderem Grade; wir überschauen vieles, durchblicken manches, und doch ist die eigentliche Seelenkraft des Blickens schwach in uns; vieles ist uns zu Gebote, aber wir sind keine Gebieter; was wir besitzen sollten, das besitzt uns, und was das Mittel aller Mittel ist, das Geld, wird uns in dämonischer Verkehrtheit zum Zweck der Zwecke... das Verhältnis zu diesem Dämon... durchzieht und durchsetzt alle übrigen des Daseins und es ist erschreckend, bis zu welchem Grade es sie alle bestimmt.* So schreibt Hofmannsthal 1912 in dem Aufsatz *Das alte Spiel von Jedermann* (P III 115 f).

In diesem Aufsatz gelten einige Sätze den Lebensaltern, vielmehr dem Alter – oder der *Jugend der Lebensmitte*, in die Hofmannsthal eingetreten ist und aus deren Sicht sich ihm das Verhältnis von Vergangenheit, Gegenwart und Zukunft neu erschließt (P III 117). Was hier noch mehr angedeutet als ausgesprochen ist, hat Hofmannsthal ein Jahr später in dem Essay über Goethes «West-östlichen Divan» klar formuliert: *Der Jüngling begehrt zu leben, der Greis erinnert sich, gelebt zu haben... Aber der Mann allein ist wahrhaft der Lebende. Er steht wahrhaft in der Mitte des Lebenskreises, und der Kreis hält ihm die Welt gebannt. Nichts flieht vor ihm wie er vor nichts fliehen kann. In der kleinsten Handlung ist auf das Größte Bezug, das überwunden Gewähnte tritt unversehens wieder hervor, das Vergeudete wie das Vergewaltigte wird gewaltig und meldet sich an... jedes Vergangene wirft den dünnen Schleier von sich und zeigt sich als ein ewig Gegenwärtiges.* (P III 163 f)

Äußeres und Inneres also drängt Hofmannsthal zu einer Tätigkeit, der er sich von nun an zielstrebig hingibt, und die er – wie sein Dichten – stets als produktives Tun empfunden hat. Er wird Sprecher Österreichs und Europas, wird Sammelnder und schöpferisch Bewahrender.

Es gibt nur wenige Aufsätze des Dichters, in denen Schärfe den Ton bestimmt. Es ist kein Zufall, daß ein solcher gerade 1912 geschrieben wird und gegen einen Dichter, für den Hofmannsthal in den neunziger Jahren aus Verehrung dreimal zur Feder gegriffen hatte: gegen Gabriele d'Annunzio. Dieser hatte in einem Gedicht Kaiser Franz Joseph und die österreichisch-ungarische Monarchie heftig angegriffen. Hofmannsthals Antwort vom 1. Februar 1912 ist diktiert vom Abscheu gegen die *würdelose Gebärde des Pasquillanten* (P III 86). – Es ist auch kein Zufall, daß das *Jedermann*-Spiel 1911 vollendet und aufgeführt wird.

Ebenso bewußt geht er ans Werk, als er die erste Sammlung zusammenstellt, die *Deutschen Erzähler*. Er weiß, daß es sich nicht darum handeln kann, die große Zahl der Anthologien um eine zu vermehren, sondern daß dem Einzelnen wie dem Volk verständlich werden muß, daß Gegenwart allein nichts ist: *Die Gegenwart ist breit, die Vergangenheit tief; die Breite verwirrt, die Tiefe ergetzt.* (P III 109) In der Zerspaltenheit des Ichs und der Welt kommt es darauf an, in die Tiefe zu gehen, damit der Mensch einen Halt finde. Am Schluß seiner Einleitung stehen die oft zitierten Sätze: *... die Zeiten sind ernst und beklommen für die Deutschen, vielleicht stehen dunkle Jahre vor der Tür. Vor hundert Jahren waren auch die Jahre dunkel, und doch waren die Deutschen innerlich nie so reich wie im ersten Jahrzehnt des neunzehnten Jahrhunderts, und vielleicht sind für dies geheimnisvolle Volk die Jahre der Heimsuchung gesegnete Jahre. Unser Volk hat ein schlaffes Gedächtnis und eine träumende Seele, trotz allem; was es besitzt, verliert es immer wieder, aber es ruft sich nachts zurück, was es am Tage verloren hat. Den Reichtum, der ihm eignet, zählt es nicht und ist fähig, seiner Krongüter zu vergessen, aber zuzeiten sehnt es sich nach sich selber, und niemals ist es reiner und stärker als in solchen Zeiten.* (P III 112 f) Das ist das öffentliche Bekenntnis. Auch das von Person zu Person zeigt, wie ernst Hofmannsthal dieses Geschäft nahm. An den Verleger der *Deutschen Erzähler*, Anton Kippenberg, schreibt er schon im März 1911: *Mit den «deutschen Erzählern» beschäftige ich mich zwischendurch fast unablässig. Die Einleitung soll das liebe- und gehaltvollste werden, was ich geschrieben habe. Es fehlt mir nicht an Materie, nicht am Anlaß die wichtigsten und ehrwürdigsten Dinge zur Sprache zu bringen, nicht an Zeit und nicht am Willen, mich der Gelegenheit würdig zu zeigen.*

Mit dieser Sammlung beginnt die konservative Wirksamkeit Hofmannsthals, die ihm sittlicher Auftrag war, nicht Ausfluß der Esoterik eines Ästheten oder gar romantische Flucht aus der Wirklichkeit. Auf die Ähnlichkeit seiner Bestrebungen mit denen der Romantiker hat Hofmannsthal freilich in der Einleitung zu den *Deutschen Erzählern* selbst hingedeutet, wenn er in der Beklommenheit der Gegenwart an das Dunkel der napoleonischen Zeit erinnert. Auch die Romantiker trachteten, «die erstarrte Gegenwart wieder einigermaßen zu erwärmen und zu beleben» (Görres); auch sie wollten durch die Wiederbelebung der Werke der Vergangenheit auf die Gegenwart wirken. Dem dienten die Ausgaben des «Wunderhorns», der deutschen Volksbücher, der Märchen und der deutschen Sagen ebenso wie die Beschäftigung mit der mittelhochdeutschen Dichtung. – «Doch dieses wie so manches andere wunderbare Lied ist aus den Ohren des Volkes verklungen, den Gelehrten allein übrig blieben, die es nicht verstehen», klagte Achim von Arnim. Solche Einsicht leitet auch Hofmannsthal, wenn er versucht, das Spiel von Jedermann abermals aufzuzeichnen: *Alle diese Aufschreibungen stehen nicht in jenem Besitz, den man als den lebendigen des deutschen Volkes bezeichnen kann, sondern sie treiben im toten Wasser des gelehrten Besitzstandes.* (P III 114) Später, nach dem Untergang des alten Europa, werden Hofmannsthals Äußerungen noch stärker an die

Bekundungen der Brüder Grimm, Arnims, Friedrich Schlegels, an die von Görres erinnern.

Wie damals geht es um die Bildung einer Nation. In einer seiner Vorlesungen sprach Friedrich Schlegel von dem hohen Rang der Sprache: «Die Einheit der Sprache ... ist ... das innigste und natürlichste Verbindungsmittel und wird, zusammengenommen mit der Gleichheit der Sitten, das festeste dauerhafteste Band sein, das die Nation für viele Jahrhunderte in unauflöslicher Einheit zusammenhält.» Alles, was Hofmannsthal unternimmt, geschieht unter der Voraussetzung, daß die Sprache der eigentliche geistige Leib der Nation ist, nachdem alle anderen geselligen Bande zerrissen sind und nicht einmal mehr die Religion allen gemeinsam ist. Daher ist es auch nur die Literatur, in der wir noch unsere Physiognomie finden können, *da blickt ... noch aus dunklem Spiegelgrund das rätselhafte Nationalgesicht hervor* (P IV 132). Mit Adam Müller teilt Hofmannsthal hundert Jahre später die Überzeugung, daß die Nation, «bange in sich und auf ernste und ewige Dinge gekehrt», das «äußere Leben, Vaterland und Gesellschaft versäumt» habe, wie es in jenem Ausschnitt aus Adam Müllers «Zwölf Reden über die Beredsamkeit und deren Verfall in Deutschland» heißt, den Hofmannsthal 1923 in sein *Deutsches Lesebuch* aufnahm. Hofmannsthal formuliert es in seiner Vorrede so: *... wir haben nicht die Geschichte, die uns zusammenhalte – da sind bis ins sechzehnte Jahrhundert zurück keine allen Volksteilen gemeinsamen Taten und Leiden, und auch das Geistige, das hinter den Leiden noch steht, und diese zu einem Besitz machen könnte, ist nicht gemeinsam.* (P IV 132) Hofmannsthal betrachtete es als seine Aufgabe, den vom Schrifttum geschaffenen geistigen Raum der Nation sichtbar zu machen. Zunächst jedoch verlangte der Gang der Geschichte seine ganze Parteinahme für die Sache Österreichs.

Der Ausbruch des Weltkriegs hat Hofmannsthal nicht überrascht. Er hat ihn, wie viele mit ihm, kommen sehen. Er hat ihn, als er endlich entbrannte, begrüßt – wie viele mit ihm. *Kam dieser Krieg nicht bald, so waren wir verloren – und wohl Deutschland mit uns*, schreibt er an Bodenhausen, nachdem er zuvor von dem *Meer von Sorgen, Schwierigkeiten, Complicationen im Innern* berichtet hatte (EvB Br 170). An Ottonie Gräfin Degenfeld sendet er am 28. Juli 1914 diese Karte, mit hastiger Hand geschrieben: *Glauben Sie mir und sagen es allen unseren Freunden, daß wir alle hier, bis zum letzten Holzknecht, in diese Sache und in alles, was daraus werden möge, mit einer Entschlossenheit, ja Freude hineingehen, wie ich sie nie erlebt habe, ja nie für möglich gehalten hätte.*

Eine andere Erfahrung wog schwerer als die Begeisterung. Am 28. Juli 1914 war Hofmannsthal zu seinem Landsturmkommando nach Pisino in Istrien eingerückt, aber schon im August ins Kriegsfürsorgeamt des Kriegsministeriums versetzt worden. Seine Tätigkeit gewährte ihm Einblicke, die das Eintreten für Österreich vom Beginn des Krieges an als ein sperare contra spem erscheinen lassen.

140

Eines der beredtsten Zeugnisse dafür ist ein Brief an den Wirtschaftspolitiker und Publizisten Gustav Stolper. Hofmannsthal hatte dem Herausgeber des «Volkswirt» eine Einladung zu dem «Archiv-Kreis» verschafft, der sich regelmäßig im Hof- und Staatsarchiv zu politischen Diskussionen traf. Ihm schreibt er im November 1914:
... Dank für Ihre Zeilen, die mir zeigen, daß Sie verstehen, in welchem Geist ich es möglich und gefordert finde, mich «optimistisch» zu äußern, inmitten eines Meeres von Schwierigkeiten, Confusionen und frevelhafter, nie zu verantwortender Kurzsichtigkeit. Daß mich die «Zufriedenen» entweder mit Grauen oder mit Ekel erfüllen, bitte ich mir zu glauben... Unendliches ist zu tun, die zehn Arbeiten des Herkules; und die Reinigung des Augiasstalles dünkt mich die schwerste darunter. Ich habe nicht gewußt, daß wir so bettelarm im Sittlichen sind; nun erst verstehe ich vieles auch aus ferner Vergangenheit – es ist wie Goethe sagt: Nur wer Geschichte erlebt hat, kann Geschichte verstehen.
Ihren schönen Aufsatz über Getreideversorgung mußte ich mir unter der Hand verschaffen. Torheit über Torheit! Auch auf diesem Gebiet versuche ich... einen Kampf. Ich muß nur einen geeigneten Zeitpunkt abwarten, um auch Sie zu gelegentlichen zwanglosen Besprechungen zu bitten, bei denen keine Gesinnung, außer der politisch unsittlichen, und keine Geistesart, außer der «spezifisch österreichischen» ausgeschlossen sein sollen... (Stolper 82 f)
Auf dem Hintergrund dieser Erfahrung muß man Hofmannsthals Tätigkeit während des Krieges sehen, die in wachsendem Maße in die Politik übergreift. *Je tiefer sich der Geist mit den Problemen des äußeren Daseins eingelassen hat, desto stärker betrifft ihn das, was nun wirklich geschieht; denn indem er die Angelegenheiten der Epoche zu seinen eigenen gemacht hat, kann er sich auch den bittern Folgen nicht entziehen, wenn er große Anläufe im Nichtigen verlaufen sieht, wenn er erkennt, wie unter einem übermächtigen Gewirr von Worten und unsicheren Begriffen sich das Lebendige, allein Anstrebenswerte leise wegstiehlt...* (P I 401) Die Sätze sind nicht in diesen düsteren Jahren aufgeschrieben worden. Sie stehen in dem *Versuch über Victor Hugo*, mit dem sich Hofmannsthal einst zu habilitieren gedachte. Aber das damals auf Hugo und die Ereignisse um die 48er Revolution Gemünzte gilt nun Wort für Wort für den Schreibenden. «Der Krieg hat Hofmannsthal merkwürdig beeinflußt. Er ist Realist, Politiker geworden, er will Wirkungen im Äußeren hervorbringen. Es ist eigentlich für mich rührend, wie praktisch er sein tiefinnerliches Österreichertum behandelt.» So lautet eine Eintragung vom November 1915 im Tagebuch Josef Redlichs. In der Verbindung Hofmannsthals mit diesem aus dem Mährischen stammenden Juristen, Politiker und Historiker kommen die Bemühungen des Dichters, aktiv in die Politik einzugreifen, am deutlichsten zum Ausdruck. Er traf in Redlich einen Mann, dessen Schicksal – wie das seine – auf das Innigste mit dem der Monarchie verbunden war und dessen Leben ohne das Wesen des alten Reiches gar nicht denk-

bar gewesen wäre. Hofmannsthal verdankt es auch der Intervention Redlichs beim Grafen Stürgkh, dem österreichischen Ministerpräsidenten, daß er Ende Mai 1915 aus der ihm unangenehmen Quasimilitärstellung erlöst wurde. Die Tagebücher Redlichs und knapp zwei Dutzend aus einer umfangreichen Korrespondenz veröffentlichte Briefe Hofmannsthals an den urbanen und hochgebildeten Parlamentarier und Wissenschaftler lassen ahnen, wie sehr Hofmannsthal zum politischen Handeln drängte und wie im Gang der Jahre die Beziehung zwischen dem Dichter und dem fünf Jahre älteren Politiker zur Freundschaft wurde. Der Begriff des Politischen ist nicht im herkömmlichen Sinn zu fassen. Immer geht Hofmannsthals Streben über das Alltägliche – ohne es zu negieren – hinaus und zielt auf *Verständigung über das Wirkliche, darüber, wo das Entscheidende wirklich zu finden ist* (P III 348), subsumiert die Politik unter dem höheren Begriff der Kultur, in dem das Materielle mit dem Sittlichen verbunden ist.

Es beginnt beim Kleinsten: Hofmannsthal wendet sich gegen den Verkauf von «scherzhaften» Kriegskarten; er nennt den Boykott fremder Sprachen eine Albernheit und verurteilt damit Bestrebungen nationalistischer Selbstbeschränktheit; er fordert in dem Aufsatz *Aufbauen, nicht einreißen* einen weisen, schöpferischen Baugeist: *Ein glückliches Lebensgefühl ist erhaltend, so wie es unternehmend ist. Wo das Neue ohne rechten Mut, ohne rechten Glauben begonnen wird, da wird das Alte mit schlaffem Sinn und treulos dahingegeben.* (P III 235) Die Erfahrungen seiner ersten Reise nach Krakau und Warschau spiegeln sich in einem Aufsatz über die k. u. k. Militärverwaltung in Kongreßpolen. Er stellt dem «Inter arma silent musae» Goethes Wort aus den «Maximen und Reflexionen» «Selbst im Augenblick des höchsten Glücks und der höchsten Not bedürfen wir des Künstlers» entgegen und sucht die *Bücher für diese Zeit*, weist auf Hebel und Möser, auf die Brüder Grimm, auf Hölderlin und Goethe, auf den «Armen Mann im Tockenburg» und auch auf Freytags «Bilder aus der deutschen Vergangenheit».

Er feiert das Andenken großer Österreicher, schreibt Ende 1914 *Worte zum Gedächtnis des Prinzen Eugen* und erzählt das Leben des «edlen Ritters», des in Hofmannsthals Augen größten Österreichers – Inkarnation des Barock in der Größe des Erreichten, im Feldherrntum und in der Staatskunst, in dem Reichtum und der Anmut seines Geistes. *Der Geist kennt nichts als Gegenwart. Dem Geiste nach ist Prinz Eugen ein Lebender unter uns.* (P III 206) Dieser Überzeugung entspringt auch der Gedenkaufsatz zum 200. Geburtstag Maria Theresias von 1917. Hofmannsthal gibt es schon im Motto zu erkennen, das er der Lobrede voranstellt. Es ist ein Wort Adam Müllers: «Der Staat ist eine Allianz der vergangenen Generationen mit den nachfolgenden und umgekehrt.» So ist es dies, was Hofmannsthal an der Herrscherin als das Entscheidende erscheint: *Maria Theresia besaß wahrhaftig jenes Janusgesicht der guten und großen Fürsten, die mit einem Augenpaar die Vergangenheit festzuhalten, mit dem an-*

deren in die Zukunft vorauszublicken scheinen. Den ewigen Gegensatz zwischen... gegebenen Zuständen und notwendigen Veränderungen darf sie sich rühmen... bis zur denkbarsten Milderung gebracht zu haben. (P III 393) Jacob Burckhardts Wort, große Individuen seien «die Koinzidenz des Verharrenden und der Bewegung in einer Person», scheint Hofmannsthal geradezu auf Maria Theresia gemünzt (P III 388). – Von hier führt der Weg zu allen Bemühungen, die im Geist der *schöpferischen Restauration* oder der *konservativen Revolution* unternommen werden.

Noch im ersten Kriegsjahr plant Hofmannsthal Publikationen, bei denen er sich von Gedanken leiten läßt, die vor einem Jahrhundert Graf Stadion in der Ankündigung der «Vaterländischen Blätter» herausgestellt hatte: «... sowohl eine nähere humane Verbindung unter den Provinzen der Monarchie als auch ein Zusammenwirken vieler voneinander entfernter, an der öffentlichen Wohlfahrt teilnehmender Männer» zu stiften. Diesen Zielen sollten eine *Österreichische Bibliothek*, der Hofmannsthal ursprünglich den Titel *A.E.I.O.U.* geben wollte, eine Serie *Ehrenstätten Österreichs* und ein österreichischer Almanach dienen. Der Plan der *Ehrenstätten* zerschlug sich; aber die *Österreichische Bibliothek* und der Almanach wurden mit der Unterstützung des Insel-Verlages verwirklicht. Hofmannsthal versicherte sich der Mitarbeit von Max Mell, Felix Braun, Stefan Zweig, Anton Wildgans, Robert Michel, Josef Redlich, Richard von Kralik, Paul Eisner und einiger anderer, und so konnten 1915 und 1916 insgesamt 26 Bände erscheinen. Den ersten Band, eine Auswahl aus den politischen Schriften Grillparzers, hatte Hofmannsthal selbst herausgegeben. Die Voraussetzung für das Gedeihen dieser Bibliothek fehlte: die Anteilnahme der Zeitgenossen. So ist das in den gut zwei Dutzend Bänden Zusammengetragene nur ein Abglanz dessen, was Hofmannsthal vorschwebte: ... *es müßte in ihr zusammengetragen werden, was an tausend Stellen dem Leben selber entfließt, wie Harz den angeschnittenen Bäumen. So fließen die alten Sprüche und Handwerksbräuche aus dem Leben selber und die Volkslieder und die Soldatenlieder, aber Mozarts Musik gehört freilich nicht minder hierher und Lenaus Liebesbriefe ebenso gut wie der großen Maria Theresia Handbillette an ihre Kinder und an die Erzieher ihrer Kinder, an ihre Generale und an die Staatsmänner. Die Stimme der alten Zeit muß hier hörbar werden aus den Stadtchroniken... oder aus der Chronik des Landes Böhmen vom alten Hagecius, und eine zarte einzelne Stimme wie jener Marianne Willemer darf nicht fehlen, die aus Linz gebürtig war... Hier gehört ein schlichtes Familien- oder Hausbuch hinein... gleich wie die Weisheit von halbvergessenen großen Männern: der Magiergeist eines Theophrastus Paracelsus muß hier wiederum aufglühen und die seelenhafte Weisheit eines Amos Comenius ihr mildes Licht werfen... hier stehen nach Recht alte Nachrichten von Handel, Wandel und Gewerbe neben Auszügen glorreicher Regimentsgeschichten; der Raimund und der Nestroy neben dem Abraham a Santa Clara; das gei-*

stige Vermächtnis des Nikolaus Cusanus, Abtes zu Brixen, neben den Tagebüchern Feuchterslebens und den Briefen Billroths. Hier tönen die frommen reinen Stimmen der böhmischen und mährischen «Brüder», und es gibt keinen Mißklang, wenn neben ihnen aus der Selbstbiographie des Erzherzogs Karl die reine strenge Seele eines habsburgischen Prinzen herausspricht. (P III 287 f) Der vierte Band sammelt Äußerungen Bismarcks über Österreich. Damit ist ein Thema angeschlagen, das Hofmannsthal seit dem Kriegsbeginn zunehmend bewegte: das Verhältnis zwischen Österreich und Deutschland oder Preußen. Das Problem war nicht neu. Zu viele der Freunde stammten aus dem Reich, als daß sich die Frage nach dem Gemeinsamen und dem Trennenden nicht immer wieder gestellt hätte. Der Krieg drängte nach einer Klärung. Immer wieder liest man in den Briefen und Aufsätzen, wie unverstanden von den Deutschen Hofmannsthal den Österreicher und die ganze österreichische Situation glaubte. An die Adresse der Reichsdeutschen ist der 1915 in der «Vossischen Zeitung» erschienene Aufsatz *Wir Österreicher und Deutschland* gerichtet. Österreich *als den einen Teil des alten deutschen Imperiums, worin alle Kräfte der deutschen Geschichte lebendig und wirkend* sind, Österreich nicht als *schlechthin Bestehendes,* sondern als *ungelöste Aufgabe:* dies, so heißt es, sei das dem deutschen Geist zugewiesene Feld (P III 229 f). 1917 bedient sich Hofmannsthal wiederum der «Vossischen Zeitung», um mit einem Schema *Der Preuße und der Österreicher* die staatlichen und die sozialen Strukturen wie auch die Eigenschaften der Individuen stichwortartig gegenüber zu stellen. Die Gegensätze sind scharf herausgearbeitet; Preußen und Österreichern scheint fast nur noch die Sprache gemeinsam. Das Schema ist der Versuch, mit Nüchternheit und mit Ehrfurcht das Trennende zu erkennen, um zusammenkommen zu können. Gewiß, manches am Preußen war Hofmannsthal unangenehm und unheimlich. Als Helene von Nostitz telegrafisch um genauere Formulierung einer etwas vagen Verabredung bat, kam die Antwort: *Kann diese preußischen Manieren nicht vertragen, Pläne unbestimmt.* (HvN Br 174) Im *Schwierigen* hat Hofmannsthal manche der ihm odiosen Züge am Preußen und Norddeutschen der Gestalt des Baron Neuhoff zugelegt. Von welcher Art sein Verhältnis zum Norddeutschen war und welcher Geist seine Bestrebungen trug, dokumentiert am eindrucksvollsten ein Brief an Alfred von Nostitz, 1924 geschrieben: *...uns Österreicher und Euch Deutsche bindet freilich die eine Sprache – und die Sprache ist viel, ja in gewissem Sinn ist sie alles... aber innerhalb der gleichen Sprache trennt uns vieles... Mir aber ist um das dreißigste Lebensjahr das Gute zuteil geworden, daß mir einige Menschen begegnet sind und meine Freunde geworden sind, alle aus dem Deutschland nördlich dem Main, an denen ich habe mit dem Gemüt erkennen können, was das ist, deutsches Wesen. Ja das Heimlichere und Tiefere am deutschen Wesen, das eigentliche Deutsche, wie es in den Dichtungen und Sprachdenkmälern ausgeprägt ist, das was bei einem Goethe eigentlich deutsch ist – vieles* *an ihm ist europäisch, und vieles ist Geist des XVIII. Jahrhunderts – alles dies habe ich vermöge dieser lebendigen Berührung, die mein Herz mitsprechen machte, ganz anders zu erkennen vermocht als ich es hätte aus den Büchern allein gewahren können ... Nicht gar sehr aus unserer Zeit schienet Ihr mir, die Ihr mir entgegentratet, zu sein – aber völlig aus unserem Volke – aus dem Stoff, der die Zeiten überdauert. Das völlig Gerade, das Treuherzige und Treue, das tief und immer Ehrfürchtige, das doppelt Beheimatete: im Wirklichen und anderswo ... das rastlos Strebende, doch Bescheidene – eine herrliche Ahnung von deutscher Art ist mir aus dieser Begegnung aufgegangen. Um wie viel ärmer – ja fast um das Beste meines Lebens ärmer hätte ich bleiben müssen ...* (HvN Br 153 f)

Wenn sich Hofmannsthal in den Kriegsjahren noch stärker der österreichischen Dichtung zuwendet und sich ihrer annimmt, so gehört auch dies zu dem von ihm geübten *praktischen Austriazismus*. *Die Poesie und die Taten sind die beiden Elemente, in welchen der innerste Gehalt einer Gemeinschaft sich auswirkt. Nicht ohne diese beiden Genien entsteht ein nationaler Mythos, nicht ohne die beiden ein gewecktes und reiches nationales Bewußtsein,* heißt es in dem 1917 in Zürich gehaltenen Vortrag *Österreich im Spiegel seiner Dichtung* (P III 342 f). Neben die Poesie der deutschen Pastorensöhne stellt Hofmannsthal die der Bauernsöhne: Anzengruber, Stifter, Rosegger, das Volkhafte gegenüber dem Bildungshaften betonend. Im Wiener Volkstheater sieht er das Ideal dramatischer Produktion fast erreicht: die Vereinigung volkstümlicher Elemente mit dem Bildungsdrama. Dies erklärt seine hohe Wertschätzung Nestroys und Raimunds und das Gefühl der tiefen Verwandtschaft seines Tuns mit dem Grillparzers, der anläßlich von Raimunds «Alpenkönig» einmal schrieb: «Alles zusammengenommen kann man Östreich nur Glück wünschen, daß der (bisher) gesunde Sinn der Nation derlei natürlich anmutige Werke zum Vorschein bringt, denn Raimunds großes Talent ungeschmälert, hat das Publikum ebensoviel daran gedichtet als er selbst.»

Die Postulierung des geistigen Begriffes der Nation für Österreich ist indessen nicht das Produkt provinziellen oder nationalistischen Denkens. Die kulturelle Zugehörigkeit zur gesamten deutschen Nation stellt Hofmannsthal nie in Frage; aber er erkennt in Österreich gerade das, was dem neuen preußischen deutschen Reich fehlt: *die Züge eines älteren und höheren Deutschtums;* er spürt in ihm noch die Ideen der alten Universalmonarchie lebendig: *Wer sagt «Österreich», der sagt ja: tausendjähriges Ringen um Europa, tausendjährige Sendung durch Europa, tausendjähriger Glaube an Europa. Für uns, auf dem Boden zweier römischer Imperien hausend, Deutsche und Slawen und Lateiner, ein gemeinsames Geschick und Erbe zu tragen auserlesen ... für uns ist Europa die Farbe der Sterne, wenn aus entwölktem Himmel wieder Sterne über uns funkeln.* (P III 383) In diesem Österreich fand Hofmannsthal den Geist des alten, *nicht bloß weltlichen, sondern sakralen Imperiums, das über die Nationen griff* (P IV 336), noch als Idee – trotz allem – wirksam. Hier wußte er das Vergangene im Gegenwärtigen aufgehoben, hier gab es Geschichte. Mit dem Zusammenbruch 1918 geht Hofmannsthal der Boden, in dem er wurzelte, verloren. Oft hat er es ausgesprochen, am ergreifendsten ein Jahr vor seinem Tode gegenüber Josef Redlich: *Eben weil ich mit dem Zusammenbruch Österreichs das Erdreich verloren habe, in welches ich verwurzelt bin, eben weil es sich, wenn einer die Verstrickung hier vor allen mit allem lichtvoll darlegt, das In-eins des schicksalsgebundenen Politischen mit dem geistig-Kulturellen, das In-eins der Schuld und des Unglücks, das Paradoxon des scheinbaren Noch-Bestehen-Könnens bei tatsächlichem Ende – eben weil dies mein eigenes Erlebnis ist, weil mein eigenes dichterisches Dasein in diesem Zusammensturz fragwürdig geworden ist (und fragwürdig werden mußte, sieht man es für mehr an, als für ein bloßes Literatendasein) eben darum weil dies alles mir so furchtbar nahe, so unausdenklich bedeutsam ist – kann ich über diese Dinge nur schweigen – wofern ich mich ... nicht schwer zerrütten will.* (R Br 116)

Dieser Verlust bewirkt die leidenschaftliche Hinwendung Hofmannsthals zum Geistigen der Nation und zu Europa. So sah er sich aufgefordert, der deutschen Sprache und dem Schrifttum als des geistigen Raumes der Nation zu dienen; denn er wußte, daß wahre Geselligkeit nur gewonnen werden kann im lebendigen Umgang mit den hohen Werken der Sprache, in denen *Reinheit und untrügliches Maß* sich verkörperten. Nur durch Wiedererweckung, durch eine schöpferische Restauration kann die Sprachnot behoben, der Ton der Nation verändert werden. Das aber war nichts anderes – und Hofmannsthal verstand es so – als Kulturpolitik. Das Problem seines Dichtens: aus der Sprachnot herauszukommen, erschien ihm nicht als das Problem eines Einzelnen, sondern als das der Nation, und es entsprach seiner Auffassung vom Beruf des Dichters, die Lösung nicht nur für sich in einem ästhetischen Bereich des Dichtens zu suchen, sondern auch der Nation Wege zu zeigen, von denen er glaubte, sie könnten aus dem Dilemma herausführen.

Hofmannsthal konnte sich dieser Aufgabe um so mehr hingeben, als er sich Menschen verbunden wußte, die seine Gesinnung teilten, und er auch das Organ fand, das sich ganz in den Dienst dieser Bestrebungen stellte: die «Bremer Presse», eine jener Privatpressen, die sich nach englischem Vorbild bemühten, die im 19. Jahrhundert immer tiefer gesunkene Buchkunst aufs neue zu Ehren zu bringen. Wieder vereinigten sich – wie 1909 beim «Hesperus» – Hofmannsthal, Schröder und Borchardt. In Willy Wiegand fanden sie den Mann, der bereit war, seine künstlerischen und technischen Fähigkeiten mit den Intentionen der Dichter zu vereinen. Viele Titel in der Bibliographie der «Bremer Presse» und nahezu zweihundert Briefe beweisen, wie sehr sich Hofmannsthal engagierte, zuzeiten so heftig, daß Spannungen nicht ausblieben. Er stellte das *Deutsche Lesebuch*, die Sammlungen *Deutsche Epigramme* und *Wert und Ehre deutscher Sprache* zusammen, gab *Schillers Selbstcharakteristik* neu heraus und plante eine mehrbändige Ausgabe von Gedichten, Dramen und Schriften aus der deutschen Literatur des 17. Jahrhunderts, die er mit Schröder, Karl Wolfskehl, Walther Brecht und Walter Benjamin veranstalten wollte. Sie blieb Plan wie auch die *Deutschen Geisteskreise in Briefen,* deren Mittelpunkte Johannes von Müller, Lavater, Bürger, Runge und Bachofen bilden sollten. Durch gemeinsame Arbeit wollte Hofmannsthal sich *zerstreut lebende Individuen dauernd verknüpfen,* wollte so zum Beispiel mit Mell, Brecht, Friedrich Seebaß, Ludwig von Pigenot, Ernst Bertram und Ernst Howald Zeugnisse über das Verhältnis der Deutschen zur Antike – *Die Antike der Deutschen* – zusammenstellen. Die Auswahl sollte von Herder und Wieland bis zu Klages und Schuler reichen. Hofmannsthals Herzen am nächsten aber standen die *Neuen Deutschen Beiträge.* Mehr Schmerzens- als Freudenkind, hat er die Zeitschrift von 1922 bis 1927 herausgegeben.

Das Ziel aller Bemühungen hat Hofmannsthal in der Ankündigung des Verlags der «Bremer Presse» verkündet, wo es heißt: *Die Altertumswissenschaft... hatte ein großes Ziel: sich die Antike anzueignen, aus ihr Lebenskunst und Lebensideal zu gewinnen. Uns ist ein früherer Geisteszustand unseres eigenen Volkes, der kaum mehr als ein Jahrhundert zurückliegt, selbst zur Antike geworden: im Sinn, daß wir, ihn heraufbeschwörend, vermeinen, aus unserem Geistigen wieder Gestalt bilden zu können. Wir haben den Zustand von 1800–1820 im Auge, da neben Goethe noch Schiller, Hölderlin und Novalis, zugleich auch Humboldt, Friedrich Schlegel, die beiden Grimm da waren. Wir sehen diesen Zustand nicht als ein Gewesenes an, sondern als ein noch fortwirkendes Leben, aus dessen Elementen wir uns selber zu gestalten haben.* Was den von Hofmannsthal erstrebten Kreis zusammenhalten soll, sind der Wille zu geistigem Dienst und tätige Sprachliebe, mit denen Einhalt geboten werden soll der *Herabwürdigung und Entartung des hohen Elementes, das uns alle... zur Nation zusammenwirkt* (P IV 147 f).

Von den *Neuen Deutschen Beiträgen* sind sechs Hefte erschienen. Für Wiegand war die Zeitschrift ein Verlustgeschäft, und auch für Hofmannsthal war sie eine Quelle der Sorgen und Enttäuschungen. Die nächsten Freunde, Borchardt und Schröder, folgten ihm schon bald nicht mehr auf dem Weg, den er die *Beiträge* führte, und in denen er das zu verwirklichen suchte, was er um 1920 als *Idee einer durchaus selbständigen und dem Scheingeschmack einer Epoche widerstrebenden Monatsschrift* konzipiert hatte: *Der Begriff des Aktuellen als unvorhanden betrachtet... Nicht Haschen nach einer chimärischen Entwicklung, sondern Hinweis auf geistigen Besitz. Ein höheres Soziales, eine geistige deutsche Gesellschaft darin supponiert... Der Begriff der Welt-Literatur gewonnen durch das zarte und diskrete Nebeneinander.* (A 367 f)

Die «Beiträge» sind bestimmt der ποίησις selber zu dienen – und freilich auch damit zusammenhängend, aber nicht v o r allem, der

Deutung der ποίησις. *Das Dichterische ist ihr eigentlicher Inhalt.*
So liest man in einem Brief Hofmannsthals an Florens Christian
Rang vom Anfang 1924 (NR 1959 443 f). Rang zählte zu den ersten
Beiträgern, zu denen, die Hofmannsthal einmal als die *Lebendig-
Toten* bezeichnete, als die *Männer von über 60 Jahren, denen das Gesicht der Epoche bisher den Mund verschlagen hat* (W Br 77). Die Bekanntschaft mit Rang, der Jurist, Theologe, Philosoph und Philolo-
ge in einem war, ging bis ins Jahr 1905 zurück. Walter Benjamin
nannte den katholischen Protestanten und realistischen Idealisten
einmal den «tiefsten Kritiker des Deutschtums seit Nietzsche», und
doch war er auch wieder, wie Hofmannsthal anläßlich von Rangs
Buch «Deutsche Bauhütte» schreibt, «*deutsch*» *im international ge-
fürchteten Sinn des Wortes* (NR 1959 447), eigenwillig im Denken und
Deuten wie im Gebrauch der deutschen Sprache. Von ihm steht im
ersten Heft der *Beiträge* der Aufsatz über Goethes «Selige Sehnsucht» neben dem 1915 gehaltenen Vortrag des jung gefallenen
Norbert von Hellingrath über Hölderlins Wahnsinn. Er blieb der
einzige Beitrag Rangs. Aber bis zu seinem jähen Tod war Rang einer der aufmerksamsten Leser der *Beiträge.*

Ganz besonders dankte Hofmannsthal Rang die Bekanntschaft
mit Walter Benjamin. Rang hatte ihm 1923 Benjamins Aufsatz über
Goethes «Wahlverwandtschaften» gesandt, von dem der Dichter sich
sofort *mächtig angezogen* fühlte: *Ich kann nur sagen, daß sich mein
Denken, soweit nicht die eigene Arbeit alle Aufmerksamkeit er-
zwingt, kaum von ihm hat lösen können... Sollte dieser Mann ein
jüngerer, etwa weit unter meinen Jahren sein, so wäre ich von dieser
Reife aufs Äußerste betroffen.* (NR 1959 440) Hofmannsthal erschien
es als Pflicht, diese *höchst bedeutende Persönlichkeit* zu fördern.
Er veröffentlichte nicht nur den «Wahlverwandtschaften»-Aufsatz in
den *Beiträgen,* sondern im letzten Heft auch einen Teil aus der als
Habilitationsschrift gedachten Abhandlung «Ursprung des deutschen
Trauerspiels» und hoffte, Benjamin für die «Bremer Presse» als Mitarbeiter zu gewinnen. Es blieb bei Plänen.

1927 erscheinen in der «Bremer Presse» die zwei letzten Bücher,
die Hofmannsthals Namen tragen, die Rede *Das Schrifttum als geistiger Raum der Nation* und die letzte seiner Sammlungen: *Wert
und Ehre deutscher Sprache.* Rede, Sammlung und deren Vorwort
sind unternommen in der Gewißheit von der *heilenden Funktion
der Sprache* und *verwirklichbarer Maßgestalten* (P IV 402), in dem
Glauben, *es bestehe unversehrt wenngleich verborgen die Mitte der
Nation* (P IV 440). Maß verlangt Bindung; und so geht es Hofmannsthal auch hier wieder um die *Setzung von Kosmos gegen Chaos,* wie er es 1926 in einer Rede an die Freunde des humanistischen
Gymnasiums formulierte (P IV 316).

Am 10. Januar 1927 beschwört er in München das Gewissen der
Nation in der titanischen Gestalt derer, die den Ausweg suchen aus
der *Geistesbedrängnis... diesen Zerklüftungen, Parteiungen, zeit-
weisen Verdunkelungen und Verfitzungen* (P IV 407), die nicht Frei-

heit suchen, sondern Bindung, von der Erkenntnis ergriffen, *daß im halben Glauben kein Leben ist... daß das Leben lebbar nur wird durch gültige Bindungen* (P IV 411). In Freiheit binden kann nur das allen Gemeine. Die Frage, was denn noch allen angehöre, worin sich die *wahre Nation* noch finden könne, deren Bildung sich die Suchenden als Ziel gesetzt haben, und die Antwort stehen in Hofmannsthals Vorwort zur Sammlung *Wert und Ehre deutscher Sprache: Wo aber ist dann die Nation zu finden? Einzig in den hohen Sprachdenkmälern und in den Volksdialekten. Die einen und die andern stehen in Wechselbezug ... – in beiden zusammen ist die Nation...* (P IV 435) Nur diese Sprache erhebt über die *furchtbare sinnliche Gebundenheit* des Augenblicks, stiftet die *Gemeinschaft*

des Gegenwärtigen mit dem Vergangenen: Die Sprache ist ein großes Totenreich, unauslotbar tief; darum empfangen wir aus ihr das höchste Leben. Es ist unser zeitloses Schicksal in ihr, und die Übergewalt der Volksgemeinschaft über alles Einzelne. (P IV 438 f)
Der Prozeß, von dem ich rede, ist nichts anderes als eine konservative Revolution von einem Umfange, wie die europäische Geschichte ihn nicht kennt. Ihr Ziel ist Form, eine neue deutsche Wirklichkeit, an der die ganze Nation teilnehmen könne. (P IV 413) Es möchte dem Rückblickenden nicht nur als ein Zufall erscheinen, daß an der gleichen Stelle, an der Hofmannsthal dieser Überzeugung huldigte, an der im März 1927 dann Rudolf Borchardt seine Rede über «Schöpferische Restauration» hielt, Thomas Mann wenige Wochen vor Hofmannsthals Tod über die Stellung Freuds in der modernen Geistesgeschichte spricht und die Zuhörer warnt, die Gefahren eines reaktionären Mißbrauches der Idee der konservativen Revolution zu übersehen.

Als Ernst Robert Curtius 1931 über den «Abbau der Bildung» schrieb, schloß er dem oben zitierten Satz diese, durch die historischen Ereignisse dann erschreckend bestätigte Feststellung an: die Rede Hofmannsthals «ist völlig ungehört verhallt. Er hat auch das Ohr der Jugend nicht mehr erreichen können, denn die Jugend hat sich ja längst selbständig gemacht und liest nur noch das, was in bündischen oder parteipolitischen Vereinsblättchen empfohlen wird. Für mich bedeutet der Tod Hofmannsthals zusammen mit den spärlichen Ansätzen zu einer deutschen Vergil-Ehrung im Jahre 1930 den bis auf weiteres definitiven Abschluß der deutschen Bildungskultur.»

JOSEF NADLER

Wenn Hofmannsthal *das Geistesleben der Nation als kontinuierlichen Prozeß der Selbst-Bewußtwerdung* sieht (P IV 494), wenn er im Zusammenhang mit den Salzburger Festspielen in immer neuen Variationen davon spricht, daß der Festspielgedanke *der eigentliche Kunstgedanke des bayrisch-österreichischen Stammes* sei (P III 441), wenn er – bei so hoher Würdigung des Landschaftlichen und Stammestümlichen – die Nation in den hohen Sprachdenkmälern und in den Volksdialekten findet und in der Gewißheit *unzerstörbarer Lebensbegriffe* (P IV 492) zum Kulturpolitiker wird, so steht hinter diesen Gedanken und Überzeugungen das Werk eines Mannes: die «Literaturgeschichte der deutschen Stämme und Landschaften» von Josef Nadler.

Sie sind, glaube ich, der erste Mensch im Leben, den ich spontan aufsuche, jedenfalls der erste Deutsche. Diese Zeilen gelten Nadler und sind 1920 geschrieben. Die beiden Männer sahen sich in Freiburg in der Schweiz. 1915 hatte Hofmannsthal Nadlers Literaturgeschichte, von der zwei Bände erschienen waren, zum erstenmal in die Hand bekommen. ...*Mit den Kapiteln über das Nibelungenlied, über den Simplicissimus, über Gottsched, über die Faust-Landschaften hat es in mir wahrhaft Epoche gemacht, ich liebe das Buch und durch das Buch den Verfasser* – schreibt er an August Sauer, den Lehrer Nadlers. Er wird nicht müde, für *dieses wirklich unvergleichliche Buch* zu werben. Konrad Burdach, Gerhart Hauptmann, Strauss, Mell und Borchardt zählen zu denen, die das Buch direkt oder indirekt von ihm empfangen haben, «unablässig dringend, werbend und erklärend ... zum Lesen zwingend», wie Borchardt einmal schreibt.

Für Hofmannsthal entscheidend wird der 1918 erscheinende dritte Band. Er enthält die österreichischen Barockkapitel. Hier findet sich Hofmannsthal darin bestätigt, daß sein ganzes dichterisches Schaffen, so vielfältig es erscheinen mochte, *ganz aus einer Wurzel, der österreichischen,* entsprossen war. Hofmanns-

Josef Nadler

thal erfuhr diese Rechtfertigung seiner komplexen dichterischen Existenz zu seiner *unsäglichen Erquickung*. 1921 schreibt er an Nadler: *Schon dafür bin ich Ihnen viel schuldig, daß Sie mir mein poetisches Dasein und die vielen unfaßbare und darum beinahe verhaßte Mischung jener Elemente bestätigt haben ohne mich zu kennen, einfach durch die österreichischen Kapitel Ihres Werkes.* Als er im gleichen Jahr nach den Büchern gefragt wird, die ihn am stärksten berührt haben, nennt er auch diesen dritten Band der Nadlerschen Literaturgeschichte, von der er meint, daß sie, *nach einem oder zwei Dezennien, das wahre Hausbuch der Deutschen,* sein werde (P IV 498). Die Aufsätze, Reden und Essays aus Hofmannsthals letztem Lebensjahrzehnt bestätigen, was er in der Antwort auf die Rundfrage schrieb: daß er von Nadlers Werk *absolut* berührt worden war und er es in seinen geistigen Besitz aufgenommen hatte. Von den Salzburger Festspiel-Aufsätzen, der Grillparzer-Rede von 1922 bis zum Vorwort zu *Wert und Ehre deutscher Sprache* und zu den ein Jahr vor seinem Tode geschriebenen *Gedanken über das höhere Schauspiel in München*: ohne Nadler wären diese Bekundungen kaum denkbar.

Hofmannsthal bemüht sich, den Gelehrten in seinen Lebenskreis zu ziehen, rechnet mit ihm als Mitarbeiter der «Bremer Presse». Er unterstützt 1926 und 1927 zusammen mit Borchardt, Schröder und Wiegand die Bestrebungen, Nadler auf den Lehrstuhl für neuere Germanistik in Wien und später auf den in München zu berufen. Das alles scheitert. So mußte sich bewähren, was Hofmannsthal früher einmal Nadler geschrieben hatte: *Seien Sie wo immer, meinetwegen in San Francisco, so sind Sie mir näher und lebendiger als alles physisch Nahe und geistig Ferne.* In der Tat riß Hofmannsthals Aufmerksamkeit und Anteilnahme nicht ab; die Notizen aus den letzten Lebensjahren beweisen es. Sie verraten gleichzeitig, daß die hohe Einschätzung Nadlers nicht Hofmannsthals kritisches Vermögen ausschaltete. Bewunderung und dankbare Verehrung aber überwogen die kritischen Einwände. Für die Nation und für sich schätzte er das Werk so hoch ein, daß er meinte, kein anderes Buch sei mehr dazu geeignet, die Nation wahrhaft zu einigen als dieses, und er bekannte: *Für mich existiert die deutsche Literargeschichte durch ihn –* (P IV 497)

Fragt man sich heute vielleicht verwundert, wieso Hofmannsthal die Leistung Nadlers so hoch veranschlagen konnte, so ist dieses zu bedenken: für Hofmannsthal schien das Buch rettende Bestätigung. In dem Augenblick, da die Donau-Monarchie versank, die mit ihren Ländern den letzten Rest des heiligen Reiches verkörperte, für Hofmannsthal der Boden unter den Füßen zu schwinden drohte – in diesem Augenblick versicherte ihm Nadler, daß seine ganze produktive Existenz auch aus einer Wurzel gespeist werde, die durch staatliche Veränderungen nicht angetastet werden könne: aus dem Volkhaften, aus der durch fünf Jahrhunderte ungebrochenen Tradition des bayerisch-österreichischen Stammes.

Rudolf Pannwitz

Als Hofmannsthal in der Münchener Rede die Umrisse des *aus dem Chaos hervortretenden Geistigen, mit dem Anspruch auf Lehrerschaft und Führerschaft – mit noch verwegeneren Ansprüchen – mit dem Anhauch des Genius auf der hohen Stirn, mit dem Stigma des Usurpators im scheulosen Auge* zeichnete, gaben diesem Bild einer *gefährlichen hybriden Natur, eines Liebenden und Hassenden und Lehrers und Verführers* zugleich (P IV 401 f) persönliche Erfahrungen die unheimliche Lebendigkeit. Man hat sich beim Lesen dieser Charakteristik oft der Gestalt Georges erinnert – nur zum Teil mit Recht, andere noch tauchen schemenhaft hinter diesem Bilde auf: Ludwig Derleth, und wohl auch Rudolf Pannwitz. Wie ein Lichtstrahl bricht dessen «Krisis der europäischen Kultur» in die Verdüsterung, in welche die wachsende Auflösung alles Bestehenden und das Gefühl der Verlassenheit des Geistes Hofmannsthals Denken gestürzt hatten.

An Bodenhausen schreibt er in einem ergreifenden Brief im Juli 1917: *Auch mir wird jetzt manchmal alles zum Leiden, alles zum Rätsel. Dinge, die so alt schienen wie die Pyramiden und unangefochten, Begriffe auf deren Geltung die älteste, primitivste Poesie mit beruht, aus der sie ihre Worte setzt und ihre Gleichnisse zieht – wie etwa jenes so einfach scheinende Ding, daß ein Einzelner etwas für sich haben dürfte, sagen dürfe: m e i n Haus und Hof, m e i n Obstgarten ... auch dies wird in dieser ungeheuerlichen Prüfung zum Problem.* Die Sätze und die folgenden sind unter dem Druck der Sorge um Österreich, unter den zerrüttenden Eindrücken der Tagesereignisse, nach den Wochen des Prager Aufenthaltes geschrieben: *Dies, dies ist jetzt die Agonie, die eigentliche Agonie des tausendjährigen heiligen römischen Reiches deutscher Nation ... es war ein h e i l i g e s Reich, die einzige Institution, die auf Höheres als auf Macht und Bestand und Selbstbehauptung gestellt war.* (EvB Br 236 und 235)

Nur zwei Wochen liegen zwischen Hofmannsthals Brief an Bodenhausen und dem ersten Brief von Pannwitz an Hofmannsthal. Der Brief des in der Nachfolge Nietzsches stehenden, durch die Schule Otto zur Lindes und Georges gegangenen Pädagogen, Dichters, Philosophen und Kulturpolitikers begleitete dessen eben erschienene «Krisis der europäischen Kultur». Hofmannsthal antwortet sofort. Es begibt sich etwas bis dahin Unerhörtes: Hofmannsthal öffnet sich dem anderen mit einer Spontaneität, die ihm selbst ungewohnt, fast unerlaubt anmutet: *Ich bitte um Verzeihung, daß ich als Fremder so offen und auf das Private eingehend zu Ihnen spreche. Aber die Übereinstimmung zwischen Ihren Unternehmungen und dem eigentlichen Kern meiner Gedanken und Pläne hat etwas, das Vertrauen hervorruft und zu verlangen scheint.* (Mesa 1955 24) Blitzartig, *wie ein Gesicht,* war Hofmannsthal von dem Buch berührt worden, aus dem ein Mensch sprach, der wie er unheimlich scharf das Chaos sah und von dem Willen beseelt schien, dieses durch den Kosmos zu bändigen und schließlich den Weg aus dem Chaos zur Gemeinschaft zu finden. Die Begegnung machte in Hofmannsthal – er bezeugte es durch Worte und Taten – Epoche. Das, was er im Sinne einer «konservativen Revolution» wirkte, erfuhr starke Impulse durch das Werk von Pannwitz, der zur gleichen Zeit wie Thomas Mann über das Wechselverhältnis zwischen dem Konservativen und dem Revolutionären nachgedacht und über das, was konservative Revolution ist, dezidiert in einem seiner Flugblätter geschrieben hatte. Als der Plan einer Zeitschrift nach dem Krieg konkretere Form annimmt, kann sich Hofmannsthal diese nicht ohne Pannwitz denken: *Und auf den Umschlag der Zeitschrift will ich aus Eigensinn draufschreiben: unter Mitwirkung von Leopold Andrian, C. J. B., R. Borchardt, R. A. Schröder und R. Pannwitz. Eine absurde Gesellschaft, aber eben gerade meine.* (CJB Br 51) – Hofmannsthals besitzergreifendes Interesse an der Weisheit und den Dichtungen des Orients, sein Eintreten für den schmählich vergessenen Übersetzer und Kommentator der Schriften Buddhas, Karl Eugen Neumann, der Plan einer Reihe «Orientalia» in der «Bremer Presse», seine erneute Beschäftigung mit dem Semiramis-Stoff, die Arbeit an einem *Chinesischen Trauerspiel*: für das alles fand er Anregung oder Förderung im Anhang der «Krisis», in dem Pannwitz vom Europäer forderte, sich das im Orient Geleistete ganz einzuverleiben, um erst einmal

Rudolf Pannwitz, 1918

den Kosmos zu schaffen, der dem Orientalen längst Besitz gewesen war.

Hofmannsthal setzt sich für Pannwitz ein. Er tut sein *Äußerstes ... in jedem Sinn, um ihm die höchste Wirkung zu ermöglichen* (R Br 23). Er empfiehlt den Freunden die «Krisis», sucht dann 1919 durch Vorlesungen und zähes Hinweisen der «Deutschen Lehre» ein verständiges und breites Publikum zu schaffen. Er ist gewiß, daß Pannwitz *mit diesem Buch durchdringen* (wird) *wie eine Sturmflut in ein Tiefland ... Soweit diese Nation zu erschüttern ist ... wird sie sich Ihnen hingeben...* (Mesa 1955 35) Paul Hellmann, dem Schwager Josef Redlichs, schreibt er ähnlich: er sei der Überzeugung, *daß dieses Buch in die nach Lehre und Führung dürstende, an den Universitäten verzweifelnde Jugend der Nation hineinfahren wird, wie eine Stichflamme in ein vertrocknetes Holzhaus und daraus ein geistiger Brand entstehen wird, der Epoche macht* (Merkur 1955 968). Zur gleichen Zeit sieht er seine Aufgabe in der Ordnung der schwierigen Lebensverhältnisse von Pannwitz. Nachdem dieser im Dezember 1917 in Wien war, schreibt Hofmannsthal an Bodenhausen: *Mein Wunsch wäre, ihn auf Gandegg in Eppan anzumieten ... die schöne kleine Burg ... Dicke Mauern, sanftes Klima, Friede, Ruhe, schöne Conturen rings, eine edle, uralte Luft voll Mythen. Dort soll er sein ... Freunde um sich sammeln, Schüler; Mittelpunkt sein, Kraftcentrum. Er könnte mehr bedeuten als eine Universität.* (EvB Br 242 f) Der Plan scheitert; aber Hofmannsthal bemüht sich um Hilfe, damit Pannwitz ohne materielle Sorgen seiner Berufung leben kann.

Nie wieder macht Hofmannsthal mit solcher Leidenschaft die Interessen eines anderen zu seinen eigenen. Er tut es auch in der Gewißheit, daß ihm in Pannwitz – ähnlich wie in Nadler – einer jener seltenen Menschen begegnet ist, die sein gesamtes Werk als Einheit zu erkennen vermögen. So sendet er ihm seine Bücher, meldet er seine Pläne, interpretiert er sein Werk, wendet er sich an ihn um Hilfe, wenn er in der Arbeit ins Stocken gerät. Er erhält Antwort und findet sich bestätigt, wird immer wieder erhoben von dem Gefühl tiefer Übereinstimmung: die Reaktion von Pannwitz auf das Märchen *Die Frau ohne Schatten* ergreift und rührt Hofmannsthal *fast an die Tränen.*

Die Intensität des Gedankenaustausches barg Bedrohliches. Denn Pannwitz, den Hofmannsthal als den einzigen Fortsetzer Nietzsches ansah, war erfüllt vom Sendungsbewußtsein des Propheten und vom Glauben an seine messianische Berufung. Schon nach dem ersten großen Brief von Pannwitz warnt Hofmannsthal: *...ich fühle wir werden uns durchaus und durchaus beschränken müssen, um an dem Zu-viel nicht zu leiden bis zur Verstörung.* (Mesa 1955 26) Dem Staunen über dieses geistige Phänomen ist von Anbeginn *eine Art von Schrecken* beigemischt. Das Trennende tritt bald mit Stärke hervor, das Verbindende verliert seine Macht angesichts unerfüllbarer Forderungen und schmerzender Vorwürfe von Pannwitz. 1921 endet die Verbindung, mit der Hofmannsthal die größte Epoche seines Lebens, selbst die erste Begegnung mit George mitgerechnet, eingeleitet sah. Es blieb Hofmannsthal, wie er es sich in einem Brief an Josef Redlich wünschte, erspart, die *nur den unglücklichen Zeitbürgern definitiv absteigender Epochen* beschiedene *ganz furchtbare Erfahrung* machen zu müssen, *daß solche Kräfte von unbegreiflichen oberen Mächten zu wirkungsloser Selbstvergeudung verurteilt* wurden (R Br 44). Für Hofmannsthal war der *Zusammenstoß* mit Pannwitz, seiner ganzen Welt, wie er im August 1917 schrieb, eine Begegnung, die ihn gewissermaßen auflöste und neu zusammensetzte, ein *ungeheurer Anruf in fast jeder Zeile*, eine *sonderbare Lage, so schön als ängstlich...* (Mesa 1955 27 f)

Aus dem Garten in Rodaun

«DER TURM»

Ich hoffe, des einen meiner dramatischen Stoffe in diesem Sommer Herr zu werden. Es ist eine Bearbeitung des zum Teil sehr tiefen, zum Teil grundschlechten Stückes «La vida es sueño» von Calderon, freilich eine völlig freie Bearbeitung, eine Neudichtung ... die sich zu dem alten Original nicht wie der Kleistsche «Amphitryon» zum Molièreschen, sondern – sans comparaison – wie ein Shakespearesches Stück zur italienischen Novelle verhält. So liest man 1902 in einem Brief an Theodor Gomperz, in dem Hofmannsthal ausführlich über seine Arbeiten und Pläne spricht (Br II 73). Dann findet sich 1904 in den Aufzeichnungen die Bemerkung, er habe die entscheidende Wendung gefunden, eine Wendung, die – so schreibt er Schnitzler – zu einem dem Calderón fast entgegengesetzten Schluß führte. Hermann Bahr bittet er damals um das Buch von Théodule Ribot «Maladies de la personnalité» für die Transkription von «Das Leben ein Traum»: *Es handelt sich in dem Stoff, der mich jetzt am meisten lockt ... ja darum, in die tiefsten Tiefen des zweifelhaften Höhlenkönigreiches «Ich» hinabzusteigen und dort das Nicht-mehrich oder die Welt zu finden. Was mich ... besonders beglückt, ist die Möglichkeit, synthetische oder stilisierte Sprache zu machen.* (Br II 155) Die Neudichtung der Fabel vom König Basilius, dem prophezeit war, sein Sohn Sigismund werde sich gegen ihn erheben, und der diesen deshalb in einem Turm gefangenhält, gedieh bis zum vierten Aufzug. Der fünfte sollte den Tod des Königs bringen – nicht durch Sigismund, aber durch einen anderen Sohn des Königs – und obendrein zweifachen Brudermord. Das war jene neue Wendung des Schlusses; denn bei Calderón steht am Ende die Versöhnung von Sohn und Vater. Die Unmöglichkeit eines versöhnlichen Ausgangs im Sinne Calderóns, Sigismunds Unfähigkeit zur Tat und sein Opfertod – daran mochte Hofmannsthal gedacht haben, als er 1910 in einer Vorbemerkung zum Druck einiger Teile seiner Dichtung in der Wiener «Zeit» schreibt: *Mit wachsender Vertiefung in den immer höchst merkwürdigen, niemals veraltenden Stoff wuchs die Erkenntnis einer zentralen, kaum überwindlichen Schwierigkeit, mehr geistiger als künstlerisch-technischer Natur ...* (D III 503)

1918 war es Hofmannsthal gelungen, Leopold von Andrian das Amt des Generalintendanten der Wiener Hoftheater zu sichern. Daraufhin wird von ihm intensiv die Berufung Max Reinhardts und Richard Strauss' betrieben. Ebenso eingehend beschäftigt er sich mit dem Repertoire für Oper und Schauspiel, und es ist diese Anteilnahme, die Hofmannsthal wieder zu Calderón führt. Er will für das Burgtheater jedes Jahr ein Stück von Calderón bearbeiten und so jene von Schreyvogel begründete Tradition der Pflege der spanischen Klassiker fortsetzen. Mit Reinhardt und Andrian hatte er schon den Plan der Semiramis–Ninyas-Tragödie und seine Neudichtung von «Das Leben ein Traum» durchgesprochen, und ihr Beifall hatte ihn sehr ermutigt. Wenn auch das Kriegsende und die revolutionären

Umwälzungen die auf das Burgtheater bezogenen konkreten Pläne zunichte machten, so waren es gerade der Krieg und sein Ausgang, die ihm die Stücke Calderóns in ihrer Symbolik erst recht faßlich machten. So beginnt Hofmannsthal 1920 wieder an dem *ewigen und doch zugleich österreichischen Stoff* (AW Br 30) zu arbeiten, den er mehr als fünfzehn Jahre hatte ruhen lassen. Das Geschäft kostet den Dichter die beste Kraft der folgenden Jahre; denn gerade das jetzt Faßliche war das Furchtbare. Es ging darum, *den Einbruch chaotischer Kräfte in eine vom Geist nicht mehr getragene Ordnung deutlich zu machen* (Fiechtner 133). Und es ging um dieses: ... *der letzte Akt? Aus all dem Furchtbaren muß doch das Versöhnende, die Zukunft herausleuchten, nur dann hat das eigentlich Tragische seinen wahren Gehalt.* (Fiechtner 133) Ähnlich hatte Hofmannsthal bei anderer Gelegenheit an Eberhard von Bodenhausen geschrieben. Diese Worte sind an Carl J. Burckhardt gerichtet, an den Mann, dem sich Hofmannsthal in seinem letzten Lebensjahrzehnt aufs engste verknüpfte: ... *beim ersten Nachhausegehen durch die Straßen der innern Stadt wußte ich, daß der Unterschied der Jahre zwischen uns nichts bedeutete, daß überhaupt keine Grenzen zwischen uns waren, daß wir zu einander gehörten. – Ich verliere in diesem unglücklichen Wien einen Menschen nach dem andern, nun geht Brecht an eine deutsche Universität, Redlich an die Harvardhochschule... Ich kann alle entbehren, wenn Sie mir bleiben, wenn ich Sie in Europa weiß, und mich zu Ihnen wenden kann.* (CJB Br 228)

...*und mich zu Ihnen wenden kann*: in Burckhardts Aufzeichnungen kann man nachlesen und in Hofmannsthals Briefen an den 1891 geborenen, Basler Stadtpatriziat entstammendem Diplomaten, Gelehrten und Dichter ist festgehalten, wie eng der Schweizer Freund auch mit der Geschichte des Trauerspiels *Der Turm* – das ist der nach dem Krieg gewählte Titel – verbunden ist. 1922 schreibt der Dichter: *Alles was Sie zum dritten Act vorgebracht haben, bedenke ich mit der größten Aufmerksamkeit. Es ist mir niemandes Teilnahme näher als die Ihre, und gar für diese Arbeit – und niemandes Kritik gewichtiger.* (CJB Br 98) Immer wieder sucht er das belebende Gespräch, erhofft er sich von dem Freund den ihn aus Verstrickung oder Erstarrung erlösenden Rat: ... *ich brauche Sie mehr als je, brauche nicht nur Ihre Nähe... sondern diesmal auch völlig Ihren Rat, Ihre ganze Teilnahme für den «Turm»...* (CJB Br 140) Und wie schon 1904 ist es auch diesmal das Geschehen des fünften Aktes, das sich jeder Gestaltung zu widersetzen scheint. Im Oktober 1923 schreibt Hofmannsthal aus Bad Aussee an Burckhardt: ...*vollende ich den fünften Act diesmal nicht... dann ist die Arbeit verloren. Worin die ungeheure Schwierigkeit liegt, die mich immer wieder... den Glauben und damit die Kraft verlieren macht, ist fast leicht zu sagen: es handelt sich in diesem Stück immer darum, daß ein Vorderes, Greifbares da sei, eine Action, faßlicher, concreter Art – und zugleich, daß hinter dieser sich ein Höheres, Geistiges, Allgemeines... gleichermaßen von Schritt zu Schritt enthülle und beglaubige – auch dieses g e s t a l t e t, nicht rational wahrnehmbar, aber mit der Phantasie. Dies Doppelte ist im ersten und zweiten Act, auch im vierten gelungen – im dritten noch nicht so ganz (doch hoffe ich, auch diesen mit Ihrem Zuspruch zurecht zu bringen...) – Aber im fünften stellt sich jeder neuen Fassung, zu der ich meine Kräfte ansetze, immer neu eine völlig erkannte Schwierigkeit entgegen...* (CJB Br 140 f) Schließlich wird sie überwunden. Was 1922 und 1923 nicht möglich war, das gelingt 1924. Aus Aussee schreibt Hofmannsthal im Oktober an Willy Wiegand: *...es hat sich gefügt, daß ich den fünften Act des «Turmes» heute abschließen konnte.* (W Br 125) Und im gleichen Brief bittet er, diesen Akt, zusammen mit dem dritten und vierten, im zweiten Heft der zweiten Folge der *Neuen Deutschen Beiträge* erscheinen zu lassen.

Carl J. Burckhardt

Hofmannsthal hatte ein Exemplar seines Trauerspiels an Martin Buber gesandt, der mit diesen Worten dankte: «Nun darf man wieder an die Existenz der Tragödie in unserer Zeit glauben.» Aber Buber hatte auch einen Einwand, den er in einem späteren Brief aussprach und der nur den letzten Akt – dieses Sorgenkind – betraf. Ihm war es bedenklich erschienen, daß zwei neue Sphären unvermittelt in die Handlung einbezogen worden waren: die Geisterwelt – in der Zigeunerin, der *Olivierischen Haupthur* (D IV 172), leibhaftig gegenwärtig – und die Sphäre des *neuen Geschlechts* – verkörpert im Kinderkönig. «So etwas konnte wohl nur in den Epiphanien der griechischen Tragödie real werden. Dort erlaubte, ermöglichte das Faktum der Distanz zwischen Göttern und Menschen innerhalb der gleichen leiblichen Welt den lösenden Wechsel der Perspektive, die göttliche konnte am Ausgang des Spiels die menschliche tatsächlich überwinden. Bei uns wird nur die Perspektive einer Generation durch die einer anderen ersetzt; aber diese ist im ‹Turm› nicht real wie jene, auf der sich das Drama aufbaut.» Dies war im Mai 1926. Einen Monat später ist Hofmannsthal in Schloß Leopoldskron bei Max Reinhardt zu Gast. Und von diesem, der Hofmannsthals Trauerspiel aufführen soll, kommen die Änderungswünsche des erfahrenen Theatermannes. Was Hofmannsthal bald darauf an Burckhardt schreibt, ist – abgesehen von der tiefen Freundschaftsbezeigung – der Reflex auf Bubers und Reinhardts Vorbehalte: *Ich mußte ... um eine Notiz* in Ordnung zu bringen, die kleine Selbstbiographie von Bachofen aufschlagen ... Ihr Basel, Ihres Vaters Leben, all dies Würdige, Werte, von Trauer durchzitterte, das durch Sie auch ein Teil meines Lebens geworden ist, all dies nicht mehr Haltbare – und doch: i s t es nicht haltbar? – sind nicht wir es, die etwas davon, das Ungreifbarste und doch Entscheidende halten werden? sind wir nicht dazu an jenes Geschlecht angeknüpft? Dies große Fragstück bewegt mich seit einiger Zeit in allen Stunden ...: welche Bewandtnis es habe mit den Gleichzeitiglebenden, die einander wechselweise zum Schicksal werden – und wieder mit denen, die nacheinander leben, die unmittelbar aufeinander folgenden Generationen ... Von hier aus schöpfe ich auch den Mut, den «Turm» so entscheidend umzugestalten ... und die Durchführung steht klar vor mir. Ich hatte den letzten Acten einen größeren Horizont gegeben als das Theater erträgt; ich darf das Königsschloß nicht mehr verlassen, dort vollzieht sich alles, Schlag auf Schlag. Aber Olivier muß in eine höhere Sphäre, aber gleich furchtbar; jenes ... Verhältnis, das ich immer hinstellen wollte zwischen Essex und einem seiner Richter (der sich fühlt als der Vollstrecker des i n d e r Z e i t Notwendigen) ... tritt nun zwischen Olivier und Sigismund hin, er muß den Sigismund hinwegräumen – aber alles in einer nüchtern-furchtbaren Atmosphäre. (CJB Br 218 f)

In der ersten Fassung tritt der Kinderkönig an die Stelle des ermordeten Sigismund. War in diesem schon das Messianische angedeutet, in jenem gewinnt es Gestalt. So leuchtet aus all dem Furchtbaren das Versöhnende heraus, wenn sich im Schlußakt der Kinderkönig dem sterbenden Sigismund zu erkennen gibt: *Du sollst mir Schwert und Waage geben: denn du bist nur ein Zwischenkönig gewesen. – Wir haben Hütten gebaut und halten Feuer auf der Esse und schmieden die Schwerter zu Pflugscharen um. Wir haben neue Gesetze gegeben, denn die Gesetze müssen immer von den Jungen kommen. Und bei den Toten stellen wir Lichter auf.* (D IV 206)

Als ein Schulfreund Raimund von Hofmannsthals um eine Deutung der Turm-Dichtung bittet, schreibt Hofmannsthal: *Der eine sieht eine Gruppe schicksalverbundener Gestalten vor sich, der andere glaubt in diesen Figuren Ideen verkörpert zu sehen; wohl politische Ideen, aber nicht solche, die sich genau mit Namen nennen ließen. Vielleicht liegt eben darin das Dichterische, daß sich beide Möglichkeiten durchkreuzen.* (Corona X 796 f) Es ist damit das angedeutet, was der Dichter Erika Brecht gegenüber als das *Überhistorische* bezeichnete: *Brecht soll doch seinen Studenten den «Turm» ein bißchen erklären ... Es muß dieser Begriff, den Brecht selbst geformt hat, das «Überhistorische» dieses Trauerspiels, das zwischen einer Vergangenheit und einer Gegenwart Schwebende den Leuten einmal faßlich werden...* (Brecht 67)

Als Hofmannsthal an die Umarbeitung geht, schreibt er vor allem den vierten und den fünften Akt neu. Der Kinderkönig und die Zigeunerin sind weggefallen: das Versöhnende und das, was dem Olivier in der ersten Fassung eine tiefere Dimension gegeben hatte. Nun wird der einstige Orgiastiker zum nüchternen Techniker der Macht, der aus dem Wege räumt, was sich ihm entgegenstellt, der kaltblütig das nutzt, was ihm die Herrschaft sichern hilft. An die Entwürfe zu *Die beiden Götter* erinnert man sich, wenn man liest: *Ich brauche einen Kerl, ähnlich ihm zum Verwechseln und der mir pariert wie der Handschuh an meiner Hand.* (D IV 457) Das *ewig ochlokratische Element* behält die Herrschaft. Sigismund fällt durch die Kugel eines Olivierischen Scharfschützen. Ein Wort Sigismunds aber läßt Hofmannsthal unverändert und gibt ihm noch mehr Gewicht als in der ersten Fassung, indem er es ganz an den Schluß des neuen Dramas stellt, das 1928 in München – nicht von Reinhardt – zum erstenmal aufgeführt wird: *Gebet Zeugnis, ich war da, wenngleich mich niemand gekannt hat.* (D IV 207 und 463)

Gestaltenwelt des Barock, *ein Königreich Polen, aber mehr der Sage als der Geschichte, ein vergangenes Jahrhundert, in der Atmosphäre dem siebzehnten ähnlich* – Weltkrieg, Revolution, Untergang der Monarchie, Pöbelherrschaft, Macht des Geldes, Ahnung furchtbarer Möglichkeiten: In der schicksalsmäßigen Verknüpfung der Gestalten sind Vergangenheit und Gegenwart aufgehoben, werden Geschehen und Gestalten mythisch.

Kein Dichter wird bei seinen Lebzeiten erkannt, außer von Einzelnen. Keiner, ausnahmslos. Mit «schroffem Ernst» hat Hofmannsthal dies zu Walther Brecht in dem Gespräch über die *Ägyptische Helena* gesagt (Fiechtner 342). Das Schicksal Sigismunds ist auch das Schicksal des Dichters in der Zeit, und so werden die letzten Worte des sterbenden Königssohnes zum Vorwurf des Dichters gegen seine Zeit. Raoul Auernheimer hatte kurz vor dem Tode Hofmannsthals ein Gespräch mit ihm über die schlechte Lage des österreichischen Schriftstellers: «‹Was soll er also tun, der österreichische Dichter?› fragte ich, seinem Pessimismus begegnend. ‹Sterben!› kam im Falsett die erschreckende Antwort.»

DER TOD

Gestern nachmittag ist ein großes Unglück über das Rodauner Haus gekommen. Während eines schweren dumpfen Gewitters hat unser armer Franz sich durch einen Schuß in die Schläfe das Leben genommen. Die Ursache dieser schweren Tat liegt unendlich tief: in den Tiefen des Charakters und des Schicksals. (CJB Br 316) Diese Trauernachricht geht am 14. Juli 1929 an den Freund Carl J. Burckhardt. Als Hugo von Hofmannsthal am Nachmittag des 15. Juli zum Leichenbegängnis des Sohnes aufbrechen will, wird er vom Schlag getroffen. Er stirbt am Abend, ohne das Bewußtsein wiedererlangt zu haben. Die Todesnachricht verdrängt nicht nur in Wien die politischen Meldungen aus den ersten Spalten der Titelseite. Wie die Namen Poincarés oder Stresemanns steht der des Dichters in der Schlagzeile: «Abschied von Hofmannsthal» nimmt am 16. Juli 1929 Gerhart Hauptmann im «Berliner Tageblatt». Am 18. Juli – man hat ihn den endgültigen Todestag des alten Österreich genannt – wird Hugo von Hofmannsthal neben dem Sohn auf dem Kalksburger Friedhof beigesetzt. Die Zahl der Trauernden, die den Toten von Rodaun hinüber nach Kalksburg geleiten, und der Schauenden, die an einem großen Schauspiel teilhaben möchten, geht in die Tausende.

Ich hätte, wenn ich auch größere poetische Leistungen kaum mehr von mir erwarte und erwarten darf, Zeit zu manchen Dingen; aber niemand fordert mich auf, niemand will, niemand erwartet etwas von mir. R. A. Schröder hat diese Worte überliefert, von Hofmannsthal gesprochen, als sie sich 1929 im ausgehenden Winter zum letztenmal in Basel trafen (Fiechtner 94). Und in einem Brief an Erika Brecht aus eben jenen Tagen steht die Klage, daß er vergessen werde, den Menschen nichts mehr geben könne, daß sie nichts mehr von ihm wollten. Nun, da der Tod ihn abgerufen, erwacht noch einmal die Teilnahme, durchzittert Tausende die Ahnung des Verlustes, um dann um so gründlicher zu erlöschen. R. A. Schröders 1929 ausgesprochene Hoffnung ist mehr als drei Jahrzehnte später aufs neue zu zitieren: «Wie schön wäre es, wenn das, was an jenem Tage Tausende herbeigelockt, das dumpfe Gefühl eines freilich nicht in seiner vollen Tiefe und Größe erfaßten Verlustes ... ein Vorspiel gewesen wäre für die Teilnahme, die die Nation dem irdischen Fortleben und Nachwirken des Dichters von nun ab zuwenden würde!» (Fiechtner 95)

Der Tod, so plötzlich er kam, konnte nur im ersten Augenblick des Schreckens als etwas Unerwartetes genommen werden. Die Ärzte, die Familie und die Freunde hatten längst Grund zur Sorge gehabt. Hofmannsthals Wetterfühligkeit hatte mit den Jahren beängstigende Formen angenommen. Die Atmosphäre wurde des Dichters tägliches Schicksal. Heiterkeit, Leichtigkeit und Produktivität oder Dumpfheit, Depression und Arbeitsunfähigkeit – darüber entschied der Druck der Luft. *Was mir von Lebenskräften bei solchen Wochen zurückbleibt, ist der gleiche Bruchteil wie bei einer Krankheit,* schrieb er 1926 nach langen Regenwochen an Erika Brecht (Brecht 66). Diese

Überempfindlichkeit wurde schließlich zur akuten Krankheit. Schwindelgefühle stellen sich immer häufiger ein, die Beschwerden wurden quälend, die Angst vor jeder Kleinigkeit des Alltags wuchs und vermischte sich mit der Angst, die ihn ob der zerrütteten Weltverhältnisse seit dem Ausgang des Krieges nicht mehr losgelassen hatte. Die Freunde, am ergreifendsten der Hofmannsthal im letzten Lebensjahrzehnt am nächsten stehende, Carl J. Burckhardt, haben von der wachsenden Verfinsterung und Vereinsamung des Dichters berichtet. Man spürt die Last und Schwere in dem resignierenden Ton der Briefe; die Trauer schwingt durch sie hindurch. *Für mich ist Wien ein sehr schwer erträglicher Ort... Der jetzige Zustand ist nur für einen Fremden erträglich, für mich ist er versteinernd. Für Sie ist das Ganze eine Theaterdekoration und spricht Ihnen von Dingen, die tot sind, aber das ist für Sie ein Charme mehr. Für mich ist fast alles furchtbar ...* Aus diesen Sätzen spricht die Not dessen, dem das historische Geschehen die Basis seiner Existenz erschütterte. Sie stehen in einem Brief in Burckhardt aus dem Jahre 1926 (CJB Br 233). An ebendenselben gehen im gleichen Jahr Zeilen, die nicht nur das Wissen um die Präsenz des Todes verraten – das tun Hofmannsthals Dichtungen seit dem *Tor und Tod* –, sondern in denen die Ahnung von der Nähe des Todes anklingt: *Indem ich Ihren Brief überlas... dachte ich wieder, welch ein unaussprechlicher Trost es für mich ist in meinem nicht leichten Leben, daß ich Ihnen begegnet bin. Jetzt aber habe ich Sie schon zu lange entbehrt und will Sie nicht länger entbehren! In Ihrem Alter mag man noch mit Jahrfünften rechnen, in meinen rechnet man mit Jahren, und wie ernst!* (CJB Br 237)

In diesen Jahren, in denen ihn *die Krisen der Atmosphäre zerrütten* und er *mit den Augen eines Kranken unsicher in die Welt* sieht (NR 1954 388), vollendet Hofmannsthal das Trauerspiel *Der Turm*, gibt er ihm dann die neue Fassung mit dem düsteren Schluß. Er arbeitet für Strauss die *Arabella*, versucht sich an den Stoffen, die ihm schon jahrelang anhängen: am *Xenodoxus*, an dem Trauerspiel *Kaiser Phokas*, dem Drama *Herbstmondnacht* und dem Lustspiel *Timon der Redner*. Er schreibt zu zwei Dritteln ein *chinesisches Trauerspiel*, entwirft eine Pantomime *Der Gouverneur* in fünfzehn Bildern, erfindet ein Filmszenarium über das Leben der Therese von Konnersreuth, einen anderen Film für Lilian Gish, der Ende 1918 in Österreich spielt. Und die nicht erlahmende Phantasie zeugt Plan um Plan: ein Drei-Personen-Stück, drei leichte moderne Lustspiele, eine *Darstellung der letzten Lebensmonate des Herzogs von Reichstadt*. Über eine vie romancée Don Juans d'Austria schloß Hofmannsthal noch am 12. Juli 1929 einen Vertrag mit einem Münchener Verlag.

Drei Tage später galt der einst dem Gedächtnis des Schauspielers Mitterwurzer gewidmete Vers für Hofmannsthal selbst: *Er losch auf einmal aus so wie ein Licht.* (G 46) Plan blieb Plan, das Entworfene und der Vollendung Nahe kam auf uns als Fragment. 1902 hatte Rudolf Borchardt in der «Rede über Hofmannsthal» diese Sätze gesprochen: «Damit Geheimnis unter den menschlichen Geschlechtern nicht ausstirbt, sind Dichter da. Sie sind das einzige völlig Unzer-

Hofmannsthals Grabstätte auf dem Kalksburger Friedhof in Wien

störbare, was die Erde hervorbringt: wo ihre Person zu schwach ist, Unsterblichkeit durch die Jahrtausende zu tragen, geben sie die göttliche Last an Stärkere ab und so bleibt, was nicht wieder verloren werden darf. Es ist ihnen zugeteilt wie den Sternen und den Fackelträgern, sich einer aus dem andern mit Licht zu füllen, uns aber, ewig über uns zu fühlen, ‹Wie sie sich einander loben, Jene Feuer in dem Blauen›.» Und Hofmannsthal selbst hat uns, die wir seinen Lebensspuren nachgehen, dieses Wort in seinem *Buch der Freunde* hinterlassen: *Wenn ein Mensch dahin ist, nimmt er ein Geheimnis mit sich: wie es ihm, gerade ihm – im geistigen Sinn zu leben möglich gewesen sei.* (A 33)

ZEITTAFEL

1874	1. Februar: Hugo Laurenz August Hofmann, Edler von Hofmannsthal wird als einziges Kind des Bankdirektors Dr. jur. Hugo von Hofmannsthal und seiner Frau Anna, geb. Fohleutner, in Wien geboren
1884–1892	Besuch des Akademischen Gymnasiums in Wien
1890	Juni: Erste, pseudonyme, Veröffentlichung: das Sonett *Frage* Seit Herbst Gast im Café Griensteidl. Bekanntschaft mit Schnitzler, Beer-Hofmann, Salten
1891	18. April: Besuch bei dem in Wien weilenden Ibsen 27. April: Hermann Bahr im Caféhaus vorgestellt Dezember: Begegnung mit George Druck: *Gestern*
1892	Mai: Zweites Treffen mit George. Mitarbeit an den «Blättern für die Kunst» *Ascanio und Gioconda*, Renaissance-Drama, unvollendet August: Bekanntschaft mit Josephine von Wertheimstein September: Reise nach Südfrankreich Oktober: *Der Tod des Tizian* im ersten Heft der «Blätter»
1892–1894	Jura-Studium an der Universität Wien
1893	*Der Tor und der Tod* Herbst: Bekanntschaft mit Leopold von Andrian
1894	*Alkestis* 13. Juli: Erstes juristisches Staatsexamen Krankheit und Tod der Frau von Wertheimstein. *Terzinen* 1. Oktober bis Ende September 1895: Freiwilligenjahr bei dem k. u. k. Dragonerregiment 6 in Göding
1895	Erste Veröffentlichungen im «Pan» (*Terzinen II–IV*) *Das Märchen der 672. Nacht* Von Oktober ab Studium der romanischen Philologie
1896	Mai: Waffenübung in Tlumacz in Ostgalizien August: In Aussee. Bekanntschaft mit Raoul Richter Oktober: Bekanntschaft mit Otto Brahm
1897	Dissertation *Über den Sprachgebrauch bei den Dichtern der Plejade* August: In Varese. *Das Kleine Welttheater, Die Frau im Fenster, Der weiße Fächer, Die Hochzeit der Sobeide, Der Kaiser und die Hexe* September: Beginn des Briefwechsels mit Bodenhausen
1898	15. Mai: Erste Aufführung eines Stückes von Hofmannsthal: *Die Frau im Fenster* in Berlin 23. Juni: Rigorosum Juli: Waffenübung in Czortkow in Ostgalizien September–Oktober: In Venedig. *Der Abenteurer und die Sängerin*
1899	März: In Berlin. Uraufführung *Sobeide, Abenteurer*. Kontakte mit Hauptmann, Kessler, Bodenhausen *Das Bergwerk zu Falun* Drucke: *Theater in Versen (Frau im Fenster, Sobeide, Abenteurer). Der Tor und der Tod*
1900	Februar: In München bei Heymel und Schröder. Mitarbeit an der «Insel»

167

	Februar–Mai: In Paris. Bekanntschaft mit Maeterlinck und Rodin
	Ballett *Der Triumph der Zeit. Vorspiel zur Antigone des Sophokles. Das Erlebnis des Marschalls von Bassompierre*
	Druck: *Der Kaiser und die Hexe*
1900–1901	Habilitationsschrift *Studie über die Entwickelung des Dichters Victor Hugo*
1901	8. Juni: Heirat mit Gertrud Schlesinger in Wien. Übersiedlung nach Rodaun bei Wien, wo Hofmannsthal bis zu seinem Tode wohnt
	Pompilia oder Das Leben, Trauerspiel, unvollendet
	Dezember: Hofmannsthal zieht Gesuch um die Venia legendi an der Universität Wien zurück
	Pläne: Bearbeitung der «Elektra» des Sophokles und von Calderóns «Das Leben ein Traum»
1902	Februar–März: Besuch Borchardts in Rodaun
	Das Leben ein Traum
	14. Mai: Geburt der Tochter Christiane
	August: *Ein Brief* (Chandos-Brief)
	September–Oktober: In Rom, anschließend in Venedig. *Das gerettete Venedig*
	Druck: *Der Schüler*
1903	Februar: Begegnung mit George in München
	Mai: Durch Bahr erste Verbindung mit Reinhardt
	29. Oktober: Geburt des Sohnes Franz
	30. Oktober: Uraufführung *Elektra* (erste Reinhardt-Inszenierung)
	Pläne: *Orest in Delphi. Jedermann. Die Bacchen. Die Tochter der Luft* (Semiramis)
	Drucke: *Elektra. Das Kleine Welttheater. Ausgewählte Gedichte* (Verlag der Blätter für die Kunst)
1904	22. März: Tod der Mutter
	September: In Venedig. *Ödipus und die Sphinx*
	November: Instruktionskurs für nichtaktive Offiziere in Olmütz
1905	21. Januar: Uraufführung *Das gerettete Venedig* in Berlin an Brahms Lessing-Theater
	April: In Weimar. Vortrag *Shakespeares Könige und große Herren*
	Mai: Mit Kessler in Paris. Treffen mit André Gide
	Bearbeitung des *König Ödipus* von Sophokles
	Druck: *Das gerettete Venedig*
1906	Februar: Begegnung mit Richard Strauss in Berlin
	März: Bruch mit George
	26. Mai: Geburt des Sohnes Raimund
	Juni: Plan der *Rodauner Anfänge* mit Schröder
	Jedermann in Prosa
	Oktober: In Dresden. Besuch bei Helene und Alfred von Nostiz
	Dezember: Vortrag *Der Dichter und diese Zeit* in München, Frankfurt, Göttingen und Berlin
	Drucke: *Ödipus und die Sphinx. Kleine Dramen*
1907	Februar: Übernahme der Redaktion des Lyrik-Teils an der Wochenschrift «Morgen»

Andreas-Roman, erste Fassung. *Briefe des Zurückgekehrten. Erinnerung schöner Tage. Silvia im «Stern». Semiramis*
Oktober: Bekanntschaft mit Grete Wiesenthal
November: Rilke in Rodaun
Drucke: *Die gesammelten Gedichte. Kleine Dramen* (zweibändig). *Die Prosaischen Schriften gesammelt*, Bd. 1 und 2

1908 Februar–März: In Berlin. Aufführung von *Tor und Tod*
April–Mai: Reise nach Griechenland. Treffen mit Kessler und Maillol. Frucht: *Augenblicke in Griechenland*
Cristinas Heimreise
Druck: *Vorspiele*

1909 25. Januar: Uraufführung der Oper *Elektra* in Dresden
Der Rosenkavalier. Molière-Übertragung *Die Heirat wider Willen. Lucidor*
Jahrbuch *«Hesperus»*

1910 11. Februar: Uraufführung *Cristinas Heimreise* in Berlin
Juni: Vollendung des *Rosenkavalier*
Ende September: Uraufführung *König Ödipus* in München (Reinhardt-Gastspiel)
Pläne: *Das steinerne Herz. Der Schwierige*
Drucke: *König Ödipus. Cristinas Heimreise. Lucidor* (Erzählung)

1911 26. Januar: Uraufführung *Der Rosenkavalier* in Dresden
Jedermann. Ariadne auf Naxos
September: Mit dem Vater in Hamburg und Kopenhagen
1. Dezember: Uraufführung *Jedermann* in Berlin
Plan: *Die Frau ohne Schatten*
Drucke: *Der Rosenkavalier. Jedermann. Alkestis*

1912 Mai: Besuch bei Rudolf Borchardt in Lucca. Anschließend in Paris
Josephslegende für Diaghilew
September: Erstes Kapitel *des Andreas-Roman*s
25. Oktober: Uraufführung *Ariadne auf Naxos* in Stuttgart
Drucke: *Ariadne auf Naxos. Deutsche Erzähler*

1913 April: Mit Strauss in Rom, anschließend mit Schröder bei Borchardt in Lucca
Die Frau ohne Schatten, Märchen und Oper
Die «Bremer Presse» tritt an die Öffentlichkeit. Erster Druck: Hofmannsthals *Die Wege und die Begegnungen*

1914 26. Juli: Einberufung als Landsturmoffizier nach Pisino in Istrien
Seit September: Erste Kriegsaufsätze
Druck: *Josephslegende*

1915 Mai–Juni: Dienstreise nach Krakau
Die Österreichische Bibliothek beginnt zu erscheinen. *Grillparzers politisches Vermächtnis*
Oper *Die Frau ohne Schatten* vollendet
Oktober: In Brüssel
10. Dezember: Tod des Vaters
Drucke: *Prinz Eugen der edle Ritter. Österreichischer Almanach auf das Jahr 1916*

1916 Januar–Februar: In Berlin. *Die Lästigen*
Tanzspiele *Die grüne Flöte, Die Schäferinnen*
Ad me ipsum

	Juli: In Warschau und Vortrag *Österreich im Spiegel seiner Dichtung*
	November–Dezember: Skandinavien-Reise. Vorträge in Oslo und Stockholm
	Druck: *Ariadne auf Naxos. Neue Bearbeitung*
1917	März: In Zürich und Bern. In Bern Vortrag *Die Idee Europa*
	Juni: In Prag
	Der Bürger als Edelmann. Der Schwierige
	29. Juli: Beginn des Briefwechsels mit Pannwitz
	Plan: *Die beiden Götter* (*Semiramis*)
	Druck: *Die Prosaischen Schriften gesammelt*, Bd. 3
1918	6. Mai: Tod Bodenhausens
	Dame Kobold. Achill auf Skyros, Ballett für Egon Wellesz
	Oktober: Systematische Calderón-Lektüre
	Dezember: Begegnung mit Burckhardt
	Plan: *Timon der Redner*
	Drucke: *Der Bürger als Edelmann. Rodauner Nachträge*, 3 Bde.
1919	10. Oktober: Uraufführung *Die Frau ohne Schatten* in Wien
	Pläne: *Danae oder Die Vernunftheirat. Die ägyptische Helena. Herbstmondnacht*
	Drucke: *Die Frau ohne Schatten*, Oper und Erzählung
1920	Mai–Juni: Reise nach Italien und in die Schweiz. Treffen mit Nadler. Bei Burckhardt auf dem Schönenberg
	Der Turm
	22. August: *Jedermann* auf dem Domplatz in Salzburg. Beginn der Festspiele
	10. Dezember: Beethoven-Rede in Zürich
	Druck: *Dame Kobold*
1921	8. November: Uraufführung *Der Schwierige* in München
	Das Salzburger Große Welttheater
	Pläne: *Xenodoxus. Das Radstädter Gerichtsspiel*. Neue Fassung der *Silvia im «Stern»*
	Druck: *Der Schwierige*
1922	Von April ab: Briefe an die amerikanische Zeitschrift «The Dial»
	Mai: *Rede auf Grillparzer*
	Szenar zu dem Festspiel *Die Ruinen von Athen. Der Unbestechliche*
	12. August: Uraufführung *Das Salzburger Große Welttheater* in der Kollegienkirche in Salzburg
	Drucke: *Das Salzburger Große Welttheater. Buch der Freunde. Deutsches Lesebuch*. Ankündigung des Verlags der «Bremer Presse»
1922–1927	*Neue Deutsche Beiträge*
1923	16. März: Uraufführung *Der Unbestechliche* in Wien
	Die ägyptische Helena. Filmbuch zum *Rosenkavalier*
	Drucke: *Deutsche Epigramme. Alkestis*, Oper. *Florindo*
1924	1. Februar: «Eranos», Festgabe zu Hofmannsthals 50. Geburtstag
	März: Vollendung der *Ägyptischen Helena*
	April–Mai: Italienreise
	Oktober: Vollendung der ersten Fassung des Trauerspiels *Der Turm*
	Plan: Trauerspiel *Kaiser Phokas*

	Drucke: *Die Ruinen von Athen. Gesammelte Werke*, 6 Bde.
1925	Februar–März: Reise nach Marokko, über Paris
	Mai–Juni: In London und Oxford
	Plan: *Essex und seine Richter*
	Druck: *Der Turm*, erste Fassung
1926	10. Januar: Uraufführung des *Rosenkavalier*-Films
	21. März: *Das Theater des Neuen*, Vorspiel zu Bert Brechts «Baal»
	Vermächtnis der Antike. Umarbeitung des *Turm*
	Drucke: *Schiller. Selbstcharakteristik aus seinen Schriften. Deutsches Lesebuch*, 2. vermehrte Aufl. Briefwechsel zwischen Strauss und Hofmannsthal
1927	10. Januar: Rede *Das Schrifttum als geistiger Raum der Nation* in der Universität München
	Februar: In Sizilien
	Arabella
	Pläne: Roman über den Herzog von Reichstadt. Ein chinesisches Trauerspiel
	Drucke: *Das Schrifttum als geistiger Raum der Nation. Wert und Ehre deutscher Sprache. Der Turm*, neue Fassung
1928	4. Februar: Uraufführung *Der Turm* (neue Fassung) in München und Hamburg
	Mai: Film für Lilian Gish
	6. Juni: Uraufführung *Die ägyptische Helena* in Dresden
	Juni: Heirat der Tochter Christiane mit dem Indologen Heinrich Zimmer
	Druck: *Die ägyptische Helena*
1929	Februar–März: In Basel bei Burckhardt, in Heidelberg und München
	Mai: Italienreise. Besuch bei Borchardt
	Juni: Vollendung der *Arabella*
	Pläne: Historischer Roman über Philipp II. und Don Juan d'Austria. Prosa-Band *Berührung der Sphären*
	13. Juli: Selbstmord des Sohnes Franz
	15. Juli: Tod Hofmannsthals

ZEUGNISSE

Hermann Bahr

Er war von einer leichten, huldvoll zur Schau getragenen, bezaubernden Anmut, Freiheit und Würde des Geistes, die mir unvergeßlich ist, so sehr, daß ich später oft ungeduldig, ja zuweilen in dunklen Stunden ungerecht gegen ihn wurde, weil ich ihn immer noch am Glanz seiner Jugend und jedes Werk immer wieder an seinen ersten Versen maß, den schönsten deutschen Versen meiner Zeit.
Selbstbildnis. 1923

Rudolf Pannwitz

Wird man in einer wählenden Zeit Österreichs drei Dichter nennen, so wird der Name Hofmannsthal unter ihnen sein. Er wird nicht wie Grillparzer und Stifter, aber als der Dritte bei ihnen stehn. Damit ist weniger gesagt als mit einer Verherrlichung, mehr doch als es heute klingen mag. Ein Zweites schließt daran. Wollte man Hofmannsthal mit George vergleichen, so verglische man ein Lustschloß mit eingebauter Kapelle mit einem dorischen Tempel oder ein junges Wunder mit dem alten Gott; unterläßt man aber so Falsches, so wird man Hofmannsthals fünfzigsten Geburtstag als Feiertag bleibender deutscher Dichtung begehen können.
Hofmannsthal in unsrer Zeit. 1924

Karl Wolfskehl

Sein Wesen war atemlos und gedämpft zugleich, freundlich und voller Begehren, hoffnungslos (so österreichisch!) und voll Ehrgeiz, liebend, betastend, fühlerisch, wissend und in Angst – «unbefriedigt jeden Augenblick»! Und immer maß er sich, scherzend oder trotzig, bis ins Unbewußte hinab, an George. Ich hatte ihn sehr lieb, vieles von ihm verstand ich. Am eignen Sohn zu sterben, welch ein Symbol für das Europa von Gestern!
An Albert Verwey. 20. 7. 1929

Thomas Mann

Ich habe nicht gewußt, wie Hofmannsthals Hingang mich schmerzen werde, noch habe ich ganz verstanden, was uns zusammenführte und durch die Jahrzehnte zusammenhielt. Das Wort «Freundschaft» bedürfte heute seiner Genehmigung. Aber trotz aller Unterschiede der Geburt, der Überlieferung und Lebensstimmung nenne ich, sehend gemacht durch den Tod, die Wahrheit bei Namen, wenn ich von Brü-

derlichkeit, von Schicksalsverwandtschaft spreche. Wären wir beide weniger «schwierig» gewesen!
In memoriam Hugo von Hofmannsthal. 1929

T. S. ELIOT

Hofmannsthal war ein vortrefflicher Lyriker und Prosaist ... In manchen seiner Versdramen, so in «Die Hochzeit der Sobeide», erwies er sich als Kenner des Elisabethanischen Dramas, das er aufs genaueste kannte; in einigen seiner späteren Werke zeigte er eine gleiche Vertrautheit mit dem spanischen Drama, mit Lope und Calderón. Dennoch ist sein Werk nie epigonal. Er ist einer der Schriftsteller deutscher Sprache, dessen Werk nach dem Krieg ebenso erlesen wirkt wie vor dem Krieg, und dessen Streben und Einfluß man als «klassisch» bezeichnen könnte. Und er war ein Mensch von großem Charme und hoher Kultur.
Nachruf im «Criterion». 1929

ERNST ROBERT CURTIUS

Ich sehe ihn durch den weiten verwachsenen Wald unserer Überlieferung schreiten mit Blick und Bedacht des Schatzfinders, des Rutengängers, des Sternsuchers; mit dem träumenden und zugleich schauenden Blick dessen, der um alles Wachstum weiß; der mit allen Stoffen der Natur verbunden ist, weil sie in seinem Blute kreisen. So wandelt er durch die Geschichte, durch Volk und Völker, durch die geselligen Bezirke vergangenen und neuen Lebens. Aus dieser hegenden Liebe kam jene Gesinnung, die wir mit ihm konservativ nennen.
Hofmannsthals deutsche Sendung. 1929

MAX KOMMERELL

Führer sein heißt die Aufgaben der Zeit so zu lösen, daß die Lösung auch für andere gültig ist. Dies hat Hofmannsthal nie angestrebt, und irgend ein Gesetz, nach dem sich handeln, nach dem sich in dieser durchaus abgründigen Zeit auch nur die Festigkeit des Fühlens gewinnen ließe, entnehmen wir ihm nicht. Das Gegenteil ist in seiner Gestalt rührend, in seinem Werk dauernd geworden: die Seele, die in die Welt ruft und der keine Antwort wird. Wo der siegende Wille versagt, wird oft der Puls der großen Rätsel hörbarer: darum ehren wir ja die Untergehenden, und ein solcher ist Hofmannsthal mit seinen tieferen Äußerungen.
Hugo von Hofmannsthal. Eine Rede. 1930

Max Rychner

Hofmannsthal hat eine Ordnung verkörpert: indem er alles zu allem in Beziehung wußte. «Die Welt der Bezüge» – wie oft begegnen wir bei ihm diesem Wort! Aber die Bezüge bleiben im Sinnlosen oder Willkürlichen, wenn sie nicht auf eine Totalität hindeuten. Die Totalität jedoch, die Ganzheit des Lebens, des Geistes der Nation, der Kultur, das war Hofmannsthals großes Anliegen. «Wer bringt mir Einstein wieder ins Ganze herein, so wie Schiller Kant ins Ganze hereingenommen hat», sagte er einmal fast bedrängt; denn ihm war es eine persönliche Herzenssorge, daß einer nicht nur in einem wissenschaftlich abgezäunten Bereich Folgen zeitige, sondern das Bewußtsein der geistigen Gesamtheit produktiv errege.
«Die Berührung der Sphären». 1931

Stefan Zweig

Die Erscheinung des jungen Hofmannsthal ist und bleibt denkwürdig als eines der großen Wunder früher Vollendung; in der Weltliteratur kenne ich bei solcher Jugend außer bei Keats und Rimbaud kein Beispiel ähnlicher Unfehlbarkeit in der Bemeisterung der Sprache, keine solche Weite der ideellen Beschwingtheit, kein solches Durchdrungensein mit poetischer Substanz bis in die zufälligste Zeile, wie in diesem großartigen Genius, der schon in seinem sechzehnten und siebzehnten Jahr sich mit unverlöschbaren Versen und einer noch heute nicht überbotenen Prosa in die ewigen Annalen der deutschen Sprache eingeschrieben hat. Sein plötzliches Beginnen und zugleich schon Vollendetsein war ein Phänomen, wie es sich innerhalb einer Generation kaum ein zweitesmal ereignet.
Die Welt von Gestern. Erinnerungen eines Europäers. 1944

Hermann Broch

Allzugenau war es ihm sichtbar, daß er allüberall auf verlorenem Posten stand: aussichtslos war der Weiterbestand der österreichischen Monarchie, die er geliebt hatte und nie zu lieben aufhörte; aussichtslos war die Hinneigung zu einem Adel, der nur noch ein karikaturhaftes Scheindasein führte; aussichtslos war die Einordnung in den Stil eines Theaters, dessen Größe nur mehr auf den Schultern einiger überlebender Schauspieler ruhte; aussichtslos war es all das, diese schwindende Erbschaft aus der Fülle des maria-theresianischen 18. Jahrhunderts, nun im Wege einer barock-gefärbten großen Oper zur Wiedergeburt bringen zu wollen. Sein Leben war Symbol, edles Symbol eines verschwindenden Österreichs, eines verschwindenden Theaters –, Symbol im Vakuum, doch nicht des Vakuums.
Hofmannsthal und seine Zeit. Um 1950

BIBLIOGRAPHIE

Die Ausgaben der Werke H.s, die Arbeiten über ihn sind so zahlreich, daß im gegebenen Rahmen nur eine knappe Auswahl geboten werden kann. Im übrigen sei auf die angeführten Bibliographien verwiesen. Von Einzelausgaben seiner Werke wurden nur Erstdrucke aufgenommen. Bei der Sekundärliteratur wurde das Schwergewicht auf Arbeiten der letzten Jahre gelegt, die in den umfassenden Bibliographien nicht verzeichnet sind. Aus H. und seinem Werk gewidmeten Sammelwerken und Periodika wurden die einzelnen Aufsätze nicht getrennt aufgenommen.

Benutzte Abkürzungen:

DVS	= Deutsche Vierteljahresschrift für Literaturwissenschaft und Geistesgeschichte
EG	= Études Germaniques
GLL	= German Life and Letters
GQ	= German Quarterly
GR	= Germanic Review
GRM	= Germanisch-Romanische Monatsschrift
Jb.DSG	= Jahrbuch der Deutschen Schiller-Gesellschaft
Jb.FDH	= Jahrbuch des Freien Deutschen Hochstifts
Lit. wiss. Jb.	= Literaturwissenschaftliches Jahrbuch
MAL	= Modern Austrian Literature
MLR	= Modern Language Review
NR	= Die Neue Rundschau
NZZ	= Neue Zürcher Zeitung
PMLA	= Publications of the Modern Language Association

1. Bibliographien, (Forschungs)Berichte, Kataloge, Periodika

DAVID, CLAUDE: Sur H. I, II. In: EG 14 (1959), S. 157–159; 17 (1962), S. 58–63
ERKEN, GÜNTHER: H.-Chronik. In: Lit. wiss. Jb. 3 (1962), S. 239–313
EXNER, RICHARD: Index Nominum zu H. v. H.s Gesammelten Werken. Heidelberg 1976
FETZER, GÜNTHER: Das Briefwerk H. v. H.s. Marbach a. N. 1980
HAMBURGER, M.: H.s Bibliothek. In: Euphorion 55 (1961), S. 15–76
H.-Blätter. Hg. von MARTIN STERN (H. 1–6), NORBERT ALTENHOFER (H. 7–21/22) und LEONHARD M. FIEDLER (H. 23/24–41/42). Frankfurt a. M. 1968–1992. [enthält H.-Bibliographie]
Gesamtregister zu den H.-Blättern. Erstellt von HANS-GEORG SCHEDE. Freiburg i. Br. 1994
H.-Forschungen. Hg. von NORBERT ALTENHOFER und WOLFRAM MAUSER. Bd. 1–9, Basel 1971, Freiburg i. Br. 1974–1987
H.-Jahrbuch. Zur europäischen Moderne. Hg. von GERHARD NEUMANN, URSULA RENNER, GÜNTER SCHNITZLER und GOTTHART WUNBERG. Bd. 1 (1993)ff. Freiburg i. Br. 1993ff. [mit fortgesetzter Bibliographie, zusammengestellt von G. BÄRBEL SCHMID]
H. v. H. und Rainer Maria Rilke in Ungarn. Bibliographie, hg. von FERENC SZÁSZ. Budapest 1980
H. v. H. «Gedichte und kleine Dramen». [Katalog] Bearb. von JÜRGEN BEHRENS u. a. Frankfurt a. M. 1979

H. v. H. auf dem Theater seiner Zeit. [Katalog] Bearb. von EDDA FUHRLICH-LEISLER u. a. Wien–Salzburg 1974
H. v. H. in der Österreichischen Nationalbibliothek. [Katalog] Bearb. von FRANZ HADAMOWSKY. Wien 1971
JACOBY, KARL: H. v. H. Bibliographie. Berlin 1936
Jugend in Wien. Literatur um 1900. [Katalog] Bearb. von LUDWIG GREVE und WERNER VOLKE. Marbach 1974
Katalog der H. v. H.-Ausstellung in Salzburg. Bearb. von FRANZ HADAMOWSKY. Salzburg 1959
KOCH, HANS-ALBRECHT: H. v. H. Darmstadt 1989
KOCH, H.-A. und UTA: H. v. H. Bibliographie 1964–76. Freiburg i. B. 1976
REY, WILLIAM H.: Gebet Zeugnis: ich war da. Die Gestalt H.s in Bericht und Forschung. In: Euphorion 50 (1956), S. 443–478
RISSMANN, JUTTA: H. v. H. Reden und Aufsätze. Prolegomena zu einer kritischen und erläuterten Edition. Diss. Wuppertal 1985
STEINER, HERBERT: The Harvard Collection of H. v. H. In: Harvard Library Bulletin 8 (1954), S. 54–64
VANHELLEPUTTE, MICHEL: Sur H. III, IV, V. In: EG 18 (1963), S. 210–217; 20 (1965), S. 559–566; 21 (1966), S. 77–86, 572–578
(WEBER, EUGENE): The H. Collection in the Houghton Library. Heidelberg 1974
WEBER, HORST: H. v. H. Bibliographie des Schrifttums 1892–1963. Berlin 1966
WEBER, HORST: H. v. H. Bibliographie. Berlin–New York 1972
WEISCHEDEL, HANNA: H.-Forschung 1945–1958. In: DVS 33 (1959), S. 63–103
WUNBERG, GOTTHART: Bibliographie zur Sekundärliteratur. In: Ders.: Der frühe H. Stuttgart 1965, S. 135–162

2. *Werke*

a) Gesamtausgaben

Gesammelte Werke. Bd. 1–6. Berlin 1924
Gesammelte Werke. Bd. 1–3. Berlin 1934 [Erw. Fsg. d. Ausg. 1924]
Gesammelte Werke in Einzelausgaben. 15 Bde. Hg. von HERBERT STEINER. Stockholm, [später:] Frankfurt a. M. 1945–1959
  Die Erzählungen. 1945 [³1953, zit.: E]; Gedichte und lyrische Dramen. 1946 [²1952, zit.: G]; Lustspiele I–IV. 1947–56 [zit.: L I–IV]; Prosa I–IV. 1950–55 [zit.: P I–IV]; Dramen I–IV. 1953–58 [zit.: D I–IV]; Aufzeichnungen. 1959 [zit.: A]
  [Die Bde liegen inzwischen in z. T. veränd. Auflagen vor.]
Ausgewählte Werke. 2 Bde. Hg. von R. HIRSCH. Frankfurt a. M. 1957
Ausgewählte Werke. Hg. von EIKE MIDDELL. Leipzig 1975
Sämtliche Werke. Kritische Ausgabe. Veranstaltet vom FDH. Hg. von RUDOLF HIRSCH, CLEMENS KÖTTELWESCH, HEINZ RÖLLEKE u. a. Frankfurt a. M.: S. Fischer 1975 ff [38 Bände geplant] (Bislang ersch. Bde: 1, 3, 4, 8, 9, 10, 13–15, 18, 20, 23, 24, 26, 28, 30)
Gesammelte Werke. 10 Bde. Hg. von BERND SCHELLER. [Erw. Ausg. der Gesammelten Werke in 15 Bdn.] Frankfurt a. M. 1979

b) Einzelausgaben

Gestern. Wien 1891 [unter Pseudonym Theophil Morren]
Theater in Versen. Berlin 1899
Der Kaiser und die Hexe. Berlin 1900

Der Thor und der Tod. Berlin 1900
Der Tod des Tizian. Berlin 1901
Studie über die Entwickelung des Dichters Victor Hugo. Wien 1901 – Neudruck: Versuch über Victor Hugo. München 1925
Ausgewählte Gedichte. Berlin 1903
Das kleine Welttheater oder Die Glücklichen. Leipzig 1903
Elektra. Frei nach Sophokles. Berlin 1904 [Oper: Berlin 1908]
Unterhaltungen über literarische Gegenstände. Berlin 1904
Das gerettete Venedig. Berlin 1905
Das Märchen der 672. Nacht und andere Erzählungen. Wien, Leipzig 1905
Ödipus und die Sphinx. Berlin 1906
Die gesammelten Gedichte. Leipzig 1907
Kleine Dramen. 2 Bde. Leipzig 1907
Die prosaischen Schriften gesammelt. 3 Bde. Berlin 1907–1917
Der weiße Fächer. Leipzig 1907
Vorspiele. Leipzig 1908
Cristinas Heimreise. Berlin 1910 – Veränd. Ausg.: Berlin 1910
König Ödipus. Tragödie von Sophokles. Neu übersetzt. Berlin 1910
Alkestis. Ein Trauerspiel nach Euripides. Leipzig 1911
Die Gedichte und kleinen Dramen. Leipzig 1911
Jedermann. Das Spiel vom Sterben des reichen Mannes. Erneuert. Berlin 1911
Der Rosenkavalier. Berlin 1911 [Oper: Berlin, Paris 1910]
Ariadne auf Naxos. Oper in 1 Aufzug. Zu spielen nach dem «Bürger als Edelmann» des Molière. Berlin, Paris 1912 – Neue Bearbeitung: Oper in einem Aufzug nebst einem Vorspiel. Berlin 1916
Die Wege und die Begegnungen. Bremen 1913
Josephslegende. Handlung von Harry Graf Kessler und H. v. H. Berlin, Paris 1914
Prinz Eugen der edle Ritter. Sein Leben in Bildern. Wien 1915
Die Frau ohne Schatten. Berlin 1916
Der Bürger als Edelmann. Komödie mit Tänzen von Molière. Bühnenbearbeitung in 3 Aufzügen. Berlin 1918
Rodauner Nachträge. 3 Tle. Zürich, Leipzig, Wien 1918
Die Frau ohne Schatten. Berlin 1919
Dame Kobold. Lustspiel in 3 Aufzügen von Calderon. Berlin 1920
Reden und Aufsätze. Leipzig 1921
Der Schwierige. Berlin 1921
Buch der Freunde. Leipzig 1922 – Neue, aus dem Nachlaß verm. Ausg. Leipzig 1929 – Frankfurt a. M. 1985
Gedichte. Leipzig 1922
Das Salzburger Große Welttheater. Leipzig 1922
Florindo. Wien, Hellerau 1923 – Neudruck mit anderen Frühfassungen zu «Cristinas Heimreise». Hg. von MARTIN STERN. Frankfurt a. M. 1963
Über K. E. Neumanns Übertragung der buddhistischen heiligen Schriften. In: Der Piperbote 1 (1924), S. 59 f [Nicht bei Jacoby, nicht in den «Gesammelten Werken», hg. Steiner.]
Augenblicke in Griechenland. Regensburg, Leipzig 1924
Früheste Prosastücke. Leipzig 1926
Der Turm. München 1925 – Neue veränd. Fassung. Berlin 1927
Szenischer Prolog zur Neueröffnung des Josefstädtertheaters. Wien 1926
Das Schrifttum als geistiger Raum der Nation. Rede. München 1927
Die ägyptische Helena. Mainz (Leipzig) 1928 [Oper: Berlin 1928]
Loris. Die Prosa des jungen H. v. H. Berlin 1930
Die Berührung der Sphären. Berlin 1931
Andreas oder Die Vereinigten. Fragmente eines Romans. Berlin 1932

Arabella. Berlin 1933
Das Bergwerk zu Falun. Wien 1933
Nachlese der Gedichte. Berlin 1934
Dramatische Entwürfe aus dem Nachlaß. Hg. von HEINRICH ZIMMER. Wien 1936
Danae oder Die Vernunftheirat. Szenarium und Notizen. Frankfurt a. M. 1952
Silvia im «Stern». Auf Grund der Manuskripte neu hg. von MARTIN STERN. Bern, Stuttgart 1959 [zit.: Stern]
Übertragungen aus Lucrez' De rerum natura (1887/1888). Mitget. von RUDOLF HIRSCH. In: Literatur aus Österreich – Österreichische Literatur. Hg. von KARL K. POLHEIM. Bonn 1981, S. 239–241
HIRSCH, RUDOLF: H. v. H. und das Ballett. 2 unbekannte Entwürfe für das Russische Ballett und Zeugnisse zur Entstehung der ‹Josephslegende›. In: NZZ, Nr. 19 vom 24. / 25. 1. 1981, S. 69
Lucidor. Figuren zu einer ungeschriebenen Komödie. Mit 6 Radierungen von Karl Walser. Frankfurt a. M. 1985

c) Sammlungen und herausgegebene Werke

Hesperus. Ein Jb. von H. v. H., Rudolf Borchardt und Rudolf Alexander Schröder. Leipzig 1909
Deutsche Erzähler. Ausgewählt von H. v. H. Bd. 1–4. Leipzig 1912
Österreichischer Almanach auf das Jahr 1916. Hg. von H. v. H. Leipzig [1915]
Österreichische Bibliothek. Begr. von H. v. H. Bd. 1–26. Leipzig [1915–17]
Deutsches Lesebuch. Hg. von H. v. H. 2 Tle. München 1922–23–2., verm. und mit Gedenktafeln versehene Aufl. München 1926
Deutsche Epigramme. Ausgew. und hg. von H. v. H. München 1923
Neue Deutsche Beiträge. Unter Mirwirkung Anderer hg. von H. v. H. 1. Folge, Heft 1–3; 2. Folge, Heft 1–3. München 1922–27
Schillers Selbstcharakteristik aus seinen Schriften. Nach einem älteren Vorbild neu hg. von H. v. H. München 1926
Wert und Ehre deutscher Sprache. In Zeugnissen hg. von H. v. H. München 1927

3. Lebenszeugnisse, Briefe, Erinnerungen

a) Briefe (Sammlungen, Einzeldrucke, Aufsätze)

Aus H.s Briefen an Rudolf Pannwitz. In: Mesa 5 (1955), S. 20–42 [zit.: Mesa 1955]
Aus H. v. H.s Briefen. In: Corona X, 6 (1943), S. 768–802
Aus unbekannten Briefen H.s an Felix Braun. Hg. von KLAUS PETER DENCKER. In: Jb. FDH 1968, S. 390–424; 1969, S. 370–397
Begegnung mit Rudolf Borchardt. 2 Briefe H.s an Rudolf A. Schröder. Mitget. von F. KEMP. In: NZZ, Nr. 115 vom 23. 5. 1986, S. 43 f
Briefe. In: Mesa 1 (1945), S. 27–37 [zit.: Mesa 1945]
Briefe. In: NR 59 (1948), S. 215–228 [zit.: NR 1948]
[Briefe an Erika und Walther Brecht.] In: E. BRECHT: Erinnerungen an H. v. H. Innsbruck 1946 [zit.: Brecht]
Briefe an Freunde. In: NR 41 (1930), S. 512–519 [An Schnitzler und Bahr] [zit.: NR 1930]
Briefe an Freunde. Hg. von HERBERT STEINER. In: Merkur 9 (1955), S. 964–970
[Briefe an Gustav Stolper.] In: TONI STOLPER: Ein Leben in Brennpunkten unserer Zeit. Tübingen 1960, S. 82 f [zit.: Stolper]

Briefe an Hannibal Karg von Bebenburg. Hg. von MARY E. GILBERT. In: Jb der DSG 19 (1975), S. 45–62
Briefe an Helene Burckhardt. In: NR 70 (1959), S. 375–396
[Briefe an Hedwig Fischer] In: S. Fischer-Alamanach 67 (1953), S. 22–24, 27 f
[Briefe an Hermann Bahr] In: Meister und Meisterbriefe um Hermann Bahr. Ausgew. von J. GREGOR. Wien 1947 [zit.: Meisterbriefe]
Briefe an Irene und Paul Hellmann. Hg. von WERNER VOLKE. In: Jb. DSG 11 (1967), S. 170–224
Briefe an Marie Herzfeld. Hg. von HORST WEBER. Heidelberg 1967
[Briefe an Otto Heuschele.] In: OTTO HEUSCHELE: H. v. H. Freiburg 1949, S. 89–92
[Briefe an Rudolf Alexander Schröder.] In: Das Silberboot 4 (1948), S. 15–20; NR 65 (1954), S. 383–400 [Dabei auch Briefe an Schnitzler und S. Fischer]
Briefe an Willy Wiegand und die Bremer Presse. Hg. von WERNER VOLKE. In: Jb. DSG 7 (1963), S. 44–189 [zit.: W Br]
Briefe 1890–1901. Berlin 1935 [zit.: Br I]
Briefe 1900–1909. Wien 1937 [zit.: Br II]
Briefwechsel mit dem Insel-Verlag, 1901–1929. Hg. von GERHARD SCHUSTER. Frankfurt a. M. 1985
Briefwechsel mit Max Rychner, mit Samuel und Hedwig Fischer, Oscar Bie und Moritz Heimann. Frankfurt a. M. 1973
Briefwechsel zwischen George und H. Hg. von ROBERT BOEHRINGER. Berlin 1938 – München und Düsseldorf ²1953 [zit.: G Br]
BRUNELLI, S.: Alcune lettere inedite di H. a Carlo Placci. In: Rivista di letterature moderne e comparate 34 (1981), S. 175–185
COCHE DE LA FERTÉ, ET.: Un moment dans la vie de H. v. H.: juin 1895. In: Revue des deux mondes (1983), S. 43–48, 319–324
The Correspondence of H. v. H. and Raoul Auernheimer. Hg. von D. G. DAVIAU. In: MAL 7 (1974), 3/4, S. 209–307; 8 (1975), 3/4, S. 310–314
«... dem wirklichen Regisseur». H. v. H.s Briefe an Max Reinhardt, Hg. von LEONHARD M. FIEDLER. In: Ein Theatermann. Fs. für Rolf Badenhausen. München 1977, S. 88–113
Der Sturm Elektra. Gertrud Eysoldt – H. v. H. Briefe. Hg. von LEONHARD M. FIEDLER. Salzburg, Wien 1996
Drei Briefe an Katharina Kippenberg. In: Insel-Alamanch auf das Jahr 1961. Wiesbaden [1960], S. 26–31
GLADT, KARL: H. v. H. und Marie von Gomperz. Aus unveröffentlichten Briefen. In: Du 14 (1954), H. 12, S. 55–56, 63, 82, 90
HIRSCH, RUDOLF: Beiträge zum Verständnis H. v. H.s. Gesammelt von Mathias Mayer. Frankfurt a. M. 1995 [Darin zahlreiche Veröffentlichungen von Einzelbriefen H.s.]
HIRSCH, RUDOLF: H. und die Schauspielkunst. Unbekannte Briefe. In: NR 92 (1981), H. 2, S. 90–109
HIRSCH, RUDOLF: H. und Stefan Gruss. Zeugnisse und Briefe. In: Literatur aus Österreich – Österreichische Literatur. Hg. von KARL KONRAD POLHEIM. Bonn 1981, S. 190–241
HIRSCH, RUDOLF: Pathos des Alltäglichen. Briefe H.s 1895 bis 1929. In: H.-Jahrbuch 1 (1993), S. 99–136
H. und Reclams Universal-Bibliothek, Briefe an Ernst Sander. In: Sprachkunst und Übersetzung. Hg. von HANS-ALBERT KOCH. Bern u. a. 1983, S. 147–152
HOFMANNSTHAL, CHRISTIANE VON: Tagebücher 1918–1923 und Briefe des Vaters an die Tochter 1903–1929. Hg. von MAYA RAUCH und GERHARD SCHUSTER. Frankfurt a. M. 1991

H. v. H. – Alfred Walter Heymel. Briefwechsel 1900–1914. Hg. von WERNER VOLKE. In: H.-Jahrbuch 1 (1993), S. 19–98 und 3 (1995), S. 19–167

H. v. H. – Arthur Schnitzler, Briefwechsel. Hg. von THERESE NICKEL und HEINRICH SCHNITZLER. Frankfurt a. M. 1964 [zit.: Schn Br]

H. v. H. – Carl J. Burckhardt. Briefwechsel. Hg. von C. J. BURCKHARDT. Frankfurt a. M. 1956, ²1958 [zit.: CJB Br]

H. v. H. – Eberhard von Bodenhausen. Briefe der Freundschaft. Hg. von DORA VON BODENHAUSEN. Düsseldorf 1953 [zit.: EvB Br]

H. v. H. – Edgar Karg von Bebenburg. Briefwechsel. Hg. von MARY E. GILBERT. Frankfurt a. M. 1966 [zit.: KvB Br]

H. v. H. – Florens Christian Rang. Briefwechsel 1905 bis 1924. In: NR 70 (1959), S. 402–448 [zit.: NR 1959]

H. v. H. – Hans Carossa. Briefwechsel 1907–1929. In: NR 71 (19–60), S. 357–409, 573–584 [zit.: NR 1960]

H. v. H. – Harry Graf Kessler. Briefwechsel 1898–1929. Hg. von HILDE BURGER. Frankfurt a. M. 1968

H. v. H. – Helene von Nostitz. Briefwechsel. Hg. von OSWALT VON NOSTITZ. Frankfurt a. M. 1965 [zit.: HvN Br]

H. v. H. – Josef Redlich. Briefwechsel. Hg. von HELGA FUSSGÄNGER. Frankfurt a. M. 1971 [zit.: R Br]

H. v. H. – Julius Meier-Graefe. Briefwechsel. Hg. von URSULA RENNER. In: H.-Jahrbuch 4 (1996), S. 67–167

H. v. H. – Leopold von Andrian. Briefwechsel. Hg. von WALTER H. PERL. Frankfurt a. M. 1968

H. v. H. – Martin Buber. Briefe 1926–1928. In: NR 73 (1962), S. 757–761 [Auswahl] [zit.: NR 1962]

H. v. H. – Max Mell. Briefwechsel. Hg. von MARGRET DIETRICH und HEINZ KINDERMANN. Heidelberg 1982

H. v. H., Ottonie Gräfin Degenfeld und Julie Freifrau von Wendelstadt, Briefwechsel. Hg. von MARIE-THERESE MILLER-DEGENFELD. Frankfurt a. M., 2. verb. und verm. Aufl. 1986

H. v. H. – Paul Zifferer, Briefwechsel. Hg. von H. BURGER. Wien 1983

H. v. H. – Rainer Maria Rilke. Briefwechsel 1899–1925. Hg. von RUDOLF HIRSCH und INGEBORG SCHNACK. Frankfurt a. M. 1978

H. v. H. – Richard Beer-Hofmann. Briefwechsel. Hg. von EUGENE WEBER. Frankfurt a. M. 1972

H. v. H. – Rudolf Borchardt. Briefwechsel. Hg. von MARIE LUISE BORCHARDT und HERBERT STEINER. Frankfurt a. M. 1954 [zit.: RB Br]

H. v. H. – Robert und Annie von Lieben. Briefwechsel 1894 (?)–1913. Hg. von MATHIAS MAYER. In: H.-Jahrbuch 4 (1996), S. 31–66

H.v. H. – Rudolf Borchardt. Unbekannte Briefe. Mitget. von WERNER VOLKE. In: Jb. DSG 8 (1964), S. 19–32 [zit.: RB Br E]

H. v. H. – Rudolf Pannwitz. Briefwechsel 1907–1926. Hg. von GERHARD SCHUSTER. Frankfurt a. M. 1993

H. v. H. und Josef Nadler in Briefen. Mitget. von WERNER VOLKE. In: Jb DSG 18 (1974), S. 37–88

H. v. H. – Willy Haas. Ein Briefwechsel. Hg. von ROLF ITALIAANDER. Berlin 1968

«mit den Ihnen beliebenden Kürzungen». Der Briefwechsel zwischen H. v. H. und Ludwig Ganghofer (1895–1915). Hg. von GÜNTHER FETZER. In: Jb. DSG 22 (1978), S. 154–204

MUSIL, ROBERT: Briefe, 1901–1942. Hg. von ADOLF FRISÉ. 2 Bde. Reinbek 1981 [u. a. mit Briefen H.s]

Ria Schmujlow-Claassen und H. v. H. Briefe, Aufsätze, Dokumente. Hg. von CLAUDIA ABRECHT. Marbach a. N. 1982

Richard Strauss – H. v. H. Briefwechsel. Gesamtausgabe. Hg. von WILLI SCHUH. Zürich, 3. erw. Aufl. 1964 [zit.: Str Br]
Rudolf Borchardt – H. v. H. Briefwechsel. Text. Bearb. von GERHARD SCHUSTER. Edition Tenschert. München, Wien 1994
STERN, GUY: H. v. H. and the Speyers: a report on an unpublished correspondence. In: PMLA 73 (1958), S. 110–115
STERN, MARTIN: H. v. H. und Gerhart Hauptmann. In: Zeit der Moderne. Hg. von HANS-H. KRUMMACHER u. a. Stuttgart 1984, S. 243–260
STORCK, JOACHIM W.: Nachbarschaft und Polarität. Überlegungen zum Hintergrund des Briefwechsels zwischen H. und Rilke. In: MAL 15 (1982), H. 3 / 4, S. 337–370
Thomas Mann – H. v. H. Briefwechsel. In: S. Fischer Almanach 82 (1968), S. 13–44
VELIKAY, P.: Analyse des Briefwechsels Richard Strauss – H. v. H. bis einschließlich der ‹Frau ohne Schatten›. Wien Diss. 1979
«Was ist das Leben für ein Mysterium». Unveröffentlichte Briefe von H. v. H. In: NZZ, Nr. 179 vom 5. 8. 1983, S. 21–22

b) Lebenszeugnisse, Erinnerungen

BRAUN, FELIX: Zeitgefährten. München 1963, S. 7–40
BRECHT, ERIKA: Erinnerungen an H. v. H. Innsbruck 1946
BURCKHARDT, CARL J.: Reminiszenzen. München 1984, S. 69–114
FIECHTNER, HELMUT A.: H. v. H. Die Gestalt des Dichters im Spiegel der Freunde. Bern u. a. 2., veränd. Aufl. 1963 [zit.: Fiechtner]
HAAS, WILLY: Erinnerungen an H. In: Merkur 6 (1952), S. 643–659
HOFMANNSTHAL, CHRISTIANE VON: Ein nettes kleines Welttheater. Briefe an Thankmar Freiherrn von Münchhausen. Hg. von CLAUDIA MERTZ-RYCHNER mit MAYA RAUCH. Frankfurt a. M. 1995
HOLZER, RUDOLF: Villa Wertheimstein. Wien 1960 [zit.: Holzer]
H. v. H. Freundschaften und Begegnungen mit deutschen Zeitgenossen. Hg. von URSULA RENNER und BÄRBEL G. SCHMID. Würzburg 1991
KLIENEBERGER, H. R.: H. and Leopold Andrian. In: MLR 80 (1985), S. 619–636
NORTON, ROGER C.: H.s «Magische Werkstätte»: Unpublished Notebooks from the Harvard Collection. In: GR 36 (1961), S. 50–64 [zit.: Norton]
NOSTITZ, HELENE VON: Aus dem alten Europa. Wiesbaden 1950
NOSTITZ, O. v.: «Das Einzige, dem das ermüdete Herz zufliegt...» H. v. H. und Gustav Landauer. In: NZZ, Nr. 95 vom 26. 4. 1985, S. 39 f
PERL, WALTER H.: H. und Andrian. Spiegelung einer Freundschaft. In: NR 73 (1962), S. 505–529 [zit.: NR 1962]
[REDLICH, JOSEF:] Das politische Tagebuch J. R.s. 1908–1919. Bearb. von FRITZ FELLNER. 2 Bde. Graz, Köln 1953–54
SCHNITZLER, OLGA: Spiegelbild der Freundschaft. Salzburg 1962 [zit.: Spiegelbild]
SPEDICATO, EUGENIO: Nota su H. v. H. e Florens Christian Rang. In: Annali 5 (Bari 1984), S. 331–344

4. Über Hugo von Hofmannsthal

a) Darstellungen

BENNETT, BENJAMIN: H. v. H. Cambridge u. a. 1988
BROCH, HERMANN: H. und seine Zeit. München 1964
ERKEN, GÜNTHER: H. v. H. In: Deutsche Dichter der Moderne. Hg. von BENNO VON WIESE. Berlin 1964, S. 213–236

HAAS, WILLY: H. v. H. Berlin 1964
HAMBURGER, MICHAEL: H. v. H. In: Ders.: A proliferation of prophets. Manchester 1983, S. 83–148
HAMMELMANN, HANS: H. v. H. London 1957
HEDERER, EDGAR: H. v. H. Frankfurt a. M. 1960
HEUSCHELE, OTTO: H. v. H. Bildnis des Dichters. Mühlacker 1990
H. im Urteil seiner Kritiker. Hg. von GOTTHART WUNBERG. Frankfurt a. M. 1972
H. und das Theater. Hg. von WOLFRAM MAUSER. Wien 1981
H. v. H. Hg. von SIBYLLE BAUER. Darmstadt 1968
H. v. H. Commemorative essays. Hg. von W. E. YUILL u. a. London 1981
H. v. H. Special issue [100. Geburtstag] = MAL 7, No. 3 / 4, 1974
H. v. H. Worte des Gedenkens. Nachrufe aus dem Todesjahr 1929. Hg. von LEONHARD M. FIEDLER. Heidelberg 1969
KENNEY, JOSEPH MICHAEL: H. and the crisis of aestheticist poetics. Diss. Univ. of Chicago 1983
KOBEL, ERWIN: H. v. H. Berlin 1980
KOHLER, STEPHAN: «Ein Traum von großer Magie». In: Literarische Portraits. Hg. von W. HINDERER. Frankfurt a. M. 1987, S. 238–53
KOVACH, THOMAS A.: H. and symbolism. Bern u. a. 1985
KUCKARTZ, WILFR.: H. v. H. als Erzieher. Fellbach-Öffingen 1981
LUNZER, HEINZ: H.s politische Tätigkeit in den Jahren 1914–1917. Frankfurt a. M., Bern 1981
MAUSER, WOLFRAM: H. v. H. München 1977
NAEF, KARL J.: H. v. H.s Wesen und Werk. Zürich, Leipzig 1938
PAUGET, MICHÈLE: L'interrogation sur l'art dans l'œuvre essayistique de H. v. H. Frankfurt a. M. u. a. 1984
REQUADT, PAUL: H. v. H. In: Deutsche Literatur im 20. Jahrhundert. Hg. von H. FRIEDEMANN und O. MANN: Heidelberg ³1959, S. 196–221
RUDOLPH, HERMANN: Kulturkritik und Konservative Revolution. Tübingen 1971
SCHELS, EVELYN: Die Tradition des lyrischen Dramas von Musset bis H. Frankfurt a. M. u. a. 1990
SZÁSZ, FERENC: H. v. H. In: Österreichische Literatur des 20. Jahrhunderts. Hg. von HORST HAASE und ANTAL MÁDL. Berlin 1988, S. 71–91
TAROT, ROLF: H. v. H. Tübingen 1970

b) Einzelstudien

ALEWYN, RICHARD: Über H. v. H. Göttingen ³1958
APPEL, SIBYLLE: Die Funktion der Gesellschaftskomödie von 1910–1933 im europäischen Vergleich. Frankfurt a. M. u. a. 1985
ASPETSBERGER, FRIEDBERT: H. und d'Annunzio. In: Ders: Der Historismus und die Folgen. Frankfurt a. M. 1987, S. 45–107
ASPETSBERGER, F.: Wiener Dichtung der Jahrhundertwende. In: Ders.: Der Historismus und die Folgen. Frankfurt a. M. 1987, S. 11–44
AUSTIN, GERHARD: Phänomenologie der Gebärde bei H. v. H. Heidelberg 1981
BARALE, INGRID HENNEMANN: All'ombra di Nietzsche. George, H., Rilke. Lucca 1981
BAUER, ROGER: H. v. H. und die venezianische Komödientradition. In: Lit. wiss. Jb. 27 (1986), S. 105–122
BELLINCIONI, M.: Carceri del pneuma. Saggio su H. Brescia 1984
BRAEGGER, CARLPETER: Das Visuelle und das Plastische. H. v. H. und die bildende Kunst. Bern, München 1979

BRIESE-NEUMANN, GISA: Ästhet, Dilettant, Narziß. Frankfurt a. M. u. a. 1985
CAVAGLIÀ, GIANPIERO: Karl Kerényi e H. v. H. Il viaggio ermetico. In: Rivista di estetica 24 (1984), N. 16, S. 18–31
CLARK, M.: H. v. H.s conception of language and reality in his lyric poetry and theoretical writings from 1890 to 1907. Diss. East Anglia Univ. 1979
CLAUDON, FRANCIS: H. et la France. Bern u. a. 1979
CONWAY, ALICE ELIZABETH: The happy heroines: two novelists and a playwright present their views on how a woman can achieve happiness. Diss. Washington Univ. 1983
DAHL, SVERRE: Hermann Brochs ‹H. und seine Zeit› und die Frage einer Kulturerneuerung. In: Hermann Broch. Hg. von MICHAEL KESSLER und PAUL MICHAEL LÜTZELER. Tübingen 1987, S. 139–159
DAY, LEROY THOMAS: Narrative transgression and the foregrounding of language in selected prose works of Poe, Valéry, and H. Diss. Washington Univ. 1987
DENGLER-BANGSGAARD, HERTIIA: Wirlichkeit als Aufgabe. Frankfurt a. M. u. a. 1987
DITTRICH, RAINER: Die literarische Moderne der Jahrhundertwende im Urteil der österreichischen Kritik. Frankfurt a. M. u. a. 1988
DORMER, LORE MUERDEL: Tradition und Neubeginn. In: Österreichische Gegenwart. Hg. von W. PAULSEN. Bern u. a. 1980, S. 115–132
FELLMANN, FERDINAND: Phänomenologie und Expressionismus. Freiburg, München 1982
FOLDENAUER, KARL: H. v. H.s Idee der Prosa. In: Im Dialog mit der Moderne. Hg. von ROLAND JOST u. a. Frankfurt a. M. 1986, S. 60–83
FRINK, HELEN: Animal symbolism in H.s works. Bern u. a. 1987
FURTHMAN-DURDEN, ELKE C.: H. v. H. and Alfred Döblin. In: Monatsheft 78 (1986), S. 443–455
GUIDRY, G. A.: Language, ethics, and society. A model of communication in Fontane and H. Diss. Univ. of California Berkeley 1986
HAMBURGER, MICHAEL: H. v. H. Göttingen 1964
HANDLE, DONNA C. VAN: «Das Spiel vor der Menge». H. v. H.s Bemühungen um Bühnenwirksamkeit [...] New York u. a. 1986
HEFTRICH, ECKH.: Calderón – Grillparzer – H. In: Litt. wiss. Jb. 20 (1979), S. 155–172
HEINZE, HARTMUT: Das deutsche Märtyrerdrama der Moderne. Frankfurt a. M. u. a. 1985
HENDGEN, HELMUT: H.s «Welt der Bezüge» und Pasolinis Bezug zur Welt. In: DVS 62 (1988), S. 669–696
HERTZ, DAVID MICHAEL: The tuning of the word. The musico-literary poetics of the Symbolist movement. Carbondale, Ill. 1987
HIRSCH, RUDOLF: Ferdinand von Saar und H. v. H. In: Ferdinand von Saar. Hg. von KARL KONRAD POLHEIM. Bonn 1985
H. Studies in Commemoration. Hg. von F. NORMAN. London 1963
JANZ, MARLIES: Marmorbilder. Weiblichkeit und Tod bei Clemens Brentano und H. v. H. Königstein 1986
JENS, WALTER: H. und die Griechen. Tübingen 1955
JENS, WALTER: Rhetorica contra rhetoricam: H. v. H. In: Ders.: Von deutscher Rede. München, Zürich (erw. Neuausg.) 1983, S. 163–191
KIMPEL, DIETER: H. v. H. In: Deutsche Dramentheorien II. Hg. von REINHOLD GRIMM. Wiesbaden ³1981, S. 129–153
KLINGER, KURT: H. und Ingeborg Bachmann. In: Ders.: Theater und Tabus. Eisenstadt 1984, S. 215–246
KOCH, MANFRED: Mnemotechnik des Schönen: Studien zur poetischen Erinnerung in Romantik und Symbolismus. Tübingen 1988

Kovach, Thomas A.: A new kind of poetry. H. and the French Symbolists. In: Comparative Literature 37 (1985), S. 50–66

Kunisch, Hermann: H. v. H.s politisches Vermächtnis. In: Jb. d. Grillparzer-Ges. 12 (1976), S. 97–124

Lauster, Martina: Die Objektivität des Innenraums. Studien zur Lyrik Georges, H.s und Rilkes. Stuttgart 1982

Levi, Vito.: Richard Strauss. Pordenone 1984 [u. a. zu H.]

Lhote, Marie-Josèphe: Hugo von Hofmannsthal. Étude sur les structures et l'originalité des comédies. Diss. Nancy II 1984

Lhote, Marie-Josèphe: La Parole et l'Action. Sept essais sur la littérature autrichienne. Bern 1986

Martens, L.: Mirrors and mirroring. In: DVS 58 (1984), S. 139–155

Mommsen, Katharina: H. und Fontane. Bern, Frankfurt a. M. 1978

Mommsen, Katharina: H.s theatrical work as his life's calling. In: MAL 18 (1985), N. 2, S. 3–20

Mommsen, K.: Loris und Nietzsche. In: GLL 34 (1980), H. 1, S. 49–63

Monti, Claudia: Mach und die österreichische Literatur. Bahr, H., Musil. In: Akten des Internat. Symposiums «Arthur Schnitzler und seine Zeit». Hg. von Giuseppe Farese. Bern u. a. 1985, S. 263–283

Nehring, Wolfgang: Grillparzer und H. In: MAL 16 (1983), S. 1–16

Nehring, Wolfgang: H.s Dramatik. In: Handbuch des deutschen Dramas. Hg. von Walter Hinck. Düsseldorf 1980, S. 343–359

Nickisch, Martin: Richard Beer-Hofmann und H. v. H. Diss. München 1972 [Druck 1980]

Nienhaus, Stefan: Das Prosagedicht im Wien der Jahrhundertwende. Altenberg, H., Polgar. Berlin, New York 1986

Peltre, Monique: De Bachofen à H. Sur les traces d'une initiation. In: Le texte et l'idée 1 (Nancy 1986), S. 181–200

Perl, Walter: Das lyrische Jugendwerk H. v. H.s. Berlin 1936

Pestalozzi, Karl: Der Mythos des erhöhten Augenblicks bei H. v. H. In: Melancholie und Enthusiasmus. Hg. von Karol Sauerland. Frankfurt a. M. u. a. 1988, S. 13–31

Philippoff, Eva: Der schweigsame Weg. H.s Verknüpfung mit dem Sozialen. In: Recherches Germaniques 13 (1983), S. 87–103

Pleister, Michael: Das Bild der Großstadt in den Dichtungen Robert Walsers, Rainer Maria Rilkes, Stefan Georges und H. v. H.s. Hamburg 1982

Por, Peter: Paradigmawechsel. Der gemeinsame Anfang von George, H. und Rilke. In: Recherches Germaniques (1985), N. 15, S. 95–122

Por, Peter: Valéry und H. In: Ders.: Der Körper des Turmes. Frankfurt a. M., Bern 1988, S. 182–218

Reiter, Manuela: T. S. Eliot und H. v. H. Essen 1990

Renner, Ursula: Der Augen Blick. Kunstrezeption und Fensterschau bei H. In: Phantasie und Deutung. Hg. von Wolfram Mauser u. a. Würzburg 1986, S. 138–151

Resch, Margit: Das Symbol als Prozeß bei H. v. H. Königstein 1980

Saul, Nicholas: H. und Novalis. In: Fin de siècle Vienna. Hg. von G. J. Carr und Eda Sagarra. Dublin 1985, S. 26–62

Schaeder, Grete: H. v. H. I. Teil. Die Gestalten. Berlin 1933

Schiavoni, G.: «Al di à del linguaggio», ovvero la crisi delle «qualità e lo spettro dell' indicibile nella costellazione H. – Musil – Broch. In: Uomini senza qualitè. Trento 1981, S. 129–165

Schmitz, Victor A.: H. v. H. und die Antike. In: Ders.: Den alten Göttern zu. Bingen 1982, S. 157–169

Schulz-Buschhaus, Ulrich: Der Tod des «Dilettanten», Über H. und Paul

Bourget. In: Aufstieg und Krise der Vernunft. Hg. von MICHAEL RÖSSNER und BIRGIT WAGNER. Wien u. a. 1984, S. 181–195

SEGAL, N. D.: The banal object: a study of literary strategies in certain works by Proust, Rilke, H. and Sartre. London 1981

STERN, MARTIN: H.s Lustspielidee: Komödie als «Essai de theodicee». In: Autriaca 8 (1982), Nr. 14, S. 141–152

STILLMARK, ALEXANDER: The poet and the public. H.s. «idealer Zuhörer». In: London German Studies I (1980), S. 140–154

STILLMARK, ALEXANDER: The significance of Novalis for H. In: Deutsche Romantik und das 20. Jahrhundert. Hg. von HANNE CASTEIN und ALEXANDER STILLMARK. Stuttgart 1986, S. 61–83

TASSEL, D.: Ni musique ni folie. H. et le problème de l'écriture moderne. In: Cahiers d'études germaniques 10 (1986), S. 151–184

THURNHER, HARALD: H. v. H.s Weg zu Österreich. Diss. Wien 1983

UNDERWOOD, EDWARD VON: A history that includes the self: essays on the poetry of Stefan George, H. v. H., William Carlos Williams, and Wallace Stevens. Diss. Boston Univ. 1984

URBAN, B.: H., Freud und die Psychoanalyse, Frankfurt a. M. 1980

WARNACH, WALTER: H. v. H. In: Ders.: Wege im Labyrinth. Pfullingen 1982, S. 629–664

WEISS, W. F.: H. and English literature. Diss. Harvard Univ. 1970

WELLEK, RENÉ: H. als Literaturkritiker. In: Arcadia 20 81985), S. 61–71

WUNBERG, GOTTHART: Der frühe H. Stuttgart 1965

WUNBERG, GOTTHART: Wiener Perspektiven im Werk von Schnitzler, H. und Freud. In: Literatur und Kritik (1985), S. 30–37

YATES, W. E.: H. and Austrian comic tradition. In: Colloquia Germania 15 (1982), S. 73–83

c) Zu einzelnen Werken

BALES, SUZANNE E.: ‹Elektra›: from H. to Strauss. Diss. Stanford Univ. 1983

BAUMANN, HANS-HEINRICH: Fabel vom Eros und verbotene Tagträume. In: «Zerstörung, Rettung des Mythos durch Licht». Hg. von CHRISTA BÜRGER. Frankfurt a. M. 1986, S. 69–85

BOTTERMAN, J.: History and metaphysics. H.s ‹Reitergeschichte› as a realistic and symbolic novella. In: MAL 21 (1988), N. 1, S. 1–15

BRØNSTED, TOM: Das Versagen der begrifflichen Denkweise. H. v. H.s ‹Ein Brief› (1902) als Beispiel einer Poetologie der Moderne. Odense 1983

BUSCH, W., und H. SCHMIDT-BERGMANN: Der Gestus des Verstummens. H. v. H.s Chandos-Brief. In: Literatur für Leser (1986), S. 212–222

CECH, LOIS MARY: Becoming a heroine: a study of the Electra theme. Diss. Univ. of California Riverside 1984

CLARK, GEORGINA A.: Max Reinhardt and the genesis of H. v. H.s ‹Der Turm›. In: MAL 17 (1984), S. 1–32

COHN, D.: «Als Traum erzählt»: The case for a Freudian reading of H.s. «Märchen der 672. Nacht». In: DVS 54 (1980), S. 284–305

COHN, DORRIT: A triad of dream-narratives. ‹Der Tod Georgs› (Beer-Hofmann), ‹Das Märchen der 672. Nacht› (H.), ‹Traumnovelle› (Schnitzler). In: Focus on Vienna 1900. Hg. von ERIKA NIELSEN. München 1982, S. 58–71

CSÚRI, KÁROLY: H. v. H.s späte Erzählung ‹Die Frau ohne Schatten›. In: Studia Poetica 2 (Szeged 1980), S. 125–237

DAVIAU, D. G.: H. v. H., Stefan George und der ‹Chandos-Brief›. In: Sinn und Symbol. Hg. von KARL K. POLHEIM. Bern u. a. 1987, S. 229–248

DORMER, LORE MUERDEL: H.s ‹Terzinen› und Gustav Fechner. In: MAL 19 (1986), N. 2, S. 33–46

EXNER, RICHARD: H. v. H.s «Lebenslied». Heidelberg 1964
EXNER, RICHARD: Ordnung und Chaos in H. v. H.s ‹Reitergeschichte›. In: Im Dialog mit der Moderne. Hg. von ROLAND JOST u. a. Frankfurt a. M. 1986, S. 46–59
FICK, MONIKA: Ödipus und die Sphinx. H.s metaphysische Deutung des Mythos. In: Jb. DSG 32 (1988), S. 259–290
FORSYTH, KAREN: ‹Ariadne auf Naxos› by H. v. H. and Richard Strauss. Its genesis and meaning. Oxford 1982
GREINER, BERNHARD: Die Rede des Unbewußten als Komödie. H.s Lustspiel ‹Der Schwierige›. In: GQ 59 (1986), S. 228–251
GROSSERT, NIELS AXEL: Versuch einer Anwendung von tiefenpsychologischen Kategorien bei einer Analyse der Werke H. v. H.s. In: Literatur und Psychoanalyse. Hg. von KLAUS BOHNEN u. a. Kopenhagen, München 1981, S. 67–111
GROSSERT, NIELS AXEL: Zur Symbolik, Stoff- und Entstehungsgeschichte von H.s ‹Die Frau ohne Schatten›. In: Text & Kontext 15 (1987), S. 285–331
GUTH, ALFRED: A propos de la femme sans ombre. In: Revue d'Allemagne 13 (1981), S. 299–312
HELD, GUDRUN: H.s ‹Rosenkavalier› und Schnitzlers ‹Reigen›. In: Österreichische Literatur in Übersetzungen. Hg. von WOLFGANG PÖCKL. Wien 1983, S. 169–274
HOPPE, MANFRED: H.s ‹Ruinen von Athen›. Das Festspiel als «konservative Revolution». In: Jb. DSG 26 (1982), S. 325–356
HOPPE, M.: ‹Der Kaiser und die Hexe›. Eduard von Bülows Novellenbuch als Quellenwerk für H. In: DVS 62 (1988), S. 622–668
HOPPE, OTFRIED: H. v. H.: «Reitergeschichte». In: Deutsche Novellen von Goethe bis Walser, Bd 2. Hg. von JAKOB LEHMANN. Königstein 1980, S. 49–76
HÜBLER, AXEL: Zur Konversation in H. v. H.s «Der Schwierige». In: Literatur und Konversation. Hg. von ERNEST W. B. HESS-LÜTTICH. Wiesbaden 1980, S. 115–143
JEFFERSON, ALAN: Richard Strauss: ‹Der Rosenkavalier›. Cambridge u. a. 1985
KESTING, MARIANNE: Sprachterror oder dichterische Sondersprache. Zur Verwandlung der Kaspar-Hauser-Figur in H.s ‹Turm›-Dichtungen und Peter Handkes ‹Kaspar›. In: Drama und Theater im 20. Jahrhundert. Hg. von H. D. IRMSCHER und W. KELLER. Göttingen 1983, S. 365–380
KONRAD, CLAUDIA: ‹Die Frau ohne Schatten› von H. v. H. und Richard Strauss. Hamburg 1988
KOVACH, THOMAS A.: ‹Die Frau ohne Schatten›. H.s response to the symbolist dilemma. In: GQ 57 (1984), S. 377–391
KRONAUER, BRIGITTE: Die Dinge sind nicht unter sich! Zu H. v. H.s ‹Märchen der 672. Nacht›. In: Dies.: Aufsätze zur Literatur. Stuttgart 1987, S. 29–42
KÜPPER, PETER: H. v. H. Der ‹Chandos-Brief›. In: Zur Wende des Jahrhunderts. Hg. von J. ALER und J. ENKLAAR. Amsterdam 1987, S. 72–92
KUNISCH, H.: Geist oder Macht. H. v. H.s abendländisch-christliches Geschichts- und Staatsbewußtsein in seinem Drama ‹Der Turm›. In: Jahres- u. Tagungsberichte der Görres-Ges. (1985), S. 22–49
LAEKEN, ANNA VAN: Das nicht erreichte Selbst. Unter dem Bann der Angst in H.s ‹Märchen der 672. Nacht›. In: Germanistische Mitteilungen 13 (1981), S. 55–71
LANDOLFI, ANDREA: ‹Die ägyptische Helena›. In: Studi Germanici 19/20 (1981/82), S. 167–182
LEDANFF, SUSANNE: H.s ‹Andreas›-Fragment. In: Dichtung und Verdichtung. Kassel 1985, S. 238–266
MAGRIS, CLAUDIO: Der Rost der Zeichen. H. und der ‹Brief des Lord Chandos›. In: Ders.: Der Ring der Clarisse. Frankfurt a. M. 1987, S. 51–90

MARIANELLI, M.: Ragioni poetiche de ‹Il Cavaliere della Rosa› di H. In: Ders.: Studi di letteratura tedesca. Pisa 1988, S. 209–232

MARTENS, LORNA: The theme of the repressed memory in H.s ‹Elektra›. In: GQ 60 (1987), S. 38–51

MAUSER, WOLFRAM: Österreich und das Österreichische in H.s ‹Der Schwierige›. In: Recherches Germaniques 12 (1982), S. 109–130

MONTI-POUAGARE, STALO: The achievement of suspense in a group of Oedipus plays. Diss. Pennsylvania State Univ. 1986

MUELLER, MARTIN: H.s ‹Electra› and its dramatic models. In: Modern Drama 29 (1986), S. 71–91

NAGEL, BERT: Zum Chandos-Brief H. v. H.s. In: Ders.: Kleine Schriften zur deutschen Literatur. Göppingen 1981, S. 489–518

NAUMANN, W.: H.s Drama ‹Der Turm›. In: DVS 62 (1988), S. 307–325

NOBLE, CECILE A. M.: «...a weanerische Maskerad und weiter nix?» The recipe of Der Rosenkavalier. In: Gedenkschrift for Victor Poznanski. Hg. von C. A. M. NOBLE. Bern u. a. 1981, S. 159–173

PAPE, WALTER: «Ah, diese chronischen Mißverständnisse!» H. v. H.: ‹Der Schwierige›. In: Deutsche Komödien. Hg. von WINFRIED FREUND. München 1988, S. 209–225

PAUGET, M.: Der Brief des Lord Chandos in seinem Verhältnis zum mythischen Denken. In: Österreichische Literatur des 20. Jahrhunderts. Hg. von S. P. SCHEICHL und G. STIEG. Innsbruck 1986, S. 99–114

PESTALOZZI, KARL: La ‹Lettre de Chandos› dans le contexte de son époque. In: Revue d'esthétique (1985), N. 9, S. 93–103

PETERSEN-WEINER, ANTJE-CHR.: H. v. H.s «Turm»-Dichtungen. Diss. Stanford Univ. 1985

POLHEIM, KARL KONRAD: Sinn und Symbol in H.s Lustspiel ‹Der Unbestechliche›. In: Sinn und Symbol. Hg. von K. K. POLHEIM. Bern u. a. 1987, S. 249–264

POR, PETER: Zwei Augenblicke auf der Wiener Szene. H.: ‹Der Rosenkavalier›, Schnitzler: ‹Der grüne Kakadu›. In: Ders.: Der Körper des Turmes. Frankfurt a. M., Bern 1988, S. 127–144

REISS, GUNTER: Allegorisierung als Rezeptionsplanung. In: Formen und Funktionen der Allegorie. Hg. von WALTER HAUG. Stuttgart 1979, S. 701–718

REMAK, HENRY H. H.: Novellistische Struktur: Der Marschall von Bassompierre und die schöne Krämerin (Bassompierre, Goethe, H.). Bern, Frankfurt a. M. 1983

RIECKMANN, JENS: Von der menschlichen Unzulänglichkeit: Zu H.s ‹Das Märchen der 672. Nacht›. In: GQ 54 (1981), S. 298–310

RITTER, ELLEN: H. v. H.: ‹Die Briefe des Zurückgekehrten›. In: Jb. FDH (1988), S. 226–252

ROBERTSON, RITCHIE: «Ich habe ihm das Beil nicht geben können.» The heroine's failure in H.s ‹Elektra›. In: Orbis litterarum 41 (1986), S. 312–331

ROE, I. F.: H.s ‹Der Schwierige› and Franz Grillparzer. In: New German Studies 9 (1981), S. 15–28

ROUSSEL, GENEVIÈVE: Casanova. L'impossible retour à Venise dans ‹L'aventurier et la Cantatrice› de H. et ‹Le retour de Casanova› de Schnitzler. In: L'Impossible retour. Hg. von G. ROUSSEL. Lille 1987, S. 7–34

SAKURAI, YORIKO: Mythos und Gewalt. Über H. v. H.s Trauerspiel ‹Der Turm›. Frankfurt a. M. u. a. 1988

SCHNITZLER, GÜNTER: Kongenialität und Divergenz. Zum Eingang der Oper Elektra von H. v. H. und Richard Strauss. In: Dichtung und Musik. Hg. von GÜNTER SCHNITZLER. Stuttgart 1979, S. 175–193

SÖHNLEIN, HEIKE: Gesellschaftliche und private Interaktionen. Dialoganalysen zu H.s ‹Der Schwierige› und Schnitzlers ‹Das weite Land›. Tübingen 1986

SPERING, JULIETTE, Das Ich und das Gegenüber. Zur Identitätsproblematik in H.s ‹Andreas› und Prousts ‹A la recherche du temps perdu›. In: Arcadia 18 (1983), S. 129–157

SPERING, JULIETTE: Scheitern am Dualismus. H.s Lustspielfragment ‹Timon der Redner›. Bonn Diss. 1980

STAIGER, EMIL: ‹Ariadne auf Naxos›. Mythos, Dichtung, Musik. In: Ders.: Musik und Dichtung. Zürich, Freiburg ⁴1980, S. 289–314

STAIGER, EMIL: Der Weg der Marschallin im ‹Rosenkavalier›. In: Ders.: Musik und Dichtung. Zürich, Freiburg ⁴1980, S. 261–187

STERN, MARTIN: H.s verbergendes Enthüllen. Seine Schaffensweise in den vier Fassungen der Florindo / Cristina-Komödie. In: DVS 33 (1959), S. 38–62

THIEBERGER, RICHARD: H.s dramatische Dichtung. ‹Der Tor und der Tod›. In: Ders.: Gedanken über Dichter und Dichtungen. Bern u. a. 1982, S. 91–106

THIEBERGER, RICHARD: Das Schwierige am ‹Schwierigen›. In: Ders.: Gedanken über Dichter und Dichtungen. Bern u. a. 1982, S. 119–134

TRÄBING, GERHARD: H.s ‹Reitergeschichte›. In: Sprache im technischen Zeitalter (1981), S. 221–236

VAUGHAN, LARRY: Myth and society in H.s ‹Die Ägyptische Helena›. In: GRM 36 (1986), S. 331-342

VERHOFSTADT, EDWARD: H. v. H.s ‹Märchen der 672. Nacht›. In: Theatrum Europaeum. Hg. von R. BRINKMANN u. a. München 1982, S. 559–575

WALK, CYNTHIA: H.s ‹Großes Welttheater›. Heidelberg 1980

WANDRUSZKA, MARIO L.: La patria lontana. Le ‹Lettere del ritorno› di H. In: Ders.: La casa del Consigliere Krespel. Bologna 1985, S. 71–84

WEEKS, CHARLES ANDREW: H., Pannewitz und ‹Der Turm›. In: Jb. FDH (1987), S. 336–359

WEIGEL, HANS: Triumph der Wortlosigkeit. Ein Versuch über H. v. H.s Lustspiel ‹Der Schwierige›. In: Ders.: Nach wie vor Wörter. Graz u. a. 1985, S. 298–313

WEINHOLD, ULRIKE: Die Renaissancefrau des Fin de siècle. In: Aufsätze zu Literatur und Kunst der Jahrhundertwende. Hg. von GERHARD KLUGE. Amsterdam 1984

WELLBY, DAVID E.: Narrative theory and textual interpretation: H.s «Sommerreise» as test case. In: DVS 54 (1980), S. 306–333

WRIGHT, ROCHELLE: Strindberg's ‹Ett drömspel› and H.s ‹Die Frau ohne Schatten›. In: Structures of influence. Hg. von MARILYN JOHNS BLACKWELL. Chapel Hill 1981, S. 211–225

NAMENREGISTER

Die kursiv gesetzten Zahlen bezeichnen die Abbildungen

Abraham a Santa Clara 143
Albert-Lasard, Lou 89
Alberti, Herbert 89
d'Albon, Comtesse 119
d'Alembert, Jean Le Rond 119
Altenberg, Peter (Richard Engländer) 17, 30, 54, 91
Altomonte, Martin (Martin Hohenberg) 7
Amiel, Henri Frédéric 25, 45
Andrian zu Werburg, Leopold Freiherr von 23, 48 f, 60, 77, 88, 153, 157, *49*
d'Annunzio, Gabriele 21, 22, 42, 61, 138
Anzengruber, Ludwig 21, 145
Arnim, Achim von 139, 140
Arnstein, Fanny Freifrau von 46
Auernheimer, Raoul Othmar 78, 162

Bachofen, Johann Jakob 63, 95, 135, 147, 160
Bahr, Hermann 8, 21, 23 f, 28, 31, 45, 49, 58, 78, 88, 93, 94, 102, 112, 116, 128, 157, *21*
Bahr-Mildenburg, Anna *98*
Balzac, Honoré de 54
Barrès, Maurice 23, 25
Baudelaire, Charles 23, 31
Bäuerle, Adolf 135
Bauernfeld, Eduard von 46, 132
Baumgartner, Ferdinand von 23
Becher, Johannes Robert 86
Beer-Hofmann, Richard 17, 23, 24, 40, 51, 66, 78, 80, 88, 24
Benjamin, Walter 147, 148
Beraton, Ferry 23, 31
Berger, Baron Alfred von 52, 78
Berlioz, Hector 24
Bertram, Ernst 147
Bethmann Hollweg, Theobald von 67
Bettelheim, Karoline 46
Beust, Friedrich Ferdinand Graf von 23
Bidermann, Jakob 105
Bierbaum, Otto Julius 45
Billroth, Theodor 144
Bismarck, Otto, Fürst von 144
Bode, Wilhelm von 67
Bodenhausen, Dora von 68
Bodenhausen, Eberhard von 67 f, 77, 86, 89, 97, 110, 111, 126, 137, 140, 152 f, 154, 158, *69*
Bodmer, Martin 112
Borchardt, Marie Luise 86, 87
Borchardt, Rudolf 9, 17, 65, 68, 78, 80 f, 89, 109, 111, 119, 125, 146, 147, 150, 151, 153, 167, *87*
Bourget, Paul 21, 23
Brahm, Otto (Otto Abrahamsohn) 33, 60, 66, *66*
Braun, Felix 78, 89, 91, 143
Brecht, Erika 78, 161, 163
Brecht, Walther 31, 38, 147, 158, 161, 162
Brentano, Franz 52
Breuer, Josef 95
Browning, Robert 11, 17, 51, 93
Buber, Martin 159
Buddha (Siddharta Gautama) 153

Burckhardt, Carl Jakob 71, 78, 89, 91, 132, 135, 153, 158 f, 163, 164, *159*
Burckhardt, Jacob 143
Burdach, Konrad 151
Bürger, Gottfried August 147
Byron, Lord George Noël Gordon 17

Calderón de la Barca, Pedro 15, 94, 102, 105 f, 116, 126, 128, 157 f
Canaletto (Bernardo Bellotto) 41
Carlone, Carlo 7
Carossa, Hans 89, 118, 120
Casanova de Seingalt, Giacomo 38, 66, 93, 120
Catull, Gaius Valerius 54
Comenius, Johann Amos 143
Condorcet, Antoine Caritat, Marquis de 119
Conrad, Michael Georg 21
Conradi, Hermann 21
Conway 25
Curtius, Ernst Robert 150
Cusanus, Nikolaus s. u. Nikolaus von Kues

Dante Alighieri 17
Däubler, Theodor 86
De Challes 119
Degenfeld, Ottonie Gräfin 68, 140
Dehmel, Richard 33, 66, 67, 89
Deneke, Otto 65, 81, 84
Derleth, Ludwig 152
Diaghilew, Serge 128
Dickens, Charles 11
Dicker, Chaim 54
Dingelstedt, Franz Freiherr von 15
Dollfuß, Engelbert 91
Dörmann, Felix 22, 23
Dubray, Gabriel 41
Duncker, Max 17
Duse, Eleonora 21, 37, *39*

Ebermann, Leo 23
Eisner, Paul 143
l'Espinasse, Julie de s. u. Julie de Lespinasse
Eugen, Prinz von Savoyen-Carignan 7, 142
Euripides 48, 94, 116
Eysoldt, Gertrud 95, 100

Feld, Leo 23
Ferdinand I., Kaiser von Österreich 9
Feuchtersleben, Ernst Freiherr von 144
Fischer von Erlach, Johann Bernhard 7, 104, 128
Fohleutner, Anna Maria Josefa s. u. Anna Maria Josefa von Hofmannsthal
France, Anatole (Anatole Thibault) 74
Franckenstein, Clemens Baron 101
Franckenstein, Georg Baron 78
Franz Joseph I., Kaiser von Österreich 137, 138
Freud, Sigmund 95, 150
Freytag, Gustav 142
Friedrich III., Kaiser 129
Fuchs, Gräfin 77

189

Gablenz, Freiherr von 12
George, Stefan 28 f, 37, 49, 60, 67, 89, 92 f, 152, 153, 155, 29
Gibbon, Edward 17
Gish, Lilian 167
Gluck, Christoph Willibald Ritter von 125
Goethe, Johann Wolfgang von 17, 54, 55, 57, 92, 95, 96, 111, 123, 138, 141, 142, 144, 147, 148
Goldoni, Carlo 38, 119, 128
Gomperz, Harry 51 f
Gomperz, Theodor 51, 54, 157
Görres, Joseph von 139, 140
Gottsched, Johann Christoph 151
Gozzi, Carlo Graf 133
Gran, Daniel Johannes 7
Grazie, Marie Eugenie delle 21
Grillparzer, Franz 7, 16, 17, 23, 81, 143, 145
Grimm, Jacob 140, 142, 147
Grimm, Wilhelm 140, 142, 147
Gruss, Stefan 18
Guglia, Eugen 55
Guibert, François Apollini Comte de 119
Gundolf, Friedrich (Friedrich Gundelfinger) 89

Haeckel, Ernst 51
Hagecius 143
Harden, Maximilian (Maximilian Felix Ernst Witkowski) 30
Hartmann, Moritz 15, 46
Hauptmann, Gerhart 21, 66, 67, 88 f, 127, 151, 163
Hebel, Johann Peter 142
Hellingrath, Norbert von 148
Hellmann, Irene 89
Hellmann, Paul 154
Hellmer, Edmund von 17
Henckell, Karl 21
Herder, Johann Gottfried von 147
Herzfeld, Marie 26, 45
Herzl, Theodor 41
Heymel, Alfred Walter von 74, 78, 80
Hildebrandt, Johann Lukas von 7
Hoffmann, Ernst Theodor Amadeus 74
Hofmann, Isaak Löw 9
Hofmann, Ludwig von 67
Hofmannsthal, Anna Maria Josefa von 9 f, 13, 23, 25, 61, 74, 11, 12
Hofmannsthal, Augustin Emil Hofmann, Edler von 9 f
Hofmannsthal, Christiane von 77
Hofmannsthal, Franz von 77, 163
Hofmannsthal, Gertrud von 77, 79
Hofmannsthal, Hugo August Peter von 9 f, 13, 16, 17, 23, 24, 25, 32, 41, 51, 52, 54, 58, 60, 73, 74, 12
Hofmannsthal, Petronilla Antonia Cäcilia von 9 f
Hofmannsthal, Raimund von 77, 161
Hohenlohe-Schillingsfürst, Chlodwig Fürst zu 60
Hölderlin, Friedrich 54, 101, 142, 147, 148
Hollaender, Felix 116
Homer 17
Howald, Ernst 147
Hugo, Victor 141
Humboldt, Wilhelm Freiherr von 147
Huysmans, Joris-Karl 23

Ibsen, Henrik 23, 102, 116
Iffland, August Wilhelm 92
Immermann, Karl Leberecht 116

Jeritza, Maria (Maria Jedlitzka) 91
Jodl, Friedrich 52
Juan d'Austria, Don 167

Kafka, E. M. 21
Kahane, Arthur 116
Kainz, Josef 120
Karg von Bebenburg, Edgar Freiherrn von 42, 51, 55, 60
Karl Ludwig Johann, Erzherzog von Österreich 144
Karlweis, C. (Karl Weiß) 28
Kassner, Rudolf 88, 88
Kayßler, Friedrich 100
Kerr, Alfred (Alfred Kempner) 95
Kessler, Harry Graf 67, 68, 89, 99, 119, 122, 128, 67
Keyserling, Hermann Graf 88
Kippenberg, Anton 139
Klages, Ludwig 147
Kleist, Heinrich von 17, 81, 157
Klimt, Gustav 21
Kolb, Annette 68
Königswart, Joel Baruch 9
Kralik, Richard, Ritter von Meyrswalden 143
Kraus, Karl 23

Laotse 107
Laube, Heinrich 23
Lavater, Johann Kaspar 147
Lenau, Nikolaus (Nikolaus Franz Niembsch, Edler von Strehlenau) 111, 143
Lenach, Franz von 46
Léon, Viktor (Viktor Hirschfeld) 23
Lespinasse, Julie de 113, 119
Lessing, Gotthold Ephraim 95, 126
Linde, Otto zur 153
Loris-Melikow, Michail T. Graf 20
Lublinski, Samuel 89
Ludwig, Otto 38
Lueger, Karl 14
Lully, Jean-Baptiste 125

Mach, Ernst 23, 52
Maeterlinck, Maurice 21, 23, 37, 40, 59, 74, 116, 40
Makart, Hans 14 f
Mallarmé, Stéphane 23, 31
Mann, Thomas 89, 150, 153
Maria Theresia, Kaiserin 77, 113, 135, 142 f
Maupassant, Guy de 25, 51, 54
Maximilian I., Kaiser 137
Meier-Graefe, Julius 74
Mell, Max 78, 89, 91, 143, 147, 151
Metternich, Klemens, Fürst von 7
Meyer, R. M. 66, 89
Meyer-Lübke, Wilhelm 52
Meyerbeer, Giacomo (Jakob Liebmann Meyer Beer) 67
Michel, Robert 77, 143
Mitterwurzer, Friedrich 55, 167
Moissi, Alexander 21, 100
Molière (Jean-Baptiste Poquelin) 125, 126, 128, 157
Möser, Justus 142

Mozart, Wolfgang Amadé 25, 125, 143
Müller, Adam Heinrich, Ritter von Nitterdorff 140, 142
Müller, Johannes von 147
Müller-Hofmann, Wilhelm 78
Mussafia, Adolf 52
Musset, Alfred de 26

Nadler, Josef 150 f, 154, *151*
Napoléon II., König von Rom, Herzog von Reichstadt (François-Charles-Joseph Bonaparte) 167
Nestroy, Johann Nepomuk 119, 143, 145
Neumann, Karl Eugen 153
Neumann, Therese 167
Nietzsche, Friedrich 23, 54, 71, 88, 95, 148, 153, 155
Nikolaus von Kues 144
Nostitz, Alfred von 68, 144
Nostitz, Helene von 68, 89, 121, 144, *73*
Novalis (Friedrich Leopold Freiherr von Hardenberg) 74, 94, 112, 128 f, 147

Offenbach, Jacques 133
Oliphant, Laurence 25
Oppenheimer, Felix Baron 37, 60
Otway, Thomas 54, 92, 93

Pallenberg, Max 132, *132*
Pannwitz, Rudolf 33, 35, 111, 113, 118, 127, 133, 152 f, *154*
Paracelsus, Philippus Aureolus Theophrastus (Theophrastus Bombastus von Hohenheim) 105, 143
Pater, Walter Horatio 63
Péladan, Joséphin 23, 99
Pellegrini, Pellegrino de' (Pellegrino Tibaldi) 7
Pernersdorfer, Engelbert 24
Pichler, Adolf 21
Pigenot, Ludwig von 147
Pindar 54
Pirker, Max 105, 116
Platon 54
Plutarch 58
Poe, Edgar Allan 23
Poincaré, Raymond 163
Polgar, Alfred 89 f
Prince, Morton 113

Racine, Jean-Baptiste 15
Raimund, Ferdinand Jakob 128, 133, 143, 145
Rang, Florens Christian 148
Rathenau, Walther 68
Redlich, Josef 89, 141 f, 143, 146, 154, 155, 158
Regnard, Jean-François 126
Reichstadt, Herzog von s. u. Napoléon II.
Reinhardt, Max (Max Goldmann) 45, 95, 99, 100, 101, 104, 116, 120, 126, 127, 128, 131, 136, 157, 159, 161, *108*, *124*
Renard, Jules 74
Rhò, Anton Maria von 9
Rhò, Petronilla Antonia Cäcilia von s. u. Petronilla Antonia Cäcilia von Hofmannsthal
Ribot, Théodule 157
Richter, Cornelia 67
Richter, Raoul 60, 67
Rilke, Rainer Maria 89

Rizer, Elias 54
Rodin, Auguste 74
Rohde, Erwin 95
Roller, Alfred 124
Rosegger, Peter 145
Rossetti, Dante Gabriel 31
Rottmayr von Rosenbrunn, Johann Michael 7
Rubinstein, Anton G. 46
Runge, Philipp Otto 147

Saar, Ferdinand von 21, 46
Sachs, Hans 101
Salten, Felix (Siegmund Salzmann) 23, 24, 31, 59, 60, 66, 77, 88, *25*
Sandrock, Adele 100
Sappho 63
Sauer, August 151
Schiller, Friedrich 17, 81, 147
Schlegel, Friedrich 140, 147
Schlesinger, Gertrud s. u. Gertrud von Hofmannsthal
Schlesinger, Hans 60, 77, 99
Schnitzler, Arthur 17, 23, 24, 25, 26, 27, 31, 41, 59, 60, 66, 77, 88, 97, 119, 157, *28*
Schopenhauer, Arthur 51, 88
Schreyvogel, Joseph 157
Schröder, Clara 80
Schröder, Rudolf Alexander 68, 77, 78 f, 83, 84, 86, 89, 105, 111, 125, 146 f, 151, 153, 163, *84*, *85*
Schuler, Alfred 147
Schumann, Robert 24
Schwarzkopf, Gustav 23, 88
Schwefelgeist 54
Schwind, Moritz von 46
Seebaß, Friedrich 147
Ségur, Louis-Philippe, Marquis de 119
Shakespeare, William 15, 17, 58, 93, 95, 157
Shelley, Percy Bysshe 40
Simmel, Georg 108
Sonnenthal 15
Sophokles 35, 95, 101
Sorma, Agnes 100
Speidel, Ludwig 14
Stadion, Johann Philipp Graf von 143
Steiner, Herbert 112 f
Steinrück, Albert 100
Stifter, Adalbert 145
Stolper, Gustav 141
Strauss, Richard 96 f, 104, 105, 108, 110, 111, 118, 121, 123, 132, 135, 136, 151, 157, 166, 97, 103, 109, *124*
Stresemann, Gustav 163
Stuck, Franz von 48
Stürgkh, Karl, Graf von 142
Suttner, Freiherr Arthur Gundaccar von 21
Suttner, Bertha von 21
Swinburne, Algernon Charles 31, 40

Taube, Otto Freiherr von 89
Taxis, Fürstin Marie s. u. Fürstin Marie von Thurn und Taxis
Terenz (Publius Terentius Afer) 132
Therese von Konnersreuth s. u. Therese Neumann
Thurn und Taxis, Fürstin Marie von 110, 113
Trautsohn, Fürst 77

Velde, Henry van de 68, 116
Verlaine, Paul 23, 31, 40
Verwey, Albert 49
de Vichy, Graf 119
Voigt, Marie Luise s. u. Marie Luise Borchardt
Vollmoeller, Karl Gustav 89, 127
Voltaire (François-Marie Arouet) 17

Wagner, Richard 15, 132
Waldau, Gustav (Gustav Freiherr von Rummel) 135
Wassermann, Jakob 60, 88, 112 f
Watteau, Antoine 41
Wattenbach, Wilhelm 17
Wedekind, Frank 93, 116
Wendelstadt, Jan von 68
Wendelstadt, Julie von 68

Werfel, Franz 89
Wertheimstein, Franziska von 47
Wertheimstein, Josephine von 46 f, *46*
Wiegand, Willy 86, 146, 147, 151, 159
Wieland, Christoph Martin 147
Wiesenthal, Grete 78, 89, 127, 128, *127*
Wilbrandt, Adolf von 15, 46
Wilde, Oscar 23, 59
Wildgans, Anton 130, 131, 143
Willemer, Marianne von 143
Winterstein, Eduard von (Eduard von Wangenheim) 100
Wolfskehl, Karl 147
Wolter, Charlotte 15

Zemlinsky, Alexander von 88
Zweig, Stefan 89, 143

NACHBEMERKUNG

Der Verfasser dankt den vielen – vor allem Herrn Dr. Rudolf Hirsch –, die durch Rat und Auskunft, tätige Hilfe und freundschaftliche Anteilnahme die Arbeit gefördert haben. Sein besonderer Dank gilt den Erben Hugo von Hofmannsthals, Frau Christiane Zimmer und Herrn Raimund von Hofmannsthal, die Einblick in den Briefnachlaß gewährten und den Abdruck von bisher unbekannten Briefstellen gestatteten.

Die zitierten Stellen aus dem Briefwechsel zwischen Hugo von Hofmannsthal und Richard Strauss wurden dem im Atlantis Verlag, Zürich, erschienenen Band «Richard Strauss – Hugo von Hofmannsthal. Briefwechsel» entnommen.

QUELLENNACHWEIS DER ABBILDUNGEN

Raimund von Hofmannsthal: Umschlag-Vorderseite, Umschlag-Rückseite, 6, 11, 12, 13, 15, 25, 34, 42, 53, 61, 75, 79, 82, 83, 90, 103, 127, 149, 156 / Werner Volke: 8, 14, 16, 30, 62, 80, 81, 84, 87 / Bildarchiv der Österreichischen Nationalbibliothek: 10, 20, 21, 22, 24, 39, 40, 44, 49, 66, 92, 104, 106/107, 108, 109, 122, 159, 160, 166 / Rowohlt-Archiv, Reinbek bei Hamburg: 18, 27, 29, 88, 98, 117, 121 / Ullstein-Bilderdienst, Berlin: 43, 67, 97, 100, 124, 129, 164 / Aus «Villa Wertheimstein» (Bergland-Verlag, Wien): 46 / Schiller-Nationalmuseum, Marbach: 56, 64, 69, 71, 73, 151, 167 / Institut für Theaterwissenschaft der Universität Köln: 132 / Photo Ellinger, Salzburg: 134 / Rudolf Pannwitz: 154

Die Kenntnis von Persönlichkeit und Werk von Hugo von Hofmannsthal zu fördern ist Aufgabe der 1968 gegründeten und seitdem international tätigen HUGO VON HOFMANNSTHAL-GESELLSCHAFT e. V., D 6000 Frankfurt a. M., Postfach 90 05 11.